莲都宋韵

丽水市莲都区文史资料第三十四辑

丽水市莲都区政协文化文史和学习委员会 编

纪江明 编著

西泠印社出版社

《莲都宋韵》编委会

主　任：李邦生

副主任：翁伟标　叶晓东

成　员：任文红　虞海雄　叶春晓　蒋　嬿

　　　　黄建兵　王金友　吴日清

《莲都宋韵》编辑部

主　编：叶晓东

副主编：黄建兵

编　著：纪江明

序

流珠溅玉瓯江水，争奇竞秀括苍地。

丽水莲都，置县于隋开皇九年（589），时称括苍县，属处州府治。唐大历十四年（779），避德宗讳，改为丽水县。1986年撤县设立县级丽水市，2000年7月撤市设立莲都区。处州古城历为州、路、府、道治所，县邑为治所附郭，州、县共治。

唐宋时期，州、县主官以民为本，励精图治，劝课农桑，轻徭薄赋；县境古道连接婺、台、温、闽等地，素有"瓯婺八闽通衢"之称；瓯江航运直抵温州，是海上丝绸之路和青瓷之路的重要航道；始建于南朝梁天监四年(505)的通济堰灌溉水系，屡次修缮，使得碧湖平原成为"处州粮仓"，期间范成大主持修订的《通济堰规》堪称我国农田水利灌溉规章典范；李、叶、何、张等30多个姓氏迁居栝山瓯水之间，成为氏族迁徙的"洼地"；州学、县学相继开办，耕读传家蔚然成风，宋代进士达327人，为处州各县之最；王维、刘禹锡、秦观、陆游、姜特立等大量诗篇传世，为山水诗路重要区域；吕埠坑、保定青瓷从南朝历唐、宋至元、明，窑火相传千年，是龙泉窑青瓷的重要组成部分；栝滩清、金盆露等特酿，从山陬小县跨越崇山峻岭，飘香大江南北。

时至今日，无论岁月如何变迁，莲都宋韵依然绵延悠长。2021年9月，《中共浙江省委关于加快推进新时代文化浙江工程的意见》正式发布，提出实施宋韵文化传世工程，系统开展宋韵文化研究传承和南宋文化品牌塑造。随即，丽水市莲都区政协开始谋划编撰《莲都宋韵》。在本书初稿即将完成之际，

2022 年 8 月中共丽水市委文化工作会议召开，决定实施包括处州宋韵文化研究传承在内的处州历史文脉研究等工程。《莲都宋韵》采用文史研究的方法，以志乘、典籍、文献、家谱为依据，以历史遗存和民间口耳相传的记忆为佐证，爬萝剔抉，去芜存精，追溯时光，重现历史。全书共分概述、县境疆域、姓氏迁徙、学校教育、历史名人、水陆要津、山水诗路、特色建筑、民俗风情、工艺特产等 10 章 27 节，以文化观照为视角，展现莲都宋韵风貌。

当前，丽水市已启动实施"文兴丽水、挺进共富"工程，让千年古城丽水的宝贵文化资源活下来、用起来、兴开来。这个时候编辑出版文史专辑《莲都宋韵》，是一件很有必要、很有意义的事情。《莲都宋韵》的出版发行，既是莲都区文化品牌建设和传播的重要途径，也是处州历史文脉研究的重要资料；不仅充分发挥文史资料"存史、资政、团结、育人"的作用，进一步增强地方文化自信，启迪人们热爱家乡、热爱祖国的家国情怀，还将为宣传丽水和莲都，促进地方经济社会发展作出积极贡献。

瓯江汤汤，宋韵悠悠。

是为序。

丽水市莲都区政协主席　李邦生

2022 年 10 月

目　录

第一章 概 述

秦、汉辟疆；隋设州置县；唐风习习，宋韵幽幽。唐风宋韵历元、明、清、民国传承至今。

丽水市莲都区历为州、路、府所在地，历史悠久，人文积淀深厚。

清道光《丽水县志》载白云山图

第一节　历史沿革

秦始皇二十六年（前221），秦攻克闽越，设闽中郡，今莲都区属之。

汉惠帝三年（前192），立驺摇为东海王，都东瓯（今温州市），今莲都区属之。

汉始元二年（前85），置回浦县，县治在今台州市椒江区章安镇。属会稽郡，郡治在今江苏苏州吴县。今莲都区属之。

东汉章和元年（87），以回浦县地置章安县，属会稽郡。今莲都区属之。

东汉建安四年（199），分章安县南乡置松阳县，治在今松阳县古市镇，属会稽郡。今莲都区属之。

三国吴太平二年（257），析会稽郡东部地置临海郡，治在章安。松阳县属之。今莲都区属临海郡松阳县。

晋太宁元年（323），析临海郡南部地置永嘉郡，治在今永嘉瓯北镇。松阳县属之。及至南朝（420—589）刘宋、萧齐、萧梁、南陈，今莲都区域皆属永嘉郡松阳县。

隋开皇九年（589），撤永嘉、临海二郡，置处州。分松阳东乡置括苍县。州、县治在今丽水城区古城。

隋开皇十二年（592），处州改称括州。

隋大业三年（607），括州改称永嘉郡，治仍在古城。

唐武德四年（621），永嘉郡改称括州。析括苍县为丽水县、括苍县。丽水县治在今碧湖资福村，括苍县治在今古城。

唐武德八年（625），丽水县省入括苍县，县治在资福村。

唐万岁登封元年（696），分括苍县东北部、永康县南部，置缙云县。

隋开皇九年（589）的处州州治和括苍县治——古城

唐景云二年（711），析括苍县东部置青田县。

唐天宝元年（742），括州改称缙云郡，郡治仍在今古城。

唐乾元元年（758），缙云郡改称括州。缙云郡作为州、郡称呼头尾只有17年。后世处州各县有的官员文人自署缙云郡，皆为处州雅称，往往被人误解为缙云县人。

唐大历十四年（779），为避唐德宗李适的名讳，括州改称处州，括苍县改称丽水县。州治在古城，县治在资福村。

唐贞元六年（790），刺史齐抗以旧州湫隘，屡有水灾，北移四里，就高原上，即今厦河村北。

唐中和元年（881），遂昌人卢约率兵攻占处州，自封为刺史，迁州治于小栝苍山顶，即今万象山以西。同时迁丽水县治于菱山左，即今丽水军分区大院一带。

3

五代吴越国（907—978）和宋朝（978—1279）期间，处州治、丽水县治均在小栝苍山和菱山左。

元至元十三年（1276），元军攻克处州，改处州为处州路，丽水县不变。至元二十七年（1290），处州路总管斡勒好古购买城东枣山南原汤思退宅院，为处州路治所，即今市人民医院东侧。元大德六年（1302），丽水知县尹民望、达鲁花抄儿赤购买枣山东地，为丽水县治所，即原莲都区总工会。

明景泰三年（1452），析丽水县浮云乡、元和乡之半置云和县；析丽水县宣慈、应和二乡及懿德乡之半置宣平县。

清代、民国期间，丽水县域没变化。

1958年4月，撤宣平县，曳岭区的崇义、清和、联成、梁周、永丰5乡并入丽水县。

1958年5月，撤云和县，并入丽水县。1960年2月，景宁县并入丽水县。1962年4月两地划出重置云和县。

1963年6月，遂昌县联溪公社（1958年11月撤松阳县并入遂昌县，1982年1月复置松阳县）的堰头、堰后等4个大队划入丽水县新合公社。至此，结束了近1400年的通济堰坝在松阳县境内、灌溉区在丽水县的情形。

1986年3月，国务院批准撤销丽水县，设丽水市（县级），属丽水地区行署管辖。

2000年5月，国务院批准撤销丽水地区行署，设立丽水市（地级）；撤销县级丽水市，设立莲都区。

第二节 唐风宋韵

隋设州置县，使得中原文明与僻远的处州联系在了一起。

有唐一朝，赴任处州的刺史，多文人佳士。开元间李邕，清光绪版《处州府志》载其"兴利除害，抑强扶弱，郡人咸服"。贞元间齐抗，"才能敏捷，案无留牍，吏治清闲，兴废举坠。凡有关于民生者，无不区画周详，尤尊贤礼士。讲学论文，亹亹不倦，人敬服之"。元和间李繁，"首建学宫于樗山之巅，处州兴学自繁始"。大中间段成式，兴建好溪堰，灌溉城东田畈。

整顿吏治，惩恶扬善，兴利除害；关注民生，兴修水利，办学兴教。处

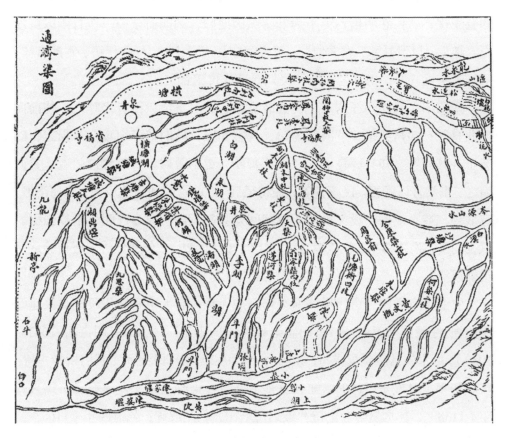

通济堰灌溉水系图

州城区及附邑丽水县风化为之改变。

宋代（960—1279）319年，除北宋宣和三年（1121）方腊部将洪载攻占处州，后"以城降"外，承平300余年，政治清明，社会稳定，农业兴盛，经济发展，文化繁荣。

吏治方面，宋代沿袭了唐代的"传统"，文人佳士赴任州、县主官，以民为本，励精图治，轻徭薄税。

北宋咸平间知州杨亿，"政尚宽大，致岁屡丰，民咸德之"；知县甄旦"吏道详明而饰以文学，天资高朗而辅以经术。曾未期月，县政有成"。景祐间知州孙沔，"买田赡士，士益知学"。熙宁间知州崔愈，奖挹孝行。元祐间知州关景晖疏浚大溪河道，以利往来；又浚通济堰渠道，以利灌溉。政和间知县王褆，"仁恕明信，吏不为奸。纵囚使归，刻期而至……作石函以御沙石，修斗门以泄暴涨，农大便"。靖康间知县江安止，"待士抚民，宽严有体。遇奸暴结竟其罪，榜其名通衢，民知辱莫或再犯者"。

南宋绍兴间知州汪待举，"为政宽厚，曲尽下情，民有讼呼之，使前面究曲直"；知州吴芾，"因俗为治，视官如家，处旧苦丁绢重。芾损之，以新丁补其额"。知县薛良朋，"明法善断，吏不敢欺。有赋税逾限者，召而谕之，未尝督以鞭笞。民感其意，输将恐后"乾道间知州范成大，修通济堰，定堰规，造平政桥，设义役法。淳熙间知县赵汝谦，政令严明，不畏强御。赋役均平，讼牒稀少，民安其业。绍定间知县林棐，"修复经界，履亩验之，宿弊以清"。

农业生产方面，唐代通济堰兴修旧志无载。唐大中间知州段成式兴建好溪堰坝，灌溉城东田亩。宋代，旧志记载通济堰经历了7次修缮。明道间（1032—1033），丽水知县叶温叟主持；元祐七年（1092），知州关景晖、县尉姚希主持；政和初年（1111—1113），知县王褆、助教叶秉心主持，并建石函；绍兴八年（1138），县丞赵学老主持并绘通济堰图，刊刻成碑；乾道四年（1168），进士刘嘉以石易木修建石函挡水枋；乾道五年（1169），知州范成大、军事

平政桥遗址　　　　　　　　　　　　　平政桥碑

判官张澈主持，并制订堰规；开禧元年（1205），参知政事何澹主持，改木筱坝为石坝。好溪堰修建，旧志无记载，宋代叶适为绍熙间知州蒋行简撰墓志铭，记"好溪堰旁山，椿筱所聚，请于朝，禁席势冒佃者"。好溪堰坝仿通济堰坝，以木筱为坝。旁边的山为伐木堰山，蒋行简禁止乡人侵占。通济堰和好溪堰灌溉水系的修缮，保证了西乡和东乡的农业生产。临水而居，傍田拓垦，唐、宋期间，纪、富、李、何、章、蔡、俞、丁、鲍、吕、潘、朱、叶、武、祝、工、姜、梁、林、陈、桑、吴、刘、周、张、杨、金、汤、徐、孙、魏、高等姓氏迁至丽水县境内，聚族而居。

社会经济方面，唐代刺史段成式疏浚好溪河道；宋代关景晖疏浚龙泉溪、松阴溪、好溪河道，使得以丽水县为中心的水路畅通无阻。陆路古道，唐代括瓯古道、稽勾古道、通济古道北达长安，东达温州，西达江西南昌，南抵福建浦城。宋代，打通桃花岭，开辟括苍古道。唐代刺史李繁建孔庙，开州学先河。宋代知州孙沔易址建州学，樨山孔庙成为丽水县学。州、县主官重视教化，丽水县百姓耕读传家，宋代丽水县科举进士共 327 人，涌现了梁汝嘉、王信、蔡仲龙等杰出人物。南朝后期，丽水县首开青瓷烧制先河，吕埠坑、保定青瓷窑相互接力，从南朝历隋、唐至宋、元，窑火生生不息。丽水县的绿衣黄酿"栝滩清"从官营走入寻常百姓家；以姜汁入曲的"金盆露"成为宋、元名酒。

文化方面，唐、宋时期，处州城区及丽水县成为山水诗路重要区域。唐代著名诗人王维、高适、杜甫、刘长卿、刘禹锡、方干、李白等，宋代著名诗人杨亿、秦观、刘泾、范成大、姜夔、杨万里、陆游、楼钥、方岳等，或送友人至处州，或与处州亲友酬和，或至处州为官、访友，留下咏唱丽水山水和直抒胸臆的诗词。丽水县的祝颜、朱琳、何俦、何澹、王信、梁安世、王琮、梁泰来等人，也留下了诸多歌咏家乡山水的诗歌。姜特立的诗集《梅山续稿》收入《四库全书》，传世至今。此外，始建于唐代的城北丽阳庙、碧湖广福寺，宋代的城南巾山塔、南明山仁寿寺、太平乡惠应庙、碧湖塔下院，经历代修缮，保持完好。这些寺庙道观承载了丽水唐、宋文明，折射出市井坊间的民俗风情，见证了旧丽水县今莲都区一千余年的沧桑巨变。

第二章　县境疆域

第一节　乡域

隋开皇九年（589）置括苍县后，至唐代，境域有两次变化。一次是万岁登封元年（696），分括苍县东北部、永康县南部，置缙云县。一次是唐景云二年（711），析括苍县东部置青田县。

唐元和八年（813），宰相李吉甫撰写的《元和郡县志·卷二六·江南道二》记载：

处州，缙云。上。开元（713—741）户三万三千二百七十八。乡七十六。元和（806—820）户一万九千七百二十六。乡三十六。《禹贡》扬州之域。春秋时为越国。秦灭楚，置会稽郡。后越王无强七代孙闽君摇佐汉有功，立为东越王，都东瓯，今温州永嘉县是也。后以瓯地为回浦县，属会稽。后汉回浦为章安。晋立为永嘉郡，梁、陈因之。隋开皇九年（589）平陈，改永嘉为处州；十二年（592）又改为括州；大业三年（607）复改为永嘉郡。武德四年（621）讨平李子通，复立括州，仍置总管府；七年（624）改为都督府；贞观元年（627）废。天宝元年（742）为缙云郡；乾元元年（758）复为括州；大历十四年（779）以与德宗庙讳同音，改处州。

贞元六年（790），刺史齐抗以旧州湫隘，屡有水灾，北移四里就高原上。

州境。东西南北八到：西北至上都四千一百五十五里；西北至东都三千二百九十五里；西北至婺州二百六十里；西北至衢州四百五十里；东北至台州四百九十里；西北至建州水路九百里，陆路四百九十里；东南水路至温州二百七十里。

贡赋。开元（713—741）贡：葛、苎布、蜜、锦。元和（806—820）贡：绵、苎布、麻布、树皮布、小绫、纱、绢、锦绸。

管县六：丽水、松阳、缙云、遂昌、青田、龙泉。

丽水县，上。郭下。本后汉松阳县地。隋平陈，乃分松县之东乡立括苍县，取括苍山为名，属处州。后因之不改。大历十四年（779）改为丽水。丽水本名恶溪，以其湍流阻险，九十里五十六濑，名为大恶，隋开皇中改为丽水。皇朝因之，以为县名。

松阳县，上。东至州二百九十二里。本汉回浦县之地，属会稽。后汉分立此县，有大松树，大十八围，因取为名。隋开皇九年（589）废，十二年（592）复置。皇朝因之。

缙云县，上。西南至州八十五里。万岁登封元年（696）分丽水县东北界、婺州永康县南界置，因山为名。

缙云山，一名仙都，一曰缙云，黄帝炼丹于此。

遂昌县，上。东至州三百四十里。吴赤乌二年（239）分太末县置平昌县。晋太康元年（280）改为遂昌。武德八年（625）废，景云二年（711）刺史孔琮复奏置。

青田县，中。东至州一百五十里。本丽水县之乡名也，景云二年（711）刺史孔琮奏于此分置青田县。青田溪，在县西南十八里。

龙泉县，中。东至州二百五十里。乾元二年（759），越州刺史独孤与（峻）奏割遂昌、松阳二置。龙泉洞，在县南二里。

令人遗憾的是，括苍县东北部析出置缙云县的乡名没有记载。东部析出的，是原括苍县的青田乡，"本丽水县之乡名也"，1992年版《丽水市志》误为"析柔远乡置青田县"。唐代括苍县各乡名称，旧志没有确切记载。

唐大历十四年（779），括苍县改为丽水县。欧阳修等人在北宋庆历四年

（1044）至嘉祐五年（1060）间编撰的《新唐书》卷四十一记载：

处州缙云郡，上。本括州永嘉郡，天宝元年更郡名，大历十四年更州名。土贡：绵、蜡、黄连。户四万二千九百三十六，口二十五万八千二百四十八。县六：

丽水，上。本括苍，武德八年（625）省丽水县入焉，大历十四年（779）更名。有铜，出豫章、孝义二山。东十里有恶溪，多水怪，宣宗时刺史段成式有善政，水怪潜去，民谓之好溪。有括苍山。

松阳，上。武德中以县置松州，八年（625）州废，来属。有银，出马鞍山。

缙云，上。圣历元年（698）析括苍及婺州之永康置。有缙云山。

青田，中。景云二年（711）析括苍置。

遂昌，上。武德八年（625）省入松阳，景云二年（711）复置。

龙泉。中。乾元二年（759）析遂昌、松阳置。

至宋代，丽水县所属乡为十乡。王存主编的《元丰九域志》，反映了宋元丰八年（1085）处州的地理概貌：

上，处州，缙云郡，军事。治丽水县。

地里。东京二千八百四十里。东至本州界一百九十里，自界首至台州二百五里；西至本州界三百五十里，自界首至衢州一百六十里；南至本州界四百八十里，自界首至温州三百五十里；北至本州界一百三十里，自界首至婺州一百二十里。东南至本州界一百七十五里，自界首至温州九十里；西南至本州界六百二十里，自界首至建州二百里；东北至本州界一百二十五里，自界首至婺州一百五十三里；西北至本州界一百二十里，自界首至婺州二百里。

户。主二万三百六十三，客六万八千九百九十五。

土贡。绵一百两，黄连一十斤。

县六。咸平二年（998）改白龙县为松阳。

望，丽水。一十乡。九龙一镇。有括苍山、缙云山、丽水。

望，龙泉。州西南三百五十五里。五乡。高亭一银场。有豫章山、龙泉湖。

上，松阳。州西北九十二里。五乡。松阳一镇。有玉柱山、大溪。

上，遂昌。州西二百四十里。四乡。永丰一银场。有项公山、桐柏溪。

上，缙云。州东北一百一十里。五乡。胡陈一镇。有缙云山、好溪。

中，青田。州东南一百五十里。三乡。有石门山、青田溪。

编撰于宋太平兴国年间（976—983）的《太平寰宇记》记载：

丽水县旧二十乡。

从中我们可以看出，缙云、青田两县设置，共析出了丽水十个乡。但旧志并没有丽水县十个乡乡名的确切记载。笔者根据相关文献、墓志铭，衰辑整理了十个乡名：孝行乡、来仪乡、义靖乡、元和乡、浮云乡、懿德乡、和乐乡、喜康乡、宣慈乡、应和乡。

孝行乡

位于县西南。《钦定四库全书·史部七·绍兴十八年同年小录》记载：

（第一甲）第九人叶谦亨，字伯益，小名阿五，小字星卿。年三十四，二月二十八日生，外氏刘偏侍下第百六，兄弟三人，二举。娶刘氏。曾祖文，故不仕。祖瑾，故不仕。父弥性，故不仕。本贯处州丽水县孝行乡云堂里，兄需亨为户。

叶谦亨是丽水县孝行乡云堂里人，绍兴十八年（1148），34 岁时中进士。绍兴二十一年（1151），叶谦亨又考中博学宏词科。李心传《建炎以来系年要录》卷一六二记载：

夏四月庚戌，礼部侍郎、知贡举陈诚之等言：考到博学宏词科合格人，下等，左迪功郎、监潭州南岳庙莫冲、左迪功郎、临安府钱塘县主簿叶谦亨。

诏并与堂除。冲，归安人。谦亨，丽水人也。

宋代中央系统普通官员和候选官员一般由吏部选差，有特殊勋劳者，由政事堂直接奏注差遣，称"堂除"。叶谦亨中进士后，被授予从九品的钱塘县主簿。叶谦亨不耽于现状，仍悬梁苦读。考中博学宏词科后，叶谦亨授任宣州州学教授，三年后，擢为秘书省正字，进入朝廷。

叶谦亨自己填写的履历表是丽水县孝行乡，礼部奏文称他是丽水县人。叶谦亨历官起居舍人，兼权中书，除知抚州，终浙西提点刑狱。但清道光版《丽水县志·卷九·进士》却没收入其名字，明成化版《处州府志》将他收入青田县的人物传里。

孝行乡名称的由来，《钦定四库全书·浙江通志·卷一八六·人物》记载：

陈茂元，丽水人。居母丧，哀恸，水浆不入口者四日。既葬，庐墓。太守崔愈躬顾其庐，改所居为"孝行乡"，表其行实于朝。治平元年（1064），敕赐粟帛。

《钦定四库全书·浙江通志·卷二四〇·陵墓》记载：

宋孝子陈茂元母倪氏墓，在县西三十里。太守崔愈改所居乡为"孝行乡"。管师复表其母墓。

来仪乡

位于县西南。《钦定四库全书·诚意伯文集·卷九》收入明代刘基撰的《陈处士墓志铭》一文：

处士姓陈氏，名莘，字希尹，世为处州丽水县之来仪乡人。曾祖某，祖某，父某，皆守分乐善，以继承其家业，故世以德称于州里。至处士而家益裕，行益谨，推余济急，虽数不吝。邑旧有通济堰，溉四乡民田几二千顷。遇旱涝壅泄，必先出己资倡事。皇庆癸丑（1313），水坏堤数十丈，乡人大戚。

处士竭力冒寒暑董役三年乃完，盖未尝矜其劳焉。至顺庚午（1331）某月某日，卒年六十有一。其卒之月日，又其生之月日也。娶叶氏，后十有五年卒，年七十有一。至正癸巳（1353）四月丙辰，合葬于其乡吴院之原。子男四人，女一人，孙男九人，曾孙男十人，可谓昌盛蕃衍有后也……"

陈莘祖上世居来仪乡，至陈莘时家境优渥。刘基的这篇墓志铭除此信息外，还有一个重要的贡献，《丽水县志》等地方史料有关通济堰修缮，只有元至正三年（1343）一条。皇庆二年（1313），陈莘"董役三年"才修完被水冲毁的数十丈大堤，正史却没有文字记载，刘基感慨陈莘"盖未尝矜其劳焉"。

《钦定四库全书·苏平仲文集·卷七》收入了明代苏伯衡的《陈氏修睦堂记》一文：

……陈氏家于丽水来仪乡，肇自汴宋。其先陇相望东阡西陌间，而百年之乔木郁乎苍苍，尚论乡之旧族未能或之先也。至子明且十世矣，盖陈氏望于来仪，而子明又陈氏之望也。子明尝语其从子孔渊曰：吾祖吾父之于吾族人尊者老者，寒暑奉布帛以为寿；嫁者娶者丧葬者，荐货财以赠遗；贫不能棺敛者收之，恩则笃矣，情未孚也。惟吾祖父亦欲以时与之相宴，以致欢欣洽爱之情。奈何遭时多，故奔走以事力役，日不遑暇，志不克申而遽卒矣。今吾与若际四海一家之，日蒙圣天子休养生息之恩，获优游于田里，则成先志不在今日乎。乃作修睦堂于正寝之前，嘉时令节则为酒醴，刲羊豕，布几席，罗豆笾，举宗咸延致而宴于斯，班白在坐，子侄序列，载献载酬，尽欢极醉……

苏伯衡（1329—1392），字平仲，金华人，曾任处州教授。他指出陈氏是在北宋时迁居丽水县来仪乡的。

义靖乡

在县西南。南宋丞相汤思退的岳父是丽水县高溪村人，高溪村《叶氏宗谱》

收入了汤思退撰的《宋故南阳叶母孙氏夫人墓志》：

　　夫人孙氏，处州丽水县义靖乡西竹里处士珣之女，高溪里乡贡进士叶筠之妻。孙、叶皆大家。进士有贤行，通经能文，游郡学屡中舍选优等，不幸短折，逾三十而终。夫人少寡居而子多死，夫人志益坚，护视弱女谨甚。及其长，思退妻焉。思退念夫人年且高，乃迎至官所，自为吴县簿及至登朝。夫人常相随，岁时酌酒，外孙满前，甚乐也。绍兴己巳（1149），思退为秘书少监，夫人以疾终于吴山之舍，实六月辛未，享年五十九。以岁时之未良，后九载，当绍兴戊寅（1158）二月壬寅，乃克葬焉。夫人生平慈和而庄默，孝尊长、礼亲族、仁婢使，约己周物，未尝少靳。诵持浮屠氏书，怡然若有得也。谓宜寿而止于是，然节全而志遂，安生而考终，亦可以无憾焉矣。子蘧，登仕郎；女信汉国夫人；孙男女二。墓在岑溪之阳常寂寺之侧，望高溪三里而遥距叶氏大墓百步而近，庶几夫人之志云。

　　绍兴二十八年（1158），时任左通奉大夫、守尚书右仆射、同中书门下平章事的汤思退将岳母安葬在离高溪三里的常寂寺边，并撰写墓志铭。高溪一带，为丽水县义靖乡。

元和乡

　　在县西南。宋嘉定二年（1209），时任温州通判、丽水县城人何处仁为妻子陈氏撰圹志：

　　孺人陈氏，世籍婺之金华。父，故吏部尚书，讳良祐。母硕人翁氏，中丞彦国之孙女也。孺人生于淳熙庚子（1180）十月二十七日。年将及嫁，归于栝苍何处仁。庄靖柔淑，遇事辄解，妇道克尽，女工尤精，相处首尾十一年如一日。妒忌乃妇人常态，孺人不惟不芥蒂，而反以拒其请为不乐，言语动作，率循礼度，处仁或有过差，必委曲正救。承上接下，举族无间言，祖母齐国太夫人尤钟爱之。开禧丁卯（1207），处仁厕迹朝列，明年（1208）

正月归为齐国寿，因挈孺人以行。越六月，孺人苦咽喉疾，医治寻愈，未几复作，百药具试。前此每以多女为不满，八月就蓐得男，自谓所苦可无他，而终以不起，乃九月十二日之夕也，年二十有九……处仁自孺之亡，内失所助，追惟平昔，痛折心膂，亟请补外。卜地寓里，得吉于丽水县元和乡堰角南洲之原，实近齐国之陇，以嘉定己巳（1209）十二月十二日壬申安厝。（《处州金石·何处仁妻陈氏圹志》）

文中的"齐国太夫人"，是何处仁的祖母石氏，墓址在松阳县惠洽乡堰山。陈氏墓靠近石氏墓，说明宋代丽水县元和乡与松阳县惠洽乡交界。

浮云乡

在县西南。《钦定四库全书·史部七·绍兴十八年同年小录》记载：

（第五甲）第五十四人王东里，字侨卿，小名萱郎，小字奉先。年十九，九月二十六日生，外氏杜，继母陈氏，具庆下第五，兄弟三人。一举。未娶。曾祖庆孙，故不仕。祖汴，故不仕。父世修，未仕。本贯处州丽水县浮云乡德广里，父为户。

（第五甲）第六十七人王桷，字子任，小名英郎，小字茂林。年三十九，六月十四日生，外氏吴，继母潘氏，具庆下第十四，兄弟六人。一举。娶朱氏。曾祖象贤，故不仕。祖庆孙，故不仕。父泾，未仕。本贯处州丽水县浮云乡德广里，自为户。

王桷、王东里为叔侄关系。叔侄同榜进士，对于浮云乡而言，是一大盛事。有关宋代丽水县浮云乡，明代叶子奇的《草木子·卷四·谈薮篇》有一则纪事：

宋亡，丽水浮云乡有柳机察者为寇，欲逼柳味道同起攻掠。味道誓不为非义用。寇怒，缢之于松而胁之。柳味道占一诗云："国破家亦破，年穷命亦穷。浮云诸逆贼，送我上青松。"竟死于松下。

懿德乡、宣慈乡、应和乡

在县西北。《处州府志·艺文志》载宋代韩元吉的《禋德祠碑铭》：

政和中，四方无虞，士大夫缘饰儒雅，无有远迩，以歌咏太平为事。时丽水蔡君梦奎教育子孙，皆举进士，驰声学校间。

一日，有善击剑者过其门，君独留之，命诸子子昇等习焉，拉姻党梁君宗善子将、惠与之俱。乡间莫不非笑之，君亦怃然太息曰：是固非俗子所知。天下将勤于兵，吾惧其不免也。

越数载，方腊起青溪，覆郡县，两浙大扰。君不幸新故。诸子巍巍成立，欲率众拒贼，以成父志。而长子

《禋德祠碑铭》

昇者，骁勇伟岸，尚气节。乃挟战守策干郡，太守不能用。宣和之三年也，腊贼之党洪载果道松阳，袭据郡城，劫取大家财，散以募众，又以妖术蛊郡民。丽水凡十乡，其七已悚听载命。惟蔡君、梁君所居曰懿德，与其邻宣慈、应和三乡，恃二君，不肯附贼。而贼欲下取温州，闻蔡、梁子侄尤知书识战，即遣僧道珍来口：能助我，无忧富贵。是时君孙叔辉偕其妻兄梁惠等方议战守利害，拒不听。载大怒，因潜兵夜犯懿德，至则黎明。众得遁匿，庐舍悉被焚。子昇与将、惠各倾家赀募壮士，得千人，即所居七里，有山曰东岩，四面斗绝，缘崖为门。上则泉壤甚沃，草木蓊蔚，有浮屠之舍曰定香。自唐乾元末，土人避袁晁之难，尝栖之。乾符、中和间，群盗继作，章承趣亦固守其上，一乡获全，承趣庙食焉。故三乡之民皆来归，推子昇为部领，子昇与将、惠等同心合力，列保伍，定赏罚，众皆帖然。子昇挺身督战，乡勇鼓而从之。阅

三月，无虑二十战，我军狙击，大胜，斩首二千级。贼闻有王师来，欲赴于海，而温已严守备，且畏我军乘其后，遂受降纳款焉。时四方兵兴，遇有盗贼扰，及军旅事，郡必召而咨之。建炎初，倪从庆啸乱于衢，部使者诣请子昇、将、惠偕行，乃奏其前后功，朝廷以将、惠与开封荐与文资，而赏子昇以武爵。力辞不受。乃大聚图史、莘隽秀，以教子孙……

宋宣和三年（1121），方腊部将洪载攻陷处州，丽水县除懿德乡、宣慈乡、应和乡三乡外，皆遭劫掠。韩元吉的这篇碑铭记录了蔡氏、梁氏率领三乡人民抗击洪载的史事。

和乐乡

在县西北。《钦定四库全书·史部七·绍兴十八年同年小录》记载：

（第三甲）第十二人田兴宗，字德远，小名外孙，小字外孙。年三十三，八月十一日生。外氏谢。偏侍下第二。兄弟三人。一举。未娶。曾祖万，故不仕。祖贵，故不仕。父超，未仕。本贯处州丽水县和乐乡保安里，父为户。

有关和乐乡，明代丽水人何镗编校的《太师诚意伯刘文成公集》卷八收入《陈司户墓志铭》：

故宋平江府司户参军陈公，以有元至元三十一年（1294）二月癸亥卒，葬于丽水县和乐乡太平里，曰浯溪大兼之山……

喜康乡

在县东。《钦定四库全书·史部七·绍兴十八年同年小录》记载：

（第二甲）第十一人章谥，字靖之，小名端承，小字止臣。年四十，五月二十六日生。外氏刘。永感下第三，兄弟终鲜。一举。娶吴氏。曾祖惟真，故不仕。祖士宁，故不仕。父为，故不仕。本贯处州丽水县喜康乡招贤里，自为户。

有关喜康乡，明代宋濂的《宋学士文集》收入《故丽水叶府君墓铭》：

括之叶氏，世居松阳卯山。至唐银青光禄大夫、越国公法善，始以道术显。宋初，有讳备者，从卯山迁丽水之东里。又至崇信军节度使、赠检校少保梦得，始以政学著。梦得，字少蕴，世称石林先生者也。府君讳元颢，字子西，先生之十世孙。气宇凝恳，沉酣于六籍，而旁溢诸史百家，折衷群圣人之说……至正甲辰（1364）十二月十二日也，寿六十八。以某年□月□日葬墓在喜康乡上黄之原……

第二节　县治变迁

隋开皇九年（589）设处州置括苍县，县为州附郭。附郭，指县政府治所与州、府等上级政府机构治所在同一城郭内。处州府城、府治和括苍县县治位于被今人称为古城的地方。

《浙江通志·卷五一·古迹》记载：

古州城。旧城在府东南七里栝苍山麓，亦曰栝州城。

古城是一个岛，位于好溪和大溪汇合口。东、北面为山，阻挡好溪水冲击。西、南为大溪水环抱。1986年版的《丽水市地名志》记载，古城岛有耕地65亩，林业用地366亩。

隋朝末年，由于隋炀帝横征暴敛，李子通等纷纷起事。公元618年，李

资福村的古庙、古樟

渊在长安称帝，建立唐朝，改元武德。武德二年（619），李子通占据江都，并迁都余杭，势力范围东到会稽，南至五岭，西抵宣城，北达太湖。武德四年（621），唐军平定李子通。《旧唐书·地理志》记载：

　　武德四年（621），平李子通，置栝州，领栝苍、丽水二县。八年（625），废松州为松阳县来属，省丽水入栝苍，遂昌并入松阳。

　　李子通趁天下大乱时，窃据了江南，把拥有广袤盆地的松阳县升格为松州，又在碧湖平原另外设立了丽水县。唐朝平定江南后，恢复松阳县；又撤销丽水县，并入栝苍县。唐初的丽水县名维持了四年左右。

　　李子通设置的丽水县，县治位于今碧湖镇资福村。清道光版《丽水县志·古迹》记载：

丽水县故城，在今城西三十五里资福村，唐初置县于此。今其地有古城冈、县头山、旧城塘诸名。

清初顾祖禹《读史方舆纪要》记载：

丽水县故城，府西三十五里。唐初置县，属括州。武德八年（625）省入栝苍县。今其地有古城冈、县头山、旧城塘之名。

清道光版《丽水县志·山水》记载：

县头山，在县南三十五里，以古县治在资福，山蔽其前，故名。上多修竹，曰修竹岭，俗呼竹山呑。大溪环其下，因名竹山潭。

事实上，资福村地名还有厅前塘、衙门前等。隔大溪对岸，有上县头、下县头两个村庄。

丽水这一名称的由来，有丽阳山溪水穿城得名说，有段成式治理城东恶溪变好溪之说。持两说之人都忽略了丽水县最早出现在资福这一史实。资福，又称资溪，位于大溪西岸，这一段大溪溪面开阔，溪流缓慢，溪水澄碧；桨声欸乃，白帆点点；两岸绿树垂荫，牧笛嘹亮。丽水名称当由此来。

武德八年（625），"省丽水入栝苍"时，县治在哪里，旧志没有明确记载。

笔者认为，丽水县"省入"栝苍县时，县治设在资福，及至唐末才迁至茭山左。资福作为丽水县城，时间近 300 年。相比于古城岛，资福具备天时地利人和的优势。

天时：唐武德五年（625），唐军击败窃据南方的李子通，江南稳定。唐朝推行均田制和租庸调制，实施轻徭薄赋的政策，使农民安心从事农业生产。

地利：南北朝梁天监四年（505），詹、南二司马率众开始在松阴溪上兴建通济堰坝，开凿通济堰渠。经过 120 年的不断完善，资福一带的水利得到极大的改善，越来越多的荒地拓垦成为农田。

资福地理优势得天独厚，西依广袤的平原，拥膏腴之壤，物产丰饶；东临瓯江大溪，水路上达松阳，下抵温州；通济古道穿村而过，南通福建，西至江西。

而古城岛地势狭隘，四面环水，州、县衙门在一处，显得拥挤不堪。

人和：早在吴天纪二年（278），丹阳秣陵（今属南京市）人纪亨倜出任临海郡签判。吴天纪三年（279）十一月至次年三月，晋武帝司马炎发兵水陆并进，直取建业（今南京市），一举灭吴。国破家何在？纪亨倜遂挂冠而去。《高阳郡纪氏宗谱》记载：

> 栝之西有资溪，山明水秀、地杰人灵。公乃卜，云其吉，遂爱居爱处于是焉。

资溪，就是今天的资福、上阁一带。谱载纪亨倜生五子，五子又生七子，纪氏一族在资溪繁衍生息，开枝散叶。

除了纪氏聚族而居，资溪还有其他姓氏。明成化年版《处州府志》记载："报慈寺，在县西三十五里，本殷敬宅。殷氏自晋宋为南朝望族，舍宅为寺。"报慈寺，即今天的资福寺，原名灵鹫寺。宋庆元四年（1198），宋高宗将灵鹫寺赐给参知政事何澹，赐额改为报慈寺。6 年后的开禧元年（1205），闲居在家的何澹主持修建通济堰坝，将木坝改成石坝，并疏浚通济堰渠。

有关宋代丽水县城和县治的记载，虽然草灰蛇线，但基本能按图索骥。

宋咸平二年（999），杨亿《处州丽水县厅壁记》记载：

> 丽水，古栝苍县。唐大历末（766—779），避德宗讳，并郡改焉。地亘婺女之墟，俗盖东瓯之旧，提封之广袤，仅十万井，生齿之富庶，几八千室。自钱氏窃据之际，头会箕敛，民不堪命。及圣朝混一，之后生聚教诲，日不暇给。县署湫隘，仅庇风雨。偪下已甚陋，如之何？前此宰邑者，皆鞅掌王事，沉迷簿领，盘错游刃之不暇，栋宇改作之未遑。

> 至道初（995—997），天子以古者郎官出宰百里，申命廷尉评甄侯旦，

以六百石秩来莅是邑。侯孔门之达者也，吏道详敏而饰以文学，天资高朗而辅以经术，清白以率下，明察以照奸。狱讼滋彰必片言以折，赋调侰偬皆先时而办。曾未期月，县政大成，天子嘉之。凡再降玺书，进爵朝大夫，总殿中六尚之职，不改其任，恐夺民贤君，增秩以留，用西汉故事。侯既五月，报政休声著闻，终日清谈，庶务自治。从容暇豫，周览县斋，苦盖不完，梁木将坏。慨然愤发，经之营之，度山取材，悬金购匠。因农务之隙，集子来之徒。运斤成风，挥汗为雨，皆曰：吾侪小人犹有阖庐以避燥湿寒暑，岂我贤宰君筑室而不速成乎？曾未浃旬，层构云毕，恍若神化，焕乎惟新。凡楼以藏诏书，厅以决政事。楼之南敞重关，可入方轨；厅之北辟回廊，仅容宴豆，通而计之，共十有一间。丽谯渠渠，治象之法在焉；堂皇峨峨，神明之化出焉。侯陟降以之造次，于是职修事举，体宁神王，使虚室生白，高门容车。后来之人，坐享其利。侯之规模，信宏远矣。昔者一日必葺，《春秋》称叔孙之贤。百堵皆作，诗人著斯干之咏。鄙夫不佞，假守方州，每行春棠郊，摄斋偃室，目是轮奂，饱其风声，爰勒贞珉，以志成事。异日，甄侯弃去，下邑扬于王廷。此邦之人，谁无遗爱？即陵迁邑，改斯宇也。比灵光而独存，石泐金销斯文也，与岘首以同致，后之君子善似续之。（《武夷新集》卷六）

杨　亿（974—1020），字大年，建州浦城（今福建省浦城县）人。北宋大臣、文学家，"西昆体"诗歌的代表作家。咸平初自左正言集贤院出知处州。杨亿到任时，丽水知县甄旦

茭山西面的通惠门

刚刚修建好县衙，杨亿应邀周览位于
茭山的县衙，并撰文作记。

元代有关丽水县治的情况，见孟
淳的《重建丽水县治记》：

丽水县，隋初名栝苍，已而析置。
唐武德四年（621）置栝州，领二县。
八年（625），省丽水入栝苍。大历四
年（769），复今名。县治，旧在茭山

茭山一角

左，莫知创始何代。宋绍兴四年（1134）重建。陈端为记，吴说书石犹存。
大元至元二十九年（1292），肃正廉访分司命郡县即其地更新，而处之县官
视事靡有定所。大德元年（1297），沙麓李侯以为栝苍驿，以旧驿为县治，
民居混淆，狴犴无所于。复迁于故通判厅，屋虽夥而敝，且尝为塘局、器局，
器用咸在，若不能以久居。四年（1300），济南尹君民望，儒者也。尝宾宪幕，
性近古，谓治所宜仍旧，力请于郡，郡以驿传今政令所急难之。会中朝使者
至，亦不然其说。君意益坚，词益切，终莫能得也。达鲁花赤河西朱君慨然
曰："何必是改，作无难者。"相攸于府治之东，巾峰矗其前，丽山拥其后，
东挹洞溪之清，西揽云林之胜，若天启其秘而有所待焉！幸其主肯售，得地
七亩有奇，厥直倍弗较也。第土木费巨，县所有惟旧尹冯君亢宗储里胥赎金
若干耳。遂谋协僚佐益以俸，不足则效释道之为，以致其乐助者。又不足，
则谕乡都分任间架。处置略定，栋梁之材未具也。闻其材有巨樟，君舆疾往
焉，度其可将伐之。或语以神怪，恬不之惧，卒取而归。百夫负荷，良不易易，
有不咸于君者，因流谤言，亦不之恤也。躬自程督，匪懈朝夕，以迄于成。噫，
君之劳亦至矣！尹君暨主簿蓟丘李君玉，能赞其决，用集厥事。经始于六年
（1302）四月吉，成于七年（1303）正月。莅事有厅，休息有堂，赞化有署。
若吏舍，若门庑，各以序为修广崇伟，视瞻聿新。凡为屋若干楹，工若干，
费若干。既乃会军民官落之君，趾余而请曰："愿有记。"余惟平生历郡屡矣！

率因循苟简，所至廨舍未尝有所增修。邻州属邑，有伯一日必葺者，则亦喜闻而乐道之。矧目君所为乎？君尝长宁德，一新治所；又能毕兹役于满秩垂代之际，是可书也。余虽不敏焉，得辞故述其颠末如此。君名抄儿赤，少从军，以勇称，累任司县，虽不尚文，而临事果决，无出其右者。大德七年（1303）□月□日记。（明成化版《处州府志》卷四）

元初，丽水县治先是重建，后改为他用。府治迁走后，县治是在宋代基础上修缮，还是搬迁新建，县尹尹民望和达鲁花赤（掌印者）朱抄儿赤与之意见相左。最后朱抄儿赤一锤定音，决定依葫芦画瓢，购买汤思退宅邸东面的地建县衙。明成化版《处州府志》卷三记载：

县治，在今县西三十五里资福村。始徙建于茭山之左，建炎三年（1129）毁于寇。绍兴四年（1134），知县刘皡民重建，复圮。元至元中，县尹韩国宝重新创造。至元二十九年（1292），改为肃政廉访司分司。大德元年（1297），总管尕见赤又改为栝苍驿，以古待贤驿为县。大德六年（1302），知县尹民望、达鲁花抄儿赤买故相汤岐公宅东畔地，鼎建今治。时总管孟淳为之记。

此条记载告诉我们，丽水县治是从资福村徙建于茭山左的，从而印证了上文所说的，武德八年（625）"省丽水入栝苍"时，县治在资福村。正因为有长达300年的历史，资福村有关丽水县治的地名才会留存至今。

宋代的丽水县城，以位于茭山的县治为中心。根据旧志记载，宋代县城街道，主要有三条。最先形成的是县治茭山前的街道，通惠门往东，至太平坊。太平坊的民居在唐末就已成雏形，至北宋成为城内最大的住宅区。《旧唐书·食货志》记载：

百户为里，五里为乡。四家为邻，五家为保。在邑居者为坊，在田野者为村。村坊邻里，递相督察。

太平坊内，唐末建有一座黄灵桥，清道光版《丽水县志》卷一记载：

黄灵桥，唐刺史李邕于此撰叶慧明碑文，有云"徇赤松之游，纵黄灵之术"，故名。

李邕于开元初期任处州司马，兴利除弊，抑强扶弱，政声卓著，加上文章书法超绝，县人建桥时，以其文名桥，以志纪念。

第二条街道由通惠门向南，穿过姜山和万象山脚，至栝苍门、大溪埠头。这条南北向的街道依托大溪水运埠头，以商贸为主。北宋处州的监酒税署设在姜山，宋绍圣元年（1094），秘书省正字兼国史院编修官秦观受"元祐党争"牵涉，被贬监处州酒税，居姜山，姜山南面的梨园市是城内商贸地。宋代实行榷酒制，制曲和酿酒由国家专营。秦观的职务相当于酒的专卖局局长。

第三条街道形成于南宋时期，为沿大溪东西走向，分为三段。大致为从太平坊经驿前、府前到镇东楼；自梨园市经天后宫、仓前到府学（今处州中学）；自濠头街经南明门至应星桥。这条街形成的背景是郡守赵善坚导水入城。南宋庆元三年（1197），知州赵善坚导丽阳后溪水入城，在清香桥开凿池塘蓄水，人称净池。兴建二渠，水流析而为二：西南流，绕濠头街又东历梨园巷市，过广运桥、抵应星桥出城；东流，历黄灵桥，东过明秀桥，经府治前，又东过县治南，至镇东楼出城。《钦定四库全书·浙江通志·卷六一·水利》记载：

城内二渠，分丽阳溪水，随势导之入城，以蓄风气、息火灾。（《括苍汇纪》）宋庆元中，郡守赵善坚尝开二渠，分丽阳溪水导之入城，民甚德之。

之所以引水入城，一是便利洗涤，改变生活习惯，形成讲求卫生的良好风尚，提升城市品位。二是防备火灾。二渠建造，基本沿着街衢，从另一个角度折射出城市人口集聚、商贸发展。

第三节　州治四徙

武德八年(625)后,虽然州城与县城分开,但随着社会的发展,人口的增长,加之州城孤悬溪中,古城岛已不适合州城发展。《元和郡县志》卷二七记载:

贞元六年(790),刺史齐抗以旧州湫隘,屡有水灾,北移四里,就高原上。

州城迁徙,还有一说。《浙江通志》卷二四记载:

初,府城在今城东七里。唐中和间,盗卢约窃据是州,徙今地。旧《浙江通志》相传,约之将徙也,访之三平和尚,云黄牛卧处好安州,遣人视之,适有黄牛寝,乃迁之。

卢约是遂昌人,唐中和元年(881),响应黄巢起义,率兵攻占处州,自

位于大溪和好溪交汇口的古城

27

封为刺史。天祐二年（905），卢约又派弟卢佶攻取温州。后梁开平元年（907），吴越国钱传瓘、钱传璙先后攻取温州，后进逼处州。卢约见大军压境，自忖寡不敌众，遂开门称降。

有丽水学者认为，齐抗"北移四里，就高原上"，是将州治迁到了小栝苍山上，四里只是一个大约数，并且认定卢约迁址是讹传。由此得出"州治三徙"的结论，并被丽水史学界接受。

笔者有不同的看法。原，指宽广平坦的地方。高原，地势比古城高的平坦之地。而小栝苍山上，道路崎岖，峰峦起伏，何来宽广平坦？南方的古人基本以步带车，对里数尤为精确。"北移四里"是准确数据，距离古城岛北四里的大溪北岸，地势高，地面平坦，适合建州治。其时南方承平，齐抗考虑更多的是可以拓展、远离水患。同一时期的松阳县，也因为水患原因，县治进行了搬迁。清乾隆版《松阳县志》记载：

旧志云：初，县治建于旌义乡之旧市。屡值水患，唐贞元间，郡刺史张增请于朝，改设今地，即古紫荆村也。

东汉建安四年（199），松阳县建县时，县治设今古市镇，因濒临松阴溪，屡遭水患，于是迁至古紫荆村（今西屏镇人民街耐性桥北）。此地地势较高，溪桥在村南，远离松阴溪水患。

齐抗选择州治的地理位置与松阳县治相仿，1993年版《丽水市交通志》记载：

南桥之北，古时曾有热闹的街市。在20世纪60年代末开沟造田时，曾挖出长街小巷的路基及建筑物的残迹……南桥，在下河村北0.5公里处，位于隋唐时期古州城街市之南，故称南桥。2孔石墩石梁结构，长8米，宽3.5米。船形桥墩石砌基地包固。

南桥北与古城的距离，大约2千米，恰好对应上"北移四里，就高原上"。

小栝苍山州治遗址

同样溪桥在南，远离大溪。事实上，州治设在古城岛时，因孤悬溪中，往来不便，民居及货物交易的市廛，就集中在古城对面的下河北面。

齐抗迁治后40年，韦纾赴任处州刺史。韦纾是京兆府杜陵人（今西安），贞元十八年（802）进士，历官试大理司直兼殿中侍御史、山南西道节度判官。明成化版《处州府志》卷二载其撰写的《古郡厅壁记》：

处州本勾践故地，古称为越，亦谓之东瓯。其道途溯浙江东南七百里，而绕于天文牵牛之分，在《禹贡》扬州之域。连山洞溪，负海逾峤。绵历更置，至隋始为处州，后复号栝苍。国朝缵禹九州，置为十道，必以山川。而处州列在江南，第居于上。天宝初，为缙云郡。大历末，复之。

刺史更置迭废，州郡沿革，则官随之。大凡亲人辅化，任莫重焉。汉孝宣励精为治，属意惟良二千石，则中兴之化其有自乎？太和五年（831），纾自司驾员外郎奉符典州，大惧不称其职，无状取败。且以地险而瘠，人贫而劳，茧丝之税重倍他郡，故逢穰岁，亦未若他郡之平年也。为是邦者，得不

29

谨节而乃自封乎。一州之人，待治于我，得不惕励而将自勉乎？夫惟恻隐可以安疲羸；忠信可以美风俗；待物以诚，饮人以和，可以去刑法矣。是三者，纾未之逮而有志焉。因书之涂壁以自儆惧。其旧记空列名氏，又置于北。今税官征地，且移于东。大和六年岁壬子（832）七月七日丁酉题。

韦纾任职第二年，州治向东扩建，厅壁粉刷一新。韦纾感于原先厅壁郡守有题字未落款，遂书厅壁记，并题写姓名和时间。而"今税官征地，且移于东"，又可看出州治边上是空旷的民地。

与朝廷任命的刺史齐抗不同，卢约是"窃据处州，自封刺史"，他考虑更多的是如何固守。因此，将州治从平地迁到小栝苍山上的，是卢约。而为卢约出谋划策的三平和尚，确有其人，《钦定四库全书·浙江通志·卷二〇一·仙释》记载：

三平和尚，唐中和间，筑精庐于南明山，是为大安寺。每日骑虎出山，至溪津叱虎还，徒步入城。虎出候于溪，载还山，以为常。

有关学者之所以认为三平和尚只是传说，皆因他骑虎出入南明山。从常人的角度看，人骑虎肯定不靠谱。但如果老虎自幼被三平和尚收养、驯化，也就说得通了。

有关小栝苍

小栝苍山上的坪地

山，清道光版《丽水县志》卷三记载：

> 小栝苍山，在城西里许，即小栝山。又名莲城山，亦名九盘岭，唐、宋州治皆在焉，即今之西山也。与城中万象山冈阜相连接。

此地南面为大溪，西、北、东为山冈，形成天然屏障。只有东南地势平缓，与陆地接壤，守住东南，即可保证城池无虞。盛世夜不闭户，乱世筑墙凿池。为防御官军镇压，巩固统治，卢约一方面修建城池，一方面把位于资福的丽水县治迁至菱山左。

隋设州治在古城，齐抗迁至南桥北，卢约迁至小栝苍山。丽水许多学者之所以认定州治从古城直接迁至小栝苍山上，是被王象之撰写的《舆地纪胜》里的记载给误导了。《浙江通志》卷五一记载：

> 唐旧州治，（《方舆纪要》）唐末，卢约窃据是州，迁治于小栝山上……旧城在府州东南七里，则今治已三徙矣。

王象之（1163—1230），南宋婺州金华（今属浙江磐安）人，字仪父，一作肖父。庆元二年（1196）登进士第，历官长宁军文学，江西分宁、江苏江宁知县。后无意仕途，隐居著述，在南宋宝庆年间（1125—1127）撰成《舆地纪胜》。

王象之撰写《舆地纪胜》时，处州州治在小栝苍山上，他说的"今州治已三徙"，正好对应了古城、"北移四里，就高原上"的南桥北和小栝苍山。

卢约自封刺史经营处州近30年，又是向吴越王投降的，州治建筑完好。五代、北宋时期，州治基本沿袭卢约的基础。宋宣和三年（1121），洪载攻占处州，小栝苍山下"官民庐舍尽"，州治除城墙受损外，署衙建筑未受大的破坏。宋军平叛时，洪载"以城降"，未破坏署衙建筑。州守黄烈加固城防，用工44000人次，修筑城墙高三丈五尺，周长七百九十二丈。宋代州治建筑风貌，见宋俞良能撰写的《旧州治记》：

浙东山水甲天下，栝苍复甲浙东。州宅奇秀，又栝苍之杰特伟观。由清香桥入贤星门，上九盘岭，委蛇曲折，凡四百许步至谯门，双松天矫，状如龙蛇，对峙门之左右。又行三百步许至仪门，又北行百许步穿戟门，行数十步至设厅。由设厅右行至便厅——太守治事之所也。由便厅而入柱廊，谓之"凝香"。由"凝香"至燕喜堂，幽邃静深，洒洒可爱。由"燕喜"至志喜堂，遂至月台。台旧名"拜香"，"天王"居其前，"石僧"出其侧，山之翠微近在杖席下。其东则凝霜阁，杨公大年之所建也。由"凝霜"下行至好溪堂，轩楹开豁，栋宇宏丽。层级三休，至烟雨楼。凭栏四顾，目与天远，如登双溪楼，如陟蓬莱阁，气象绝似而爽垲过之。万山峨峨，横在一目，或矻如楼台，或耸如帆樯、或如虎豹之蹲、骅骝之骤，或如惊麏之出林、巨鱼之闯波。下见千井提封，隆楼杰阁，绿窗朱牖，掩映于晴霏夕霭之近远，丹青水墨之所不能尽，令人目眩心怪，徘徊而不忍去。由好溪折而右，至浙东道院，帘影无尘，草色映阶，阗然萧然，不知其为公宇也。其西则"洄溪""少微"二阁，绵延萦拂，如烟雨画屏，青山在上，流水在下，如烟雨画屏，愈看愈奇。沿"修廊"至夕霏轩，见壁间尽刻名贤法书，如《兰亭序》，如《黄庭经》，如《乐毅论》，熟复细味，似入太庙观彝器，令人肃然敛衽。由"夕霏"至照水堂，所践胜于前，所喜愈于初。仰睇霄汉，凭虚欲仙。又见四松出于檐楯外，如商山老人衣冠伟甚。微风过之，如琴如筑，如蛟龙吟，如海潮声，真人世之绝境，宇宙之奇观也。历阶而下百许步，至拟滁亭，规模虽小，而意趣绝远。坐胡床对溪山，下临绝壑，南明诸峰相距无一里；琵琶捍拨，横陈洲渚，渔舟贾楫，出没烟波中，欸乃之声不绝于耳。虽巧于摹

万象山小水门城墙

写，如柳仪曹、刘宾客辈，犹不能得其仿佛，况讷于辞而拙于笔如余者乎？姑存梗概以示后之人云。绍兴庚戌（1130）五月既望记。（明成化版《处州府志》卷二）

不过，从山脚到州治，"石磴盘曲"400余步，盘绕九次。宋崇宁三年（1104），州守杨嘉言曾对九盘岭进行改造，"削直之"。但削直后的石磴太陡峭。大观元年（1107），又恢复原来的九盘石磴。《钦定四库全书·浙江通志·卷五一·古迹》记载：

古州城，（《续厅壁记》云）州治在小栝山上，其路九盘。宋崇宁三年（1104），杨嘉言为守，削直之。大观元年（1107），高士广复旧。

宋、元更迭时的至元十五年（1278），州治被元兵焚毁，加上在山上，颇为不便，就从小栝苍山搬迁到了枣山南（今市人民医院东侧）。明成化版《处州府志》卷一记载：

府治，旧在小栝苍山之巅。南带大溪，西列屏障。北则梵宫，钟鱼之声相闻。东则万室栉比，错落茂林修竹间。楼阁亭台，高下隐映，一郡胜概尽在几席下。然陡绝诘曲，其路为九盘，陟者病焉。大元时，列戍屯营于上，郡官吏寄治于民舍，迁徙靡定。至元二十七年（1290）总管斡勒好古得地于城之东汤岐公之故第，乃出公帑市之，以创郡治，宏敞壮丽，足一郡之仰观也。国朝（明朝）因之，以时而加修葺。

元初处州总管斡勒好古用公款购买了南宋丞相汤思退的宅邸，把府治从小栝苍山上搬到了枣山。这是州治"四徙"。有人认为处州州治只有"三徙"，是把王象之误为了元代人，认为他在写《舆地纪胜》时，州治已迁到了枣山，从枣山反推到小栝苍山，再到古城，齐抗的"就高原上"，只能是小栝苍山了。事实上，王象之去世时，距离南宋为元朝取代，还有50年；距离州治搬迁，还有60年。

第四节 九龙镇

《元丰九域志》记载：

> 处州……户，主二万三百六十三，口六万八千九百九十五……
> 望，丽水。一十乡。九龙一镇。有括苍山、缙云山、丽水……

按照此记载，在元丰八年（1085）时，丽水县拥有 10 个乡，1 个镇，达到了"望"县的标准，《宋史全文》卷一记载：

> 建隆元年（960）冬十月壬申，诏诸道所具版籍之数，升降天下县望。以四千户以上为望，三千户以上为紧，二千户以上为上，千户以上为中，不满千户为中下。

按照望县的标准，元丰八年时，丽水县的户数达到了 4000 以上，人口近14000。宋代高承的《事物纪原》卷七记载：

> 《通典》曰：镇将，后周之通班也。隋亦曰镇。唐分上、中、下三等，历代未闻，疑镇始于宇文周代也。宋朝之制，地要不成州，而当津会者，则为军，以县兼军使。民聚不成县，而有税课者，则为镇，或以官监之。

清道光版《丽水志稿·卷一·市镇》记载：

> 古者，州郡屯兵之地谓之镇。唐以后，则远于城而民居所聚亦曰镇，镇盖大于市者耳。宋《元丰九域志》：县有九龙一镇……

宋代建镇的标准，民众聚居，仅次于县城，但税收的贡献不亚于县城。《宋会要辑稿·酒曲杂录》记载：

处州，旧在城及遂昌、青田、龙泉、缙云、松阳县、九龙、利山镇八务，岁万一千一百六十九贯。熙宁十年，祖额二万七千七百五十二贯五百八十六文，买扑九千四百四十三贯二百九十二文。

此则记载说明，熙宁十年（1077）时，九龙镇的酒业税收，与青田和丽水城区并列了。

九龙成为镇，有其特殊的时代背景。1986年版《丽水市地名志》记载：

九龙，在市区西南十二公里，地处大溪西岸。村呈半月形。有公路通市区与碧湖镇，并通航运……据《纪氏宗谱》，该村地名，昔称龙溪。上阁九世代纪氏，常牧驴龙溪草坪，相传驴留恋往返，纪氏以驴眠之地迁居，并设九个埠头，九口井，以此取名九龙。

纪氏所居的上阁，宋代称丽水县义靖乡宝合里。1986年版《丽水市地名志》记载：

上阁，在九龙村南偏西二点五公里。濒大溪西岸而建。上阁曾名郭溪，据《丽水县志》卷三记载：郭溪，又名上郭，旁多种柳以捍水，曰柳阴堤。因地处丽水古县治资福的外郭上方，故名上郭。"郭"与"阁"谐音，今因名上阁。

资福，在九龙村南偏西二点二公里，大溪西岸。该村古名芝溪，亦名资溪。据《丽水县志》记载，唐初县治设此，并建有资福寺，村以此名。

从地理位置来看，资福和上阁实际上是连在一起的。纪氏徙居资福300余年，丽水县治设此，纪氏民居位于县治外郭。至唐末卢约窃据处州，丽水县治迁至茭山，又过了近300年。这300年"县治"的存续，促进了资福人口的集聚，农业、商贸的发展。

至五代时期，纪氏开始往外迁徙。《高阳郡纪氏宗谱》记载：

后晋天福五年（940），纪中昭一支分居碧湖；后晋开运二年（945），纪中新一支分居温州永嘉县；纪明德一支迁居松阳县；宋建隆二年（961），纪规曙一支卜居碧湖龙溪（九龙村），纪规亮分居南溪港口。

从时间上看，纪氏大规模外迁，是丽水县治从资福迁出后。纪氏外迁的原因，主要有两点，一是资福人稠地狭，发展空间捉襟见肘。二是县治迁走后，原先藉县治之利获取财富的条件没有了。于是，经过几代人铢积寸累的纪氏谋求异地发展。

迁居九龙的是纪规曙。明天顺元年（1457）进士、景宁人潘琴于明正德六年（1511）撰写《纪氏创建龙溪祠堂记》：

> 龙溪纪氏，徙自资福。始祖讳规曙，字公明，续改名浚，字宗禹，于宋仕栝知府……

纪规曙"仕栝知府"，《处州府志》没有记载。潘琴其人，《钦定四库全书·浙江通志·卷一八二》记载：

> 潘琴，字舜弦，景宁人。邃经博史，为文典则，有古风。登天顺丁丑（1457）进士，授南吏部主事，历迁兴化知府。乞休，作招鹤词，寓意传闻京师，朝士争和之，汇为鹤溪清风卷，以寄思。家居手不释卷，足不至县廷。文学齿德，隐然为东南望。卒年九十。所著有《竹轩集》《咏史》《和唐诗》行于世。

潘琴为"东南望"，其所记应该不会虚妄。《高阳郡纪氏宗谱》记载了纪规曙迁徙的原因：

> 六十五世规曙公，得地师王汲（伋）仙指以九龙驴眠之地，可以阜财发族，于宋建隆二年（961）卜居九龙。

王伋其人，《钦定四库全书·浙江通志·卷一九七·方技》记载：

> 王伋，字肇卿，一字孔彰。其先汴人，祖讷，因议王朴金鸡历有差，众排之，贬居江西赣州。伋幼务举业，再举不利，因弃家，浪游江湖。爱龙泉山水，

遂家于松源。伋生而颖悟，明管郭地理之学。纳交于何、管、鲍、张诸家，为之卜葬，随有何太宰、管枢密、鲍制置、张谏议者出。卒后，门人叶叔亮传其所著《心经》及《问答语录》，范纯仁跋之。

王伋寓居龙泉，为何、管、鲍、张等家族先人择地卜葬。后来四大家族人才辈出。何太宰，即北宋宰相何执中（1044—1117）；管枢密，即北宋同知枢密院事管师仁（1045—1109）；鲍制置，即庆元知府兼沿江制置使鲍度；张谏议，即御史大夫张志立。

王伋的故事还在青田流传，《钦定四库全书·浙江通志·卷二四○·陵墓》记载：

宋安抚使陈汝锡墓，在县南二里。先是卜兆人王伋过之，值天雪，有双鹿伏焉。地暖无雪，遂穴于此。名曰：双鹿地。

陈汝锡（1073—1161），字师予，青田县城人。宋绍圣四年（1097）进士，官至浙东安抚使。后来的事情果然印证了"双鹿地"，陈汝锡的两个孙子，长孙陈希点，淳熙八年（1181）进士，官至中书舍人；次孙陈希黯，庆元五年（1199）进士，官至泉州金判。鹿，禄也。双鹿，一门兄弟两进士。

王伋确实独具慧眼。九龙一带，看上去是放牛牧驴的荒滩野地，其实土厚壤沃。大溪流经此处时，拐了个弯，弯的弧度很长，大溪像腰带环抱九龙。

纪规曙迁居龙溪后，与子孙一起，在村头、村中和村尾挖了九口井。井水清澈而丰盈，宛如九颗闪闪发光的明珠；又在大溪边，建起九个船埠头。埠头与水井相配，恰似"九龙戏珠"。因而，纪姓人氏又龙溪改名为"九龙"。九龙作为村名，沿用至今，已有上千年的历史。

九龙村地处丽水县西乡大平原中心，通济古堰沿村而过，主渠、支渠与水塘密布。水沛土沃，物产丰富，九龙很快成为丽水乃至处州有名的粮仓；通济古道穿村而过，上通松、遂、龙三县，下达括、瓯、宣、缙，有利物资集散与商贸交易；瓯江大溪在村旁奔流而过，水路上通处州四县，下达温州。纪氏迁徙不久，叶氏、季氏、章氏、吴氏等姓氏先后迁徙至此。经过几代人的拓垦耕耘、运输经商，九龙很快就成了集市贸易之地。

因时代久远，岁月变迁，旧志有关九龙镇的记载几乎没有。清道光版《丽水县志·卷一·疆域》记载：

九都，领庄九……九龙，三十里，宋为九龙镇，见《元丰九域志》。今分五庄，曰周堡、叶堡、纪堡、下叶、刘步。

堡，指有城墙的集镇，多用于地名。也就是说，原先北宋时期的九龙镇中心区，到清中期分成了5个村庄。如果这样表述还比较笼统的话，1986年版的《丽水市地名志》描写得非常清晰：

九龙，为平原乡人民政府及平一、平二、平三村委会驻地。552户，2108人……平一村民委员会，辖九龙村东南部分，共154户，620人。有耕地651亩，林业用地175亩。平二村民委员会，辖九龙村西南部分，共197户，702人。有耕地688亩，林业用地410亩。平三村民委员会，辖九龙村北部，共201户，786人。有耕地884亩，林业用地306亩。

数字是枯燥的，但最能说明问题。同时期的碧湖镇镇区4584人；大港头镇镇区1459人，而九龙村有2108人。这是北宋九龙镇留下的底气。

宋室南渡后，丽水西乡的中心逐渐向碧湖镇区迁移。叶姓、汤姓、梅姓等姓氏陆续迁至碧湖，人口集聚，加上便捷的陆路和水路交通，催生了碧湖集市商贸的兴盛，碧湖镇区成为丽水、宣平、松阳、云和、青田边境一带的贸易中心。九龙镇繁华退去，重新回到春播秋收的乡村生活。明崇祯十年（1637）进士、南直隶松江华亭（今上海市松江区）人陈子龙有诗《丽水九龙村》：

人烟回树杪，村落带江流。数亩樟杉阴，千家麻麦收。火耕开瘴土，水碓系虚舟。疑有柴桑隐，还同谷口游。

时光流逝，像九龙村村东的大溪水，一去不复返。九龙镇，是岁月留给丽水人的美好记忆。

第三章　姓氏迁徙

据出土的石器和陶片等文物鉴定，在新石器时代晚期，碧湖平原有人类劳动生息；在春秋战国时期，丽水城区后铺村一带，有人类劳动生息。

东汉建安四年（199），置松阳县，区域包括今天丽水市所属各县（市、区）及金华武义、温州市的一部分，碧湖平原有姓氏迁入卜居。西晋先后发生"八王之乱""永嘉之乱"，大量人口为避战乱从中原南迁，史称"衣冠南渡"，丽水迎来人口迁入高潮。

第一节　宋代以前姓氏迁徙

纪氏

碧湖高阳郡纪氏。纪氏是丽水县有明确记载最早迁入的姓氏。吴天纪四年（280），纪亨僴自丹阳秣陵（今南京）迁至今丽水碧湖上阁村，后裔分迁今莲都区碧湖镇、九龙村等地。《高阳郡纪氏宗谱》记录了纪氏后裔在两晋、南朝和唐代的仕宦情况。因《丽水县志》等志书对丽水县唐代仕宦记载阙如，特辑录于此。

纪贞鋿，晋大兴四年（321）任汉阳府（今甘肃天水）通判；纪丁顼，晋太元十三年（388）任真定（今河北正定）府同知。纪丁施，梁大同十一年（545）任和州（今安徽和县）知州。

上阁纪氏宗谱　　　　　　　　　　　　上阁纪氏古祠

　　纪光连，唐显庆四年（659）任绩溪（今属安徽省）知县，后升谭州（今长沙）刺史；纪光遐，唐开元二十三年（735）任鲁山（今属河南省）县令，天宝元年（742）任剑南（今四川）节度使；纪正器，唐至德二年（757）任南昌刺史；纪正春，唐贞元十一年（795）任昌邑县令，后升云南大理太守；纪利尧，唐元和十一年（816）任太尉；纪正垵，唐长庆三年（823）任蒲田（今属福建省）县令；纪大兴，唐宝历元年（825），历任宝鸡县令、邓州节度使、尚书，其父纪正显父以子贵，获赠太师英国公。

富氏

　　富山头古齐郡富氏。唐宝应元年（762），富达为避战乱，从睦州迁居括州。后裔分居今莲都区太平乡富村畈、富山头等地。

李氏

　　城内陇西郡李氏。唐元和十二年（817），唐宰相、邺侯李泌的儿子李繁任处州刺史，自京兆府（今陕西西安）迁居处州城小栝苍山。第四世李舒分居今莲都区雅溪镇西溪村，聚族而居，族分五房，成为丽水县北乡一大望族。

富氏始居地富山头

西溪李氏宗祠

何氏

半岭庐江郡何氏。唐会昌三年（843），何云龙为避刘稹之乱，自山西晋城高平村迁居处州城内，后裔分迁至今莲都区仙都乡半岭村等地。

潘氏

丁公荥阳郡潘氏。潘谋（683—783），字八元，仕唐金紫光禄大夫、宏文馆大学士。潘谋由杭州样沙坊迁居今莲都区老竹镇丁公村，为处州潘姓之始。潘谋孙子潘钥（740—805），分居今莲都区太平乡吾古村，子孙繁衍，聚族成村。潘叔豹，宋淳熙八年（1181）进士。潘叔豹生二子：潘杞，宋嘉定元年（1208）进士；潘桧，宋淳祐元年（1241）进士。

吾古潘氏宗谱

叶氏

碧湖南阳郡叶氏。唐代（具体时间不详），光禄大夫叶炎因避战乱，迁入碧湖。后裔分居今莲都区大港头镇河边村等地。

朱氏

朱弄沛国朱氏。朱德原居姑苏虎丘洗马桥，唐末任处州刺史，留居栝苍。其孙朱尹，生于唐文德元年（888），卒于乾祐己酉年（949），喜欢游山玩水，见栝北山川秀丽，遂定居朱溪东山，娶昌氏，生二子朱笃、朱管，为朱弄始迁祖。后裔于宋靖康元年（1126）分居今太平乡长乐村。

路湾沛国郡朱氏。唐代（具体时间不详），朱氏以武职镇守括州，后定

朱弄村朱氏宗祠

居今莲都区路湾村。后裔分居今莲都区库头、陈村等地。

武氏

武村太原郡武氏。唐代（具体时间不详），武藩由江西乐安迁至武村，武藩的七世祖武士让，系武则天从父（叔叔）。后裔分居今莲都区雅溪镇里东等地。

祝氏

官桥鲁东郡祝氏。唐末五代初，祝实任处州判官，政善仁爱，民皆德之。卸任后，祝实由信安（今衢州）定居丽水官桥。《林氏宗谱》记载：祝实卒于后周显德六年（959），葬宣慈乡杉坑塘岭之平原。清道光版《丽水县志》载入宋代进士四人：祝亚、祝粹、祝廷、祝颜。后裔有分迁今莲都区老竹镇曳岭村等地。

王氏

中岸太原郡王氏。唐末，王乾任温州乐清令，迁居丽水弓岸（今富岭街道中岸村）。后裔分居丽水城东下河（今厦河）等地。

囷山清河郡王氏。后周显德七年（960），王温任右武卫将军。赵匡胤发动陈桥兵变，王温从济宁郓城迁至处州，居囷山法海寺边。清道光版《丽水县志》记载南宋囷山王氏一门三代九进士，王信曾任官给事中。后裔分居城东青林等地。

梁氏

梁村安定郡梁氏。唐末，福建崇安人梁迈、梁逊兄弟来括投亲，定居县城。后裔分居县城仓前、城郊厦河、十八都石侯、碧湖三峰等地。其中，梁旃因喜爱丽水县懿德乡平津里山水佳胜，于宋太平兴国年间（976—984）创室卜居，后裔聚族而居，村名为梁村。仓前梁氏有宋户部尚书梁汝嘉，梁村有宋广西转运使梁安世等。

林氏

官桥济南郡林氏。五代后唐长兴二年（931），林宝任太府监，修福建甘棠港有功封忠正侯，以先锋出使处州，后避乱，偕兄林赞、弟林贤徙居丽水官桥。

官桥林氏宗祠

清道光版《丽水县志》记载官桥林氏宋、元进士 13 人。后裔分居丽水县南钱仓（今莲都区大港头钱坑一带）、林宅口等地。

陈氏

城内颖川郡陈氏。五代时，陈倪志避兵灾，从杭州迁至处州泗州楼。后裔分居陈村等地。

蔡氏

曳岭脚济阳郡蔡氏。五代吴越时，蔡抱自福建建阳迁居处州城，其子蔡咸熙、蔡咸谑因慕东西岩名胜，迁至今莲都区老竹镇曳岭脚村等地。宋嘉定十六年（1223），蔡仲龙赴临安参加科举考试，高中榜眼（殿试第二）。

曳岭脚蔡氏古居

桑氏

双溪黎阳郡桑氏。五代后晋时，桑国震官授汤溪县尉，离任后与五个兄弟迁居丽水北乡长桑（后更名桑溪，即今莲都区雅溪镇双溪村）。后裔分居今莲都区大港头镇小山村等地。

老竹俞、章、丁、蔡、王、鲍、吕氏

唐中和年间，今老竹一带，已有俞、章、丁、蔡、王、鲍、吕等姓氏。《全唐文》卷八一七收入唐代青田县尉杨光撰写的《赤石楼隐难记》：

混茫既分，乾坤成列。形下曰器，积而为山。洎禹别九州，汉通百越，此山则维扬东瓯之地。峨峨杰出，发地千寻，峭削凌空，壁悬四面。其乃阴阳偏顾，造化有情，呀开石门，路通极顶。天生厚土，荫以森罗，地广百家，人胜千众，天下灵迹，此乃标奇。

自乎开元之末，袁晁作叛，起于天台，攻陷当州，逃亡无数。惟此一乡，人户数百余家，而登此楼，以逃其难。乃有兵戈百众，来绕其山，飞矢弯弧，岂能侵动。既难攻击，莫不相守经旬。其恃乃智士，而获良计，以米饴矢，投于岩下。俟盗剖之，自相谓曰：岩顶积谷尚多，我等相守，难以待其乏乎，遂共奔去，而攻他疆。其后便乃清平，干戈不扰。人忘往难，无复再游，运转年移，迄今为古。其楼近代居人，皆惧有神圣居止。及乾符五年（878），赵言奔冲之时，不敢登此回避。

以至中和二年（882），屡被洞寇侵逼，焚却乡闾，兼遂昌数县军马，频来凭陵，老幼惶惶，倦于深窜。乃有耆父河间郡俞强，邀伴攀缘，登此楼顶。芟夷繁木，以创草庵，巧立层梯，而通行路。遂召乡邻老幼，共此逃形，寝寐安然。狂兵攻守，无路侵凌。是年五月，当州中军屯营州郭，居人投军众，仇雠相害，村野遭搜，近远逃亡，不可胜数。此之一乡，而有武都郡章承趣，年当少俊，英杰冠时，乡内钦依，众皆推让。蒙兵马司佥差，部领数百卫士，占护家乡。各藏财泉于薮岩，共置军部于老竹，外都畏惧，不敢来侵，户口完全，耕稼无失。

于时太守张公，朝望崇重，远降分符，抚恤安邦，便蒙康泰。当今四境未安，内忧侵扰，且居岩顶，有百余家。并是乡内英俊，贤明父宿，共栖幽境，何异神仙。余因游观。奉命为记。时唐中和二年壬寅（882）十一月初八日。

文中的"遂昌县军马"，指的是窃据处州的卢约军队。清光绪版《宣平县志》收入宋蔡伯尹撰写的《重建章侯庙碑》：

……公生于唐栝丽水，文而兼武，州里所推。乾符中和间，黄巢首乱，群盗蜂起，所在罹毒。公声于众曰：寇至弗击，汝辈无噍类，曷不以死御？乃帅老稚，即乡之东岩筑战垒，于南五里曰老竹，料丁壮，肃部曲，一如军府……一方以全……公讳承趣，妻吕氏。婿四人，曰丁鄂、王修、蔡裡、鲍尘。蔡姓系吾祖免祖也，俱以功列与祠。

卢约屯营处州，招兵买马，准备攻占青田、温州。老竹乡间很多游手好闲的人进城投军，这些人投军后又带着士卒，熟门熟路到乡村搜罗，一时间风声鹤唳。老竹有一位叫俞强的六旬老人，挺身而出，捐钱捐物，邀集众人，登上东岩岩顶，披荆斩棘，搭建茅舍，并巧妙地铺设木梯，让乡邻老少携带财物到岩顶避难。与此同时，俞强率乡众推选一位名叫章承趣的人为头领，带领青壮男子组建乡勇队伍，在东岩脚外修筑战垒，在东岩南五里老竹依地形布阵，构建两道防线，保卫家园。卢约兵马屡次进攻，都被章承趣和他四个女婿带领的乡勇击退，老竹一带因此"户口以全，耕稼无失"。

章承趣去世后，人们建庙祭祀。南宋年间，朝廷敕封章承趣及四位女婿为仁烈侯，妻子吕氏为助顺夫人。至今，老竹镇还有章侯庙。

第二节　宋代姓氏迁徙

吴氏

县城渤海郡吴氏。北宋时，吴庠处州任官（官职不详），后举家从湖州德清县迁居处州城内。吴庠孙子吴安国，宋宣和二年（1120）进士，历官太常寺少卿、袁州知州，入祀丽水乡贤祠。

县城延陵郡吴氏。宋时，吴氏自福建迁至处州城三皇岭。后裔分居今雅溪镇洪渡村等地。吴政，明永乐十三年（1415）进士，官至礼部右侍郎。

岩泉延陵郡吴氏。宋时，吴宁自仙居迁居丽水岩泉。后裔分居今黄村乡吴处村等地。

刘氏

县城彭城郡刘氏。宋时，刘氏自龙游迁居处州城华祠岭。后裔分居缙云县。

长濑彭城郡刘氏。南宋初，抗金名将刘光世的长子刘尧仁为避难，自保安军（今陕西延安志丹县）迁至丽水县竹洲村。刘尧仁长子刘集迁青田九都武阳村（今属文成县），为刘基五世祖；次子刘乐迁居今太平乡长濑；三子刘荣迁居松阳。后裔分居郡城仓前、

长濑刘氏宗祠

今太平乡彰口塘等地。

戈劄彭城郡刘氏。宋淳祐年间，崇安人刘向荣从五夫里迁居丽水县刘店，后裔分居今黄村乡戈劄等地。

何氏

清源郡何氏。南宋隆兴二年（1164），何俦自龙泉迁居处州城西山。养子何澹，官至参知政事；儿子何涤，官临安府通判。后裔分居今大港头玉溪村、联城街道汝河村、花街村、碧湖镇保定村、仙渡乡根竹园村、太平乡小安村等地。

庐江郡何氏。宋时，何万梧由福建建宁迁居今丽新畲族乡马村。后裔分居今老竹畲族镇周坦村等地。

小安何氏宗谱

祝氏

祝村太原郡祝氏。宋时，祝生自丹城（今宁波象山）出家丽水灵山寺，祝生子祝君随父定居灵山。后裔迁居今紫金街道祝村等地。

周氏

城内汝南郡周氏。宋大中祥符间（1008—1016），周武略迁居丽水下河黄村。后裔分居今仙渡乡周坑、岭头、梅田、葛畈等地。宋李心传《建炎以来系年要录》卷一三五记载："绍兴十年（1140）夏四月癸卯，赐处州孝童周智童子出身。智六岁丧父，哀毁过制。芝生于墓庐。守臣以闻故有是命。"后周智终从政郎、严州建德丞。

莲房汝南郡周氏。唐时，周茂德授松阳县令，任满，值黄巢之乱，隐居遂昌西隅，周茂德曾孙周启英迁居处州城孔庙边。宋宣和年间，周启英曾孙周养中为避方腊乱，迁居今雅溪镇莲房村。

九龙汝南郡周氏。宋建炎间（1127—1130），周梦祥自松阳县板桥迁居处州城锦山。后裔分居丽水县九龙。

上黄汝南郡周氏。宋淳熙三年（1176），周鼎任职处州，从湖南道州迁居丽水厦河门外，其子周荫转徙今雅溪镇上黄村。后裔周贵中明永乐十三年（1415）进士，官翰林庶吉士。

叶氏

高溪南阳郡叶氏。宋仁宗天圣年间（1023—1031），叶瀼自松阳卯山迁徙至丽水县义靖乡高溪里麟山，"结庐父墓而居"。后裔繁衍，聚族而居。第五世叶蒔，绍兴二年（1132）进士。叶蒔儿子叶宏，乾道八年（1172）进士。元末明初有"浙东四先生"之一的叶琛，敕封南阳郡侯。

山根南阳郡叶氏。南宋初，叶恕自龙泉迁居丽水县凤山(今碧湖镇山根村)。后裔聚族成村。明正统间，叶钜出粟四千斛赈饥，率乡兵助官兵平定矿工暴乱，入祀乡贤祠；叶烓，正德间以贡任淮安经历、丰县知县。

高溪村南阳郡《叶氏宗谱》

王氏

显滩太原郡王氏。北宋时，王氏自四明迁居显滩（今联城街道瑶畈村）。后裔分迁缙云县城东门。

大港头太原郡王氏。宋时，王氏自绍兴迁居玉溪。后世散居大港头一带。元代有处士王坦，州间及士大夫咸敬信之。刘基铭其墓。

李氏

庞山陇西郡李氏。北宋时，李贞银迁居今峰源乡庞山村。后世分居云和等地。

下仓陇西郡李氏。宋咸淳年间（1265—1274），李奋雷知处州，居官清廉，捐俸创学讲堂。任满自江西鄱阳迁居郡城小水门，后裔迁居今富岭街道下仓村，聚族而居。明代贡生迭出，李叔敬（汝州经历）、李康祖（古城知县）、李森（三河知县）、李安（泗水县丞）、李文（休县县丞）、李宥（镇海教谕）、李如兰（宁波训导）、李林（嘉兴教授）、李恒、李鸣阳。

下仓陇西郡《李氏宗谱》序

俞氏

水南河涧郡俞氏。宋时，俞昙自河南迁居丽水水南。后裔分居青田。

朱氏

底朱沛国郡朱氏。宋绍兴年间，朱希真任职温州，自金陵迁居丽水北乡芦村。后裔再迁居村北山弄建宅，称里朱，亦称底朱。

西溪沛国郡朱氏。南宋淳祐时（约1250），朱连瑞安通判离任，自婺源迁居西溪，后裔繁衍生息，与陇西郡李氏和睦共处，朱氏分成六房，成为丽水北乡又一大望族。朱有章，清道光间拔贡生，历任四川奉节、丰都、新繁、大邑、梁山等地知县。

张氏

县城清河郡张氏。宋时，张定一迁居处州城濠头街河沿。张敦仁，明嘉靖元年（1522）举人，官太仆卿；张敦复，明嘉靖二十六年（1547）进士，官至刑部主事。《浙江通志·卷五一·古迹》记载：

圭山台，在郡城圃山上。张敦仁登圃山圭山台诗序："予旧居北郭白云里，嘉靖岁庚申（1560），以倭警徙入城，居是山之麓。按郡志称'栝苍十景'，其一所谓'圃山清气'是也。宋时为王氏圃，不知何时入官为观风台基。迩年，高郡守筑台其上，予以草堂密迩辟小径通之，或厌尘喧，则登此台以舒眺望，南则南明、大梁、巾山、天马隐约作列障状，北则寿元、白云、丽阳似锦屏然，其西则小栝山、樨山如伏虎而踞，东则好溪夹水，诸山皆峰峦秀拔、迥出天表，自数百里西奔作龙蟠势。栝苍旧名莲城，谓诸山盘蠢如莲花，城居其中，而台又居城之中。故一登此台，诸山水皆出几席下，所谓城市山林者，非耶。"

凤鸣清河郡张氏。宋时，张氏迁居今联城街道凤凰山山麓，以"凤鸣朝阳"取村名"凤鸣"。明末，方国安溃兵掠处州，村民避乱结寨凤凰山山顶。某天，诸生张学甲下山，被溃兵擒获。溃兵威胁说：引我至寨，当免尔死。张学甲厉声呵斥，趁其不备，投渊而死。

杨氏

水东弘农郡杨氏。宋时，杨氏由福建浦城移居丽水县水东。后裔分居缙云官店。

城郊弘农郡杨氏。宋淳熙间，杨兴立任遂昌知县，由四川浦州迁居丽水县城奚渡。后裔分居今太平乡小安等地。清康熙六年（1667），杨光表中武进士。

陈氏

滴水岩颍川郡陈氏。宋时，陈光祖自安吉迁居今仙渡乡滴水岩村。

资福颍川郡陈氏。宋时，陈余庆自青田迁居丽水县资福村。后裔分居丽水南乡沙溪等地。

汤氏

碧湖下街中山郡汤氏。汤思退敕第处州城，其孙汤谌，仕朝请郎、军器监督丞、知信州，由处州城徙居碧湖下街，是为碧湖下街始迁祖。

碧湖汤氏老宅

金氏

县城彭城郡金氏。宋嘉熙间（1237—1240），金百镒自江西迁居处州城内。至明代金氏门楣大昌。金恺，宣德四年（1429）举人，历官监察御史、江西、广东、云南按察司佥事。三子金文、金忠、金信。金文，景泰二年（1451）进士，开封知府；金忠，天顺八年（1464）进士，授监察御史；金信，成化十六年（1480）举人。金忠子金祺，成化二十年（1484）进士，合州知州。金信子金禖，正德十四年（1519）举人，亳州知府。

金坑彭城郡金氏。宋时，金委绍官宁国太守，任满迁处州括苍门外渎杉。

后裔迁居城内县学山下、八都沙溪。

徐氏

丁公东海郡徐氏。徐光礼自龙泉迁至丽水荽山，又于南宋乾道六年（1170），迁至今老竹畲族镇丁公村。徐氏卜居丁公后，勤耕苦耘，兼习诗书。至明景泰年间（1449—1457），成为老竹一带望族。

太平东海郡徐氏。宋绍兴八年（1138），徐楫任淮西安抚使，自龙泉迁居丽水太平下墺，耕读传家，聚族而居。徐氏自宋、元、明、清，代有人出。徐日初，宋淳祐年间由国学上舍任国子监监丞；徐日世，宋淳祐年间由经济才任江西安抚使。徐遇申，元大德二年（1298）任福建按察司副使；徐天鳞，元致和元年（1328），任江西湖东廉访司副使；徐遇甲，元代任福建按察司副使；徐遇谧，元代任遂昌县学教谕；徐天鳞，元代任江西湖东道廉访司副使；徐天民，元代任新昌县学教谕；徐天胜，元代任咸平路儒学正堂。徐椿，明代任仙居县主簿。徐显谟，清康熙庚子（1720）贡生，候补儒学训导；徐士璠，清乾隆戊寅（1758）贡生，任温州乐清县儒学训导；徐学诗，清乾隆甲辰（1784）贡生，候选儒学正堂。徐宗明，诰授奉直大夫钦加五品衔贡生。徐学道，清嘉庆九年（1804）贡生，候选儒学训导；徐志高，清道光年间贡生，任永嘉县教谕。清道光版《丽水县志》记载："松溪贡生徐学诗，以经史教授里中垂四十年。秉性端悫，雀鼠之争咸为之平之。乾隆中，县令张士楹榜其里曰无讼村。"

西坑东海郡徐氏。宋末，徐氏迁居碧湖泉庄，后裔分居今峰源西坑村。清代，徐望璋嗜学，家贫无力购书，馆于碧湖汤氏，汤氏多书。清嘉庆二十一年（1816）中举人，主讲丽水莲城书院十余年，授武义教谕。

孙氏

黄泥墩富春郡孙氏。北宋时，孙氏自富阳迁居处州城。后裔分居今黄村乡黄泥墩村。

新亭富春郡孙氏。南宋咸淳间（1265—1274），孙开自富阳龙门村宦居处州城。后裔迁碧湖新亭村。

魏氏

碧湖巨鹿郡魏氏。魏致，江西南昌铁树观人（今江西新建县石头津），北宋哲宗元符三年（1100）进士，北宋崇宁元年（1102），任处州同知。魏致在处州同知任上达二十余年，北宋靖康元年（1126）告老，退养卜居城西通济里，名其地曰魏塘，即今魏村。魏村魏氏分下、新、底、前、厅五房，成为丽水碧湖一大望族。后裔分居碧湖一带。魏国桥中清光绪二十年（1894）武进士。

魏村魏氏宗祠

高氏

县城渤海郡高氏。宋时，高百道迁居处州城小水门。后裔分居丽水县泄下、莲房等地。

项氏

瀑泉辽西郡项氏。宋时，项邦任青田知县，携子项昌迁居瀑泉（今岩泉街道）。后裔分迁松阳、青田、遂昌、缙云等地。项楝孙中元至顺元年（1330）进士，官至延平路总管府事。宋濂为其撰《元故延平路总管项君墓志铭》。

章氏

玉川河涧郡章氏。唐时，康州刺史章及迁居浦城。宋时，章重迁居龙泉，其孙章侍迁居处州城桔苍门外。章骥迁居丽水县玉川（今太平乡），聚族而居，成为望族。章骥哥哥章驹，绍兴十八年（1148）进士。明、清时期，玉川章氏出现18位贡生，并有仕宦为知县、县丞、训导者。

玉川河涧郡《章氏宗谱》序

吕氏

保定东平郡吕氏。宋末，吕明伦自婺州迁居松阳，再迁丽水保定。吕氏敬宗睦族，耕读立世，礼义传家，发展成为丽水西乡的一大望族。元代，吕忠四任缙云美化书院山长；明代，吕鸣珂中嘉靖三十八年（1559）进士，官至工部侍郎；吕邦耀中万历二十五年（1597）进士，官至太常少卿；吕文英，工人物画，同知直秘殿。

保定吕氏宗祠

第四章 学校教育

县为州附郭，得近水楼台之便，州学资源为县共享，丽水县学创办因此迟于松阳、龙泉。州学创办于唐代。宋代，丽水县学脱胎于州学。唐风孕育宋韵，丽水县的教育应溯源于唐。

第一节 唐宋州学

唐元和十二年（817），处州刺史李繁在州治东南樗山顶建孔庙，延师置讲堂，开州学先河。

李繁（？—829），京兆府（今陕西西安）人。李繁的父亲李泌是唐德宗时的宰相，封为邺侯。李泌家中藏书充栋，人送外号"书城"。李泌博涉经史，精究《易象》，善属文，尤工诗。受父亲耳濡目染，李繁"少聪警，有才名"，贞元中入仕为太常博士，后出任随州（今属湖北）刺史，携家中藏书3万卷，前往随州赴任，并继续购藏图书。李泌曾隐居南岳烟霞峰下，建"端居室"，读书其中。为纪念父亲，李繁建书院于南岳庙左，名南岳书院。

李繁随州任满，改任处州刺史。唐元和十二年（817），李繁捐俸禄在原樗山社稷坛废址（今梅山背）建孔庙。庙建成后，李繁请韩愈撰写孔庙碑文：

自天子至郡邑守长通得祀而遍天下者，唯社稷与孔子焉。然而社祭土，稷祭谷，句龙与弃乃其佐享，非其专主。又其位所，不屋而坛，岂如孔子用

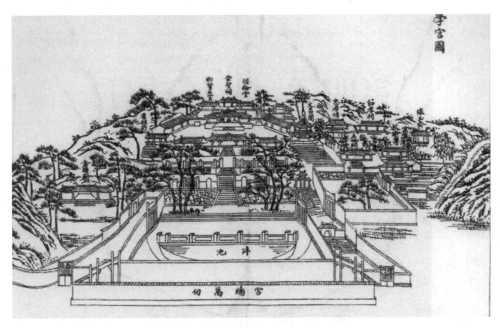

孔庙画图

王者事，巍然当座，以门人为配，自天子而下，北面拜跪，荐祭进退，诚敬礼如亲弟子者。句龙、弃以功，孔子以德，固自有次第哉。自古多有以功德得其位者，不得常祀；句龙、弃、孔皆不得位，而得常祀。然其祀事，皆无如孔子之盛。所谓生人以来，未有如孔子，其贤过于尧舜远者，此其效欤！

郡邑皆有孔子庙，或不能修事，虽设博士弟子，或役于有司，名存实亡，失其所业。独处州刺史邺侯李繁至官，能以为先。既新作孔子庙，又命工改为颜回至子夏十人像，其余六十子，及后大儒公羊高、左丘明、孟轲、荀况、伏生、毛公、韩生、董生、高堂生、扬雄、郑玄等数十人，皆图之壁。选博士弟子必皆其人，设讲堂，教之行礼，肄习其中。又为置本钱廪米，令可继处以守。庙成，躬率吏及博士弟子，入学行释菜礼，耆老叹嗟其子弟皆兴于学。邺侯尚文，于古记无不贯达，故其为政知所先后，可歌也已。乃作诗曰：

惟此庙学，邺侯所作。厥初庳下，神不以宇。先师所处，亦窘寒暑。乃新斯宫，神降其献。讲读有常，不诚用劝。揭揭先哲，有师之尊。群圣严严，大法以存。像图孔肖，咸在斯堂。以瞻以仪，俾不或忘。后之君子，无废成美。琢词碑石，以赞攸始。

朝散大夫、守国子祭酒、赐紫金鱼袋韩愈撰

（明成化版《处州府志》）

碑阴还有杜牧的《书处州韩吏部孔子庙碑阴》：

天不生夫子于中国，中国当何如？曰：“不夷狄如也。”荀卿祖夫子，李斯师荀卿，一日宰天下，尽诱夫子之徒与书坑而焚之，曰：“徒能乱人，不若刑名狱吏治世之贤也。”彼商鞅者，能耕能战，能行其法，基秦为强，曰：“彼仁义虱官也，可以置之。”自董仲舒、刘向，皆言司马迁良史也，而迁以儒分之为九，曰：“博而寡要，劳而无功，不如道家者流也。”自有天地已来，人无有不死者，海上迂怪之士特出言曰：“黄帝炼丹砂，为黄金以饵之，昼日乘龙上天，诚得其药，可如黄帝。”以燕昭王之贤，破强齐，几于霸；秦始皇、汉武帝之雄材，灭六强，擗四夷，尽非凡主也。皆甘其说，耗天下、捐骨肉而不辞，至死而不悟。莫尊于天地，莫严于宗庙社稷。梁武帝起为梁国者，以笋脯面牲为荐祀之礼，曰：“佛之教，牲不可杀。”以天子尊，舍身为其奴，散发布地，亲命其徒践之。

有天地日月为之主，阴阳鬼神为之佐，夫子巍然统而辨之，复引尧、舜、禹、汤、文、武、周公为之助，则其徒不为劣，其治不为僻。彼四君二臣，不为无知，一旦不信，背而之他，仍族灭之。傥不生夫子，纷纭冥昧，百家斗起，是己所是，非己所非，天下随其时而宗之，谁敢非之。纵有非之者，欲何所依据而为其辞。是杨、墨、骈、慎已降，百家之徒，庙貌而血食，十年一变法，百年一改教，横斜高下，不知止泊。彼夷狄者，为夷狄之俗，一定而不易，若不生夫子，是知其必不夷狄如也。

韩吏部《夫子庙碑》曰：天下通祀，惟社稷与夫子。社稷坛而不屋，取异代为配，未若夫子巍然当座，用王者礼，以门人为配，自天子至于庶人，亲北面而师之。夫子以德，社稷以功，固有次第哉。因引《孟子》曰："生人已来，未有如夫子者也。"自古称夫子者多矣，称夫子之德，莫如孟子，称夫子之尊，莫如韩吏部，故书其碑阴云。（明成化《处州府志》）

韩愈（768—824），字退之，河南河阳（今河南孟州）人，贞元八年（792），登进士第。晚年任吏部侍郎，人称"韩吏部"，世称"韩昌黎""昌黎先生"。唐代杰出的文学家、思想家、哲学家，政治家。

杜牧（803—852），唐京兆万年（今陕西西安）人，字牧之。大和二年（828），进士及第。唐代杰出的诗人、散文家。

元和十五年（820）九月，韩愈任国子祭酒；长庆二年（822）九月，转任吏部侍郎。长庆三年（823）六月，韩愈升任京兆尹兼御史大夫，随后授职兵部侍郎，改任吏部侍郎。长庆四年（824）八月，韩愈因病告假。同年十二月在长安家中逝世。

根据碑文的自署，韩愈是在任国子祭酒时撰的碑记。杜牧前去拜访韩愈时，韩愈已任兵部侍郎。得知韩愈撰处州孔子庙碑文，杜牧附撰碑阴。长庆五年（825），23岁的杜牧撰写了流传千年的《阿房宫赋》。

大和三年（829）六月，韩愈、杜牧的碑文送达处州。此时，李繁已离开处州。二十五日，处州刺史敬僚立碑孔庙，碑文由处州司马任迪书兼篆额。

处州孔庙供奉孔子和颜回、子骞、伯牛、仲弓、子有、子贡、子路、子我、子游、子夏等十人塑像，其余六十位孔门弟子和大儒公羊高、左丘明、孟轲、荀况等数十人，皆画像于墙壁。庙内设讲堂，拨公帑为廪膳，置学额二十五人，遴选博士子弟入学。

唐代州学是专修儒经的学校，以培养和选拔儒术人才为目标。课程以学习"九经"为主，即《礼记》《左传》《诗经》《周礼》《仪礼》《易经》《尚书》《公羊传》《穀梁传》，旁习《孝经》《论语》。还要学作时务策和练习书法。

早在唐太宗时期（626—649在位），开始创办中央和地方官学。处州蕞

陈孔硕《处州孔子庙碑》

尔山城，僻居崇山峻岭间，至李繁就任（817）才开州学。不过，处州州学以孔庙为堂，以韩愈、杜牧撰碑为旌，可谓起点高，立意远。

孔子在春秋时期以文王的仁政和周公《周礼》为核心，创立了儒家学派。西汉，董仲舒

梅山背原孔庙旧址

继承儒家学说，经"罢黜百家，独尊儒术"，儒家思想在社会中确立了正统地位。两汉以后至唐初期，道教、佛教兴起，特别是唐代，因皇帝姓李，倍加推崇老学。韩愈感受到佛老学说对儒学的冲击及由此带来的社会危害，他批评佛教来自西方，属于"夷狄之人"，弃君臣、父子，出家求清静寂灭，既与儒家伦理相悖离，又对社会生产造成了损害。他又批评道教"不食粟、不衣帛"讲究长生不老，是"去仁与义言之也，一人之私言也"（《韩昌黎文集》）。

为此，韩愈撰写了《原道》，正式提出儒家道统之说：

博爱之谓仁，行而宜之之谓义，由是而之焉之谓道，足乎己而无待于外之谓德。仁与义为定名，道与德为虚位。故道有君子、小人，而德有凶有吉。老子之小仁义，非毁之也，其见者小也。坐井而观大，曰大小者，非犬小也。彼以煦煦为仁，孑孑为义，其小之也则宜。其所谓道，道其所道，非吾所谓道也。其所谓德，德其所德，非吾所谓德也。凡吾所谓道德云者，合仁与义言之也，天下之公言也。老子之所谓道德云者，去仁与义言之也，一人之私言也。

周道衰，孔子没，火于秦，黄老于汉，佛于晋、魏、梁、隋之间。其言道德仁义者，不入于杨，则归于墨；不入于老，则归于佛。入于彼，必出于此。入者主之，出者奴之；入者附之，出者污之。噫！后之人其欲闻仁义道德之说，

孰从而听之？老者曰："孔子，吾师之弟子也。"佛者曰："孔子，吾师之弟子也。"为孔子者，习闻其说，乐其诞而自小也，亦曰"吾师亦尝师之"云尔。不惟举之于口，而又笔之于其书。噫！后之人虽欲闻仁义道德之说，其孰从而求之？

甚矣，人之好怪也，不求其端，不讯其末，惟怪之欲闻。古之为民者四，今之为民者六。古之教者处其一，今之教者处其三。农之家一，而食粟之家六。工之家一，而用器之家六。贾之家一，而资焉之家六。奈之何民不穷且盗也？

古之时，人之害多矣。有圣人者立，然后教之以相生相养之道。为之君，为之师。驱其虫蛇禽兽，而处之中土。寒然后为之衣，饥然后为之食。木处而颠，土处而病也，然后为之宫室。为之工以赡其器用，为之贾以通其有无，为之医药以济其夭死，为之葬埋祭祀以长其恩爱，为之礼以次其先后，为之乐以宣其湮郁，为之政以率其怠倦，为之刑以锄其强梗。相欺也，为之符、玺、斗斛、权衡以信之。相夺也，为之城郭甲兵以守之。害至而为之备，患生而为之防。今其言曰："圣人不死，大盗不止。剖斗折衡，而民不争。"呜呼！其亦不思而已矣。如古之无圣人，人之类灭久矣。何也？无羽毛鳞介以居寒热也，无爪牙以争食也。

是故君者，出令者也；臣者，行君之令而致之民者也；民者，出粟米麻丝，作器皿，通货财，以事其上者也。君不出令，则失其所以为君；臣不行君之令而致之民，则失其所以为臣；民不出粟米麻丝，作器皿，通货财，以事其上，则诛。今其法曰，必弃而君臣，去而父子，禁而相生相养之道，以求其所谓清净寂灭者。呜呼！其亦幸而出于三代之后，不见黜于禹、汤、文、武、周公、孔子也。其亦不幸而不出于三代之前，不见正于禹、汤、文、武、周公、孔子也。

帝之与王，其号虽殊，其所以为圣一也。夏葛而冬裘，渴饮而饥食，其事虽殊，其所以为智一也。今其言曰："曷不为太古之无事？"是亦责冬之裘者曰："曷不为葛之之易也？"责饥之食者曰："曷不为饮之之易也？"传曰："古之欲明明德于天下者，先治其国；欲治其国者，先齐其家；欲齐其家者，先修其身；欲修其身者，先正其心；欲正其心者，先诚其意。"然则古之所谓正心而诚意者，将以有为也。今也欲治其心而外天下国家，灭其天常，子焉而不父其父，臣焉而不君其君，民焉而不事其事。孔子之作《春秋》也，诸侯用夷礼则夷之，进于中国则中国之。经曰："夷狄之有君，不如诸夏之亡。"《诗》曰："戎狄是膺，荆舒是惩。"今也举夷狄之法，而加之先王之教之上，几何其不胥而为夷也？

夫所谓先王之教者，何也？博爱之谓仁，行而宜之之谓义。由是而之焉之谓道。足乎己无待于外之谓德。其文：《诗》《书》《易》《春秋》；其法：礼、乐、刑、政；其民：士、农、工、贾；其位：君臣、父子、师友、宾主、昆弟、夫妇；其服：麻、丝；其居：宫、室；其食：粟米、果蔬、鱼肉。其为道易明，而其为教易行也。是故以之为己，则顺而祥；以之为人，则爱而公；以之为心，则和而平；以之为天下国家，无所处而不当。是故生则得其情，死则尽其常。效焉而天神假，庙焉而人鬼飨。曰："斯道也，何道也？"曰："斯吾所谓道也，非向所谓老与佛之道也。尧以是传之舜，舜以是传之禹，禹以是传之汤，汤以是传之文、武、周公，文、武、周公传之孔子，孔子传之孟轲，轲之死，不得其传焉。荀与扬也，择焉而不精，语焉而不详。由周公而上，上而为君，故其事行。由周公而下，下而为臣，故其说长。然则如之何而可也？曰："不塞不流，不止不行。人其人，火其书，庐其居。明先王之道以道之，鳏寡孤独废疾者有养也。其亦庶乎其可也！"（《韩昌黎文集校注》）

在《原道》里，韩愈把"仁义"作为儒家道统的核心内容，与佛、老的"道"根本不同。道家和道教的"道"，是"清静"；佛家的"道"，是"寂灭"。前者去仁义，后者弃君臣、父子。以"仁义"为核心的儒家道统，自尧、舜、汤，至文武周公、孔、孟。孟轲以后，经荀子、扬雄"择焉而不精，语焉而不详"就失传了。韩愈决心以毕生之力使道统得以承继：

韩愈之贤不及孟子，孟子不能救之于未亡之前，而韩愈乃欲全之于已坏之后。呜呼，其亦不量其力且见其身之危，莫之救以死也。虽然，使其道由愈而粗传，虽灭死万万无恨。（《韩昌黎文集校注》）

在《原道》里，韩愈还阐述了他的君、臣、民思想。韩愈认为，国君是出政令的人；臣子是执行君令、贯彻到民众的人；民众为农工商者，种粮植粟、制造器具和流通货物，臣子和民众都是为国君做事。国君不能施善政，则不能为君；臣子不能忠于职守执政为民、民众不各守其业从事生产商贾，两者都要受到责罚。也就是说，君、臣、民，不同的社会身份，有着不同的社会职责，每个人都应该恪守自己的身份，特别是臣子和民众，要担当自己的社会职责，只有忠君爱民，国家才会稳定，社会才会发展。

20 世纪 40 年代孔庙一角

韩愈为建立儒家道统学说，不惜冒死攘斥佛老。元和十四年（819），为谏阻唐宪宗迎佛骨，韩愈差点被极刑处死，后被贬至潮州。

除了攘斥佛老，韩愈还发起了以"文以明道"为核心的古文运动，主张继承先秦两汉散文传统，反对声律对仗却内容空洞的骈体文，纠正南北朝以来的浮艳文风。

如果将杜牧的碑文和韩愈的《原道》作对照，可以发现杜牧在撰碑文前，已经谙熟《原道》，他的碑文与其说是附和韩愈的碑文，倒不如说是一篇结合处州孔庙对《原道》的读后感。

处州州学从一开始就倡导尊孔崇儒、忠君爱民和朴实为文，对有宋一朝，特别是南宋处州学子影响深远，从而孕育了入仕官员独特的处世风骨。

唐代开设的处州州学，在樗山孔庙一直延续到北宋景祐年间（1034—1038）。

北宋定鼎后，抑武重文，对教育非常重视，《宋会要辑稿·郡县学》记载：

宋真宗咸平四年（1001）六月，诏诸路郡县有学校聚徒讲诵之所，赐"九经"一部。

明道（1032—1033）、景祐年间（1034—1038），朝廷多次诏令州郡建学校。

孙沔在景祐四年（1037）到处州知郡事，因朝廷诏令办学，于是择地樫山东南贵恕铺（今老丽水中学），另建州学。《处州府志·职官》记载：

孙沔，字元规，会稽人。自太常博士来知郡事。时学校久驰，卜迁于旧址东，奏请郡人吴戴主之。买田赡士，士益知学。邦人为祠祀郡庠。

孙沔（996—1066），越州会稽（今浙江绍兴）人。天禧三年（1019）进士，历官赵州司理参军、监察御史、陕西转运使、知衡山县、永州监酒、潭州通判、知处州。处州任满后历官监察御史、知楚州、左正言、尚书工部员外郎、提举两浙刑狱、起居舍人、陕西转运使等。以观文殿学士、知延州卒，追赠兵部尚书，谥号"威敏"。

易地重建州学后，孙沔奏请朝廷，任命吴戴为州学教授。《处州府志·隐逸》记载：

吴戴，字叔才，龙泉人。登第后归隐，郡守孙沔奏，使教授州学，部使者亦荐于朝，诏赐粟帛。嘉祐中，访求遗逸，沔复奏荐之，不起。授将作主簿，亦不授。卒，谥冲和先生。祀乡贤。

吴戴是处州龙泉县人。景祐元年（1034）进士。龙泉此科进士还有一个吴穀，与此前天圣二年（1024）中进士的吴穀是兄弟。吴戴中进士后不愿做官，在知州孙沔力邀下才出任处州州学教授。期满后又回家过隐逸生活，嘉祐六年（1161）孙沔又荐举，朝廷授官将作主簿，又不去。吴穀官至大理寺评事，太子赞善改殿中丞；吴穀知濠州。大济村临清桥畔有双桂坊，后称双门桥，村人津津乐道说是纪念吴穀、吴穀一门双进士。

处州州学建成后，孙沔还拨款购买学田。元代柳贯《府学归田记》记载：

处州路学田之在青田县黄肚、黄里两源者，宋康定初，郡守孙威敏公买之民间，以隶于学。有田，有山，有园地，总之为十三顷八十六亩四十步。砧基在学，图牒在有司。（《处州府志·艺文志》）

孙沔有先见之明，几年后，朝廷下了一道非执行不可的诏令，《宋会要辑稿·郡县学》记载：

（庆历）四年（1044）三月，诏："诸路州府军监，除旧有学外，余并各令立学。如学者二百人以上，许更置县学。若州县未能顿备，即且就文宣王庙或系官屋宇，仍委转运司及长吏于幕职州县官内荐教授，以三年为一任。若文学官可差，即令本处举人，众举有德行艺业者充……其州军监初入学人，须有到省举人二人委保。是本乡人，或寄居已久，无不孝不悌、逾滥之行，及不曾犯刑责，或曾经罚赎而情理不重者，方得入学。"

这道诏令有三层意思，一是州县官员要以办学为己任；二是就地推举有德有才的幕僚或当地举人担任教授；三是入学者必须是本土或久居本土者，且德操兼具、通情达理没有任何污点的人。

庆历四年全国办学，是由参知政事范仲淹推动的。范仲淹（989—1052），字希文，北宋时期杰出的政治家、文学家。范仲淹向宋仁宗上《答手诏条陈十事疏》，提出"明黜陟、抑侥幸、精贡举、择长官、均公田、厚农桑、修武备、减徭役、推恩信、重命令"。宋仁宗采纳了大部分意见，施行新政，史称"庆历新政"。

范仲淹在天圣八年（1030）五月的《上时相议制举书》里说：

善国者，莫先育材；育才之方，莫先劝学；劝学之要，莫尚宗经。宗经则道大，道大则才大，才大则功大。盖圣人法度之言存乎《书》，安危之几存乎《易》，得失之鉴在乎《诗》，是非之辨存乎《春秋》，天下之制存乎《礼》，万物之情存乎《乐》，故俊哲之人入乎六经，则能服法度之言，察安危之几，陈得失之鉴，析是非之辨，明天下之制，尽万物之情，使斯人之徒，辅成王道，

复何求哉。（《范文正集》卷九）

范仲淹认为宋初以来的专门以辞赋取进士，导致文风靡丽，华而不实，难为世用。他对科举取士提出："进士先策论，后诗赋，取诸科士，墨义之外，更通经旨。"选拔人才要德才兼顾，以德为先。主张以《诗》《书》《礼》《乐》《易》《春秋》等儒家的六经为州县学的主要教材，兼顾医学、武学等专业知识和技能。在教学时注重学以致用，不死读书，读死书。范仲淹把湖州教授胡瑗举荐到太学任教，在州县推崇胡瑗注重经义和治事的教学方法。

范仲淹"庆历新政"中对学校的改革，延续了唐代韩愈尊孔崇儒的思想，而经义和治事并重的教学理念，使得经由科举入仕的官员，既满腹经纶，又善于治理一方，这在宋代处州官员身上体现得特别明显。

宋宣和二年（1120）十月，方腊在睦州青溪县（今浙江淳安）起事。次年，方腊部将洪载攻陷处州，州学被付之一炬。宣和五年（1123），知州黄葆光重建处州州学。《处州府志·职官志》记载：

黄葆光，字元晖，徽州人。宣和中，知本州。当方腊残乱后，民力凋敝，招集流散，抚摩不倦，更创学校。士民爱戴，家画其像而祝之。卒之日，阖城哀恸，六邑之人敛钱五十万赗之，其子却不受，邦人立祠于学。

王称的《东都事略》卷一〇五记载：

（黄葆光）少孤，刻志于学。崇宁初，以朝廷遣使航海抚谕高丽使副辟之，以行补官。

黄葆光应征参加出使高丽（今朝鲜）补将仕郎，历官齐州司理参军、太学博士、校书郎、监察御史、左司谏、侍御史。因忤逆丞相蔡京贬知立山县、罢为昭州安置，后召为职方员外郎，改知处州，加直秘阁，卒于任上。

黄葆光在一片废墟上重建州学，并重刻石碑。倪涛《六艺之一录》卷一〇二载：

唐李繁孔子庙记。唐元和中刺史李繁建孔子庙，韩愈为之碑，杜牧书其阴，碑遭乱不存。宣和中，知州黄葆光模刻于学，而碑阴犹阙。

兵燹过后，黄葆光要做的事很多，建学校是大事，更重要的是要召回逃离家园的人，尽快恢复生产。黄葆光想起有个太学同窗孙薪是丽水县人，隐居在乡野，就想他过来帮帮自己。几次让人带话过去，都没有回音。有一次黄葆光要到城东视察农情，就约孙薪一聚。《宋诗纪事》卷三二载：

（《蓉塘诗话》）丽水孙薪至丰，元祐中以明经擢第，授荆门军教授，不赴。质性清介，绝意仕进。与黄葆光为太学旧游。宣和六年（1124），黄出守处州，薪不屑诣郡谒见。黄约以劝农日，会于洞溪僧舍。至期，薪以扁舟来会。黄赠诗云云。

清道光版《丽水县志·人物》除上述内容，还记载：

时有里胥欲赂黄而无由，思因薪纳之，属其家僮导意。薪逆叱之曰："噤若口，毋令吾坐入耳赃。"卒年八十。

孙薪，字至丰，明习经学，又通过射策擢进士，授荆门军教授却不赴任。老同学来当州守，又不屑上门。有人买通孙薪家僮，想通过孙薪走黄葆光的门路，家僮被孙薪怒斥了一通。黄葆光对扁舟来会的老同学只有感慨加感叹：

赠孙至丰

劝农因到好溪头，把酒相看忆旧游。

三十年来如一梦，可怜空负钓鱼舟。

（《宋诗纪事》卷三二）

南宋绍兴十二年（1142），宋金"绍兴和议"签定后，朝廷下诏修建学校。

十二年二月二十一日，诏："诸路州学，委守臣修葺，具次第申尚书省。"

（《宋会要辑稿·崇儒》）

处州知州王禔接到诏令，不敢松懈。《处州府志·儒学》记载：

绍兴壬戌（1142），维扬王禔承诏修学，因辟六斋，曰复仁，曰履道，曰益善，曰兑习，曰晋明，曰艮光。迫于基狭，郡人尚书梁公汝嘉居邻于学，又捐地以相之。

绍兴十二年十二月，梁汝嘉奉祠在家，《吴郡志·卷一一·牧守》记载：

梁汝嘉，宝文阁学士兼浙东沿海制置使，绍兴十一年（1141）八月十三日到任，十二年十一月除提举江州太平观。

州学建设需要，梁汝嘉毫不犹豫捐出土地。

王禔在政和年间（1111—1118）曾知丽水县，《丽水县志·卷八·宦绩》记载：

王禔，扬州人，政和间知县。仁恕明信，吏不为奸。纵囚使归，刻期而至。邑有通济渠，梁詹、南二司马所凿，灌田数千顷。岁久，沙石噎，渠水横溢为害。禔作石函以御沙石，修斗门以泄暴涨，农大便。绍兴中，复以朝散大夫知处州。民立祠祀之，以配二司马焉。后，祀名宦。

州学建成后，教授王之望撰写《增修处州学记》：

处居闽、浙之郊，地偏而土瘠，视他郡为陋，前世闻人鲜焉。百年以来，衣冠盛于东南，名儒巨公磊磊相望，三岁诏下，以进士试，有司者无虑，数千人取甲乙走，声名于时，踵相接也。虽其溪山秀绝精华，磅礴之气实钟乎人物，然闷于古而发于今，岂适然也哉。殆由近世承流宣化，时得其人克敦学校之风，以作成而劝励之也。唐以前尚矣，自邺侯李繁新夫子庙，养士其中，韩文公文之于碑，杜牧之书其碑阴，处州之学闻天下。五代割据，废彻扫地。宋兴至康定中，孙威敏公首请于朝，创立黉舍在邺侯故址之东南一里。而近其制加侈焉，士始喟然兴于学。其后或因或革不可概考，要以一时二千石之贤否而为其盛衰。宣和中盗起睦州，燹于兵火，故侍御史黄公葆光乘残剽掇拾之余，更造今学，殿堂环庑，斋庑翼外总为屋九十间有奇，而缺其三分之一，后来者欲有所加，顾力不给则熟视罢去。历二十年，当绍兴壬戌（1142），天子垂意儒术，诏诸郡茸学宫。而华阳王公湜属守是州，公达于政理，以良能称当世，其为郡如津人之操舟，纵横曲折，心谙手习，弗遽弗留，暇而必济，故承上之命，敏有余力。通守陈公大节君子儒也，实佐佑之，越来相视，孰弊宜理，孰阙宜增，条其所宜，用下之六邑，六邑之长皆善士，乐闻其役而劝趣之。秋九月丁未，丽水至起教授厅于讲堂之东；辛丑，缙云青田至起执事位中门之左；己酉，松阳遂昌至起斋于殿廊之右。斤筑云集，耻陋矜先，于新既成，亦旧是饬，端倾除腐，暗昧载彰。周邦向风多士，滋至乃增弟子员，益本钱百万出廪米以赡给之，生徒欣绘公像而祠焉。俄解印绶去，而毗陵徐公汲实来。公老于儒学，早以德行经术为后学师表，其治民如圃者之艺木，根深本邃，养以风雨，勿震勿挠，用观其天，庶几于教化。视事之始即诣泮宫，周览舍宇问兴造之本末，曰："七尺之躯，风骨之贵贱视其面目；千里之地，人材之盛衰占乎庠序。今学之门绝居西偏，面势不端，襟抱亏缺，恐不利乎学者。盍从而新之。"诸生合辞而进曰："噫，前人病此久矣。而其地旧错民居，营求百方靳不可得，王公易而获之，方迁是图去，弗及举用，有遗恨，留钱二十万以备其费，日后有贤者成吾志焉，其有待于公也。"于是龙泉之材适至，乃规屋七楹，为南北向，属之两庑，辟三门，其间所须而未具者，一瓦一钉一橼市以其直，无扰于民。经始于十月之乙酉，而成于季冬之甲申。宏正显敞，里外轩新，栋联宇匝，其气弗漏。山迎水赴，天置神设。他日车马从人靡限降登旁径，殿门中贯讲舍，喧哄杂踩，人用弗严。及门斯成，始有闉阓。明年元日，公率僚吏谒拜圣师，下车鞠躬，屏骑从于大门外，偘偘秩秩，至者肃然。父老嗟叹，谓："自有此学，门庭几更，而气象可观莫与今比，吾邦殆其兴乎。请书其事，俾后人知所从来。"尝闻古之诸侯天子，命之教然后为学，直惠不得为耳，曷尝得为而不为也。后世师帅不贤，则主德不宣，恩泽不流。虽有天子之命，鲜或能奉承之。幸此邦继有贤侯以克绍前烈，布宣上之德泽，惟恐弗逮，遂济厥功，可书也。已书不书，于二公何有？虽然使天下郡守皆如二公之贤，则圣主之德可以覃乎？无外，使此邦之后来者，能继二公之迹，则国家之泽可以垂于无穷，诚不可使无传也，于是乎书。绍兴十三年二月九日记。（《汉滨集》卷一四）

王襡会同教授王之望，在州学内设祠祭祀孙沔、黄葆光和吴戡。王之望撰写《处州州学立孙威敏、黄侍御、吴冲和三贤祠堂祭文》：

昔蜀之儒，盛于汉时，推原其初，志则有词曰：文翁倡其教，相如为之师。蜀人怀德，实用并祠。括苍之学，威敏始之，买田息钱，以经纪之。维时冲和，讲道于斯，风同齐鲁，冠屦委蛇。兵火之余，侍御改为，请书于朝，学者是资。三贤之泽，于今不隳，相望百年，异轨同驰。侍御未远，有像巍巍，威敏、冲和，以久见遗，我访于人，载写令仪，萃于一堂，以永厥思。呜呼典刑，将在于兹。处州州学上丁祭三贤文：猗欤三贤，泽流此邦。没有余思，用祠于学。仲春之月，有事上丁。敢以兹辰，并陈薄荐。（《汉滨集》卷一六）

王之望（1102—1170），字瞻叔，襄阳谷城人（今湖北谷城），后寓居台州（今浙江临海）。绍兴八年（1138）中进士，授处州教授。绍兴十四年（1144）五月，处州任满后，王之望行太学录，即兼太学博士。《宋史全文》卷二一记载：

（绍兴十四年五月）丁丑，王之望行太学录。之望初举进士，考官孙道夫异其文，知贡举朱震持以示人曰："此小东坡也。"

绍兴十二年处州州学扩建，王之望任职教授，之后又赴任太学录、太学博士，对南宋初处州科举影响深远，州学成为县学向太学输送人才的枢纽。王之望在州学设"三贤祠"，祀奉孙沔、吴戡和黄葆光，后来他和置田赡学的王信一起入祀其中，"三贤祠"变成了"五贤祠"。《明一统志·祠庙》记载：

五贤祠，在府学明伦堂东，初祀宋孙沔、黄葆光、吴戡，后增王之望、王公信为五贤祠。

第二节　县　学

北宋康定年间（1040—1041），处州州学易地重建后，樊山孔庙成了丽水县学。宋宣和三年（1121），方腊部将洪载攻陷处州，兀立在樊山的孔庙被毁。直到绍兴十三年（1143），知县王筠才重建完成。绍兴三十二年（1162），知县赵谨加以修葺。景定四年（1263），知州军事钱焘修两庑四斋。

丽水县历为州治所在地，相当长时间州、县学是合二为一的。开启北宋丽水县孔孟儒学风化的是一位名叫甄旦的人。至道初年（995），甄旦知丽水县，半年不到，政通人和。随后，甄旦重建丽水县署，时任处州知州杨亿作《旧丽水县厅壁记》，对甄旦褒扬有加：

……侯孔门之达者也，吏道详敏而饰以文学，天资高朗而辅以经术，清白以率下，明察以照奸，狱讼滋彰必片言以折，赋调倥偬皆先时而办，曾未期月，县政大成……咸平二年（999）记。（明成化版《处州府志》）

在杨亿看来，甄旦是"孔门之达者"，通晓孔孟儒学，深谙"文学""经术"。在甄旦治理下，丽水"县政大成"。县政事，无外乎劝农、课读和判讼。杨亿有诗赠甄旦，从中可看出其为人。

丽水甄殿丞手植朱李，繁实盈枝，折以贶。予感而成咏

五年为邑鬓霜侵，吏隐由来得趣深。

不独弦歌长满耳，兼闻桃李已成阴。

晨昏我有南陔恋，江海君怀北阙心。

早晚飞沉俱遂志，愿将初服敌华簪。

丽水甄殿丞移疾请告

数日不逢黄叔度，胸中鄙吝一时生。

如何民瘼偏能疗，却是诗魔未得平。

夏景清和妨命驾，玄台寂莫阻飞觥。

欲亲高论无由得，须作文殊问疾行。

至于甄旦课读士子之事，文献没有确切记载，但甄旦离任不久的大中祥符五年（1012），丽水县一榜两进士，葛源、徐陟。徐陟生平不详，葛源的生平事迹及乡贯，见王安石撰写的《葛源墓志铭》：

葛，公姓也。源，名也。宗圣，字也。处州之丽水，公所生也。明州之鄞，后所迁也……进士公所起也，洪州左司理参军、吉州太和县主簿、江州德化县令、监兴国茶场、威武军节度推官、知广州四会县，著作佐郎、知开封府雍丘县，秘书丞、知泉州同安县，太常博士、通判建州，屯田员外郎、知庆成军，都官员外郎、知南剑州，司封员外郎、祠部郎中、江浙荆湖福建广南提点银铜坑冶铸钱，度支郎中、荆湖北路提点刑狱。此公之所阅官也……（《皇朝文鉴·卷第一四一·墓志》）

葛源的儿子葛良嗣，宋皇祐五年（1053）进士，《钦定四库全书·京口耆旧传·卷一》记载：

葛良嗣，字兴祖，丹徒人。王安石为撰墓志，称其先家处之丽水，父度支郎中源，徙居明州之鄞，死葬丹徒，故为丹徒人。博知多能，数举进士，角出其上，而刻厉修洁，笃于亲友，慨然欲有所为，以效于世。年四十余，始以皇祐五年进士出仕州县余十年，终于许州长社县主簿。

王安石在宋神宗的支持下，于熙宁二年 (1069) 至元丰八年 (1085) 开展"熙宁变法"。在教育方面，有两项重大举措，惠及丽水县士子。

一是调整科举考试的方向，以经义考试取代诗赋。而士子们学习经义的途径，则是经由学校来培育。《钦定四库全书·文献通考·卷三一》记载：

神宗熙宁二年，议更贡举法，罢诗赋。明经、诸科以经义论策试进士。初，王安石以为古之取士，俱本于学。请兴建学校，以复古。其明经、诸科欲行废罢，取元解明经人数增进士额。

上文说过，处州唐、宋州学，从韩愈到范仲淹，一直注重儒学正统和经义教学。王安石变法倡导的科举考试只考经义，不必再考诗、赋，对处州特别是丽水县来讲，打开了一条直通道。

二是实施太学三舍法。扩大太学规模，把太学分为外舍、内舍、上舍三等，官员子弟可以免试即时入学，而平民子弟需经考试合格入学。依一定年限和条件，由外舍升内舍，由内舍升上舍，最后按科举考试法，分别规定其出身并授以官职。此举使广大低层官员和平民子弟进入太学，经三舍而取士。

元符二年（1099），在丞相章惇的主持下，太学三舍法向州学推广。崇宁元年（1102），蔡京主政，太学三舍法推广至全国各州，将县学、州学、太学连成一线，进一步扩大太学规模。县学学生经过考试进入州学读书，州学学生经过考试进入太学就读。

丽水县学与处州州学一箭之遥，州、县同处一城。以宋康定年间（1040—1041）丽水县学开办为分水岭，之前 80 年，丽水县进士仅 3 人；之后至宣和六年（1124）80 年，丽水县进士约 48 人。大都经由县、州、太学科举进士。如：祝廷，年十四入太学，绍圣四年（1097）进士；祝颜，入太学三年，大观三年（1109）进士；吴安国，以上舍释褐，宣和二年（1120）进士。

南宋期间，丽水县学几经修缮。最后一次是在景定四年（1263），梁椅撰《重修丽水学记》：

丽水学据樗山之巅，形胜甲吾州，即唐李邺侯建，以为郡校。官（衔）韩文公作夫子庙碑，即其地也。既更隶县，饩廪薄弗赡于养，每邦令帅、僚佐一至，拜俯外无遑问。嘉定甲申（1224），守王公梦龙始增拨田，傅以官粟，栋桡者隆加堂焉。厥四十年，县窘，期会除葺弗以时，屋老且腐。又兖邹公东西乡（厢）坐，从祀位列；斋户两旁，士出入庙门，皆旷于礼，识者慨之。今守秘阁钱公泰下车之明年，既大修泮宫，复谘（询）邑阙事，益出少府，斥弊属士之职于学者，而诏之曰："惟二三子是谋。"乃买材于山，鸠匠于野，取规程于家。视他日吏行文书，卒徒哗走，号集费且倍，公酬答无倦容。户曹李君钥、庆元丞赵君崇耕，先后摄令，各捐赀以相。起景定四年（1263）之孟夏，迄秋七月成。重建者为内外门，为职事舍；更葺者为四斋，为两庑；殿则拓牖而深，堂则抗轩而明。前是旷于礼者举，厘而正之。盖公明敏而勤强，能整齐其州，尤沉浸文雅，知为政本末，故孳孳于学校如此。役既，士踵门请曰："愿有纪（记）。"椅辞谢不获，则相与步翠微，闯宫墙，排回（徘徊）四顾，州社直其东，烟云纷飞，若往若留；帽峰矗其南，文明之晶眩转熠煜，奔薄怀襄；西俯荷华之隩，疑光风霁月，人往来其间；北则丽溪，神龙所家，而迤灵汇奇于此山者也。椅由是得深省焉。《传》曰："天有四时，地载神气，无非教也。"夫太极阴阳动静之妙，其融液流行，其聚结盘礴，昭昭然示人于覆载间。触机而生感，观象而兴悟，盖有手舞足蹈而不自知者。而况高明之境，万形森陈，尤足以荡开襟灵，助发神观。然必继之曰："清明在躬，气志如神，嗜欲将至，有开必先。天降时雨，山川出云，三才一原也。神明之舍，本体洞然，则川流山峙，皆吾志气所通。雨施云行，皆吾嗜欲所被。"呜呼！君子之为学，亦求其与天地相似而已。今庠序之士，既幸宅胜以游，又幸复有邺侯饬盖而新，则仰观俯察，必能以参赞位育自任，岂徒缋辞藻、聘辨说，区区为严（声）利计哉！椅不敏，请以复于诸君，尚朝夕焉，以无忘乎钱公之德。是岁既望记。（明成化版《处州府志》卷四）

梁椅这篇记先抑后扬，说樗山州学改为县学后，历代丽水县主官来孔庙拜访后，就再也不顾问了，这与史实不符。不过，这篇记也透露以下信息：一是丽水县学开办时，就置有赡士田，嘉定甲申（1224），知州王梦龙修葺县学时，增拨田亩入赡士田，并辅以官米。二是景定四年(1263)，知州钱焘修建县学内外门、四斋、两庑。

有关王梦龙置赡士田一事，刘基《丽水县儒学归田记》有记载：

处州治丽水，唐李邺侯建郡学，昌黎韩公愈为之记。宋太守孙公沔新郡学于城东隅，而以故学为丽水县学。嘉定十七年（1224），太守王公梦龙始买民潘圭双源之田百亩以养士。绍定（1228—1233）经界，及咸淳（1265—1274）推排，咸著石为学田。入国朝至元十二年（1275）钞数之籍，有婺州僧显忠者，妄以其田为已废圣寿寺故物。诉于僧司，僧司左僧弗顾。官籍有司莫较，而因遂入于僧。牒诉数十年，弗能复。至正元年（1341），山阴县教谕徐导宁摄学事，力言于监侯。僧家奴分田十之六与僧，而与以学十之四。居无何，监侯得罪去位，府判李公琰、经历高君翼询于府吏孟栻、儒职姜德秀、商愿（演）乃檄录事高君明、县令陈君敬祖稽考。至元二十七年（1290），籍则圣寿寺仅有屋一间，僧一人，实无毫厘之田。于是争者杜口，而学田始尽归于学……至正六年（1346）夏六月记。

王梦龙购买民田增拨赡士田后，绍定年间的丈量土地、勘定边界和咸淳年间的核实厘正赋役时丈量土地，县学赡士田都刻石为证。直到宋、元交替，才被圣寿寺的寺僧占为已有。从梁椅的记里，我们看出，王梦龙、钱焘两任知州修缮丽水县学，可见州官对丽水县学的重视。

南宋一朝，因为州、县官员对县学的重视，丽水县进士270余人，涌现出王信家族三代九进士，章驹、章良能和章良肱父子三进士，叶蒔和叶宏、叶英和叶洪父子进士，王栟和王东里叔侄进士，章谥和章谦、盛庶和盛廌兄弟进士等。还有跨北宋、南宋的祖孙进士，如祝卞和祝兴宗、林觉和林豫等，一时间传为美谈。

第三节　学塾书院

私塾是家庭、宗族或乡村内部开设的教育机构，以儒学思想为中心，进行启蒙教育。学舍、书院也以私人创办为主，所授科目高于蒙学，教育活动与学术研究相结合，补官学体制之不足。宋代，丽水的学塾与书院并不泾渭分明。

《蔡氏宗谱》记载：

蔡景祐，筑室东岩读书，皇祐癸巳科郑獬榜进士，官中书侍郎。

蔡景祐是曳岭脚蔡氏始迁祖蔡咸熙的儿子，他在东岩上建书屋读书，并教授子侄，开蔡氏办学先河。东岩位于曳岭脚村西南，《宣平县志》记载：

东岩……四面陡绝，止一径扳萝可上……

蔡景祐中北宋皇祐五年（1053）郑獬榜进士，官至中书侍郎。蔡景祐的儿子蔡梦奎（又名德奎），继承父志，在曳岭脚家中办学。宋代韩元吉《禋德祠碑铭》记载：

政和中，四方无虞，士大夫缘饰儒雅，无有远迩，以歌咏太平为事。是刞，处州丽水县蔡君梦奎，教养子孙，皆举进士，驰声学校间。一日，有善击剑者过其门，君独留之，命诸子子林肯昇等习焉，拉姻党梁君宗善子将、惠与之俱……

蔡梦奎袭父荫，曾任国子监正。在督课儿子习文时，又邀请路过曳岭脚的剑客武师留在家中，教授儿子习武，并且邀请梁村的姻亲梁氏兄弟一同学习。

后来蔡氏、梁氏兄弟一起抗击方腊部将洪载，保护懿德等三乡。

后世蔡氏传承蔡景祐、蔡梦奎办学衣钵，使得蔡氏在科举之路上高歌猛进。从北宋皇祐五年（1053）到南宋咸淳元年（1265），曳岭脚村蔡氏进士14人。

值得一提的是，蔡梦奎在政和中督子蔡子昇等习武，元、明期间，武学在蔡氏中传承。蔡绍伯，授武节将军；蔡绍伯儿子蔡璩、孙子蔡基，锦衣卫正千户、骁骑尉武节将军；蔡绍伯的另一个孙子蔡址，武功，藩府典伏；蔡俨，丹阳潘港巡检；蔡湛，以武动钦赐冠带。

丽水县城仓前梁氏第六世梁佐，腹有诗书，甘于清贫，教授乡里。曾任吏部侍郎、兼权直学士院、温州知州孙观称他：

为一时学者所宗，凡经讲授，文辞灿然，践巍科、登膴仕，多为世显人。故相、太师、清源郡王何公，则尤显而名世者也……（《鸿庆居士文集》卷三五）

清源郡王就是宋徽宗时的宰相、龙泉人何执中。何执中年轻时曾师从梁佐，学习六经。

梁佐的儿子梁固，自小在父亲的学塾里学习，深得父传。稍长，"束书游四方，闻一善士，徒步千里从之"。何执中非常欣赏梁固的才华，"里中之贤无逾府君者"，将次女许配给梁固。大观元年（1107），何执中为尚书右丞相，荐举梁固为登仕郎、吏部架阁官，后官至文林郎、监在京编估局。梁固去世时，长子梁汝嘉才18岁。母亲何氏"安贫守义，日夜课诸子以学"。弱冠成年后，梁汝嘉由外公奏补登仕郎，调中山府司议曹事，后官至户部尚书，丽水民间称其为"梁尚书"。

梁村第四世梁宗善，与姻亲蔡梦奎办学塾，教授子侄修文习武。平定方腊后，"朝廷以将、惠与开封荐与文资，而赏子昇以武爵。力辞不受。乃大聚图史、萃隽秀，以教子孙"。蔡氏、梁氏致力办学，教授子孙。

梁宗善的孙子梁安世（1136—1195），绍兴二十四年（1154）进士，历官绍兴府会稽县尉、衡山知县、司农寺丞、大农丞、韶州守、广南西路转运使等。致仕后，梁安世在村南龟山山麓建远堂书屋，读书交友，课读子侄。

梁宗善的曾孙梁佽（1153—？）富甲一方，好善乐施，赈济贫困。他在村中创办义学，供族中子弟和邻近学子免费就读。

梁村梁氏接力办学，南宋一朝，《宣平县志》记载科举进士 5 人，《渥川梁氏宗谱》记载 7 人。

林觉（？—1161），丽水县官桥林氏第五世，宣和三年（1121）进士，官至户部侍郎。致仕后，林觉在家课督孙子。

宋代科举以《诗经》《尚书》《仪礼》《周易》《乐经》《春秋》等儒家的六经为主要教材。林觉有 6 个孙子，他让每人钻研一经。其中，林复登乾道二年（1166）进士，官至广东提举、惠州知州；林豫登乾道五年（1169）进士。

叶禔，字天祺。学问渊博，文辞典雅富丽。叶禔在家设馆授徒，从游者众。出其门下的进士有多人。

梁椅，嘉熙二年（1238）进士，历任太常寺丞、权吏部郎官，为南宋最后一任处州知州。《元史》卷一二七记载：

至元十三年（1276）二月丁酉，遣刘颌等往淮西招夏贵，仍遣别将徇地浙东西。于是知严州方回、知婺州刘怡、知台州杨必大、知处州梁椅并以城降。

朱天民，景定三年（1262）与叶禔同登进士。官至平江节度判官。

华登云、吴梅，咸淳元年（1265）同登进士。华登云官钱塘县尉，官浦江县尉。

附录：清道光版《丽水县志》记载唐宋丽水县人著述。

一、经

王义朝：《易论》十五卷、《易说》十卷、《礼制》五卷

胡寅、闾邱昕：《二五君臣论》

林椅：《周礼纲目》八卷、《撫说》一卷

吴思齐：《左氏传阙疑》

梁椅：《论语翼》

吴梅：《四书发挥》

潘弼：《读书管见》四卷

二、史

王信：《武昌志》三十卷、《读书附志》

陈百朋：《栝苍续志》一卷

叶梦云：《通鉴发挥》

梁载：《处州路志》

三、子

叶宏：《孙子注》

潘叔豹：《笔志》三卷

吴思齐：《俟命录》

黄许：《文通》

四、集

姜特立：《梅山诗稿》六卷、《续稿》十五卷

梁安世：《远堂集》

王信：《是斋集》

叶蒔：《莱山集》

叶自勉：《岫云集》

叶宗：《兰雪诗集》

叶诜：《拙修文集》

叶宗英：《玉林集》

叶骙：《晋斋集》

章良能：《嘉林集》

吴思齐：《风雨集》《汐社诗集》《闺秀集》二卷

第五章 历史名人

　　唐、宋期间，赴处州任州、县主官的不可胜数，然而施仁政，遗爱于民、名留史册者，屈指可数。而处州山川明秀，耕读传家，名卿硕儒、仁人义士代不乏人。

第一节 治县名宦

段成式建好溪堰

　　段成式（803—863）的父亲段文昌（773—835），曾任灵池县尉、登封县尉、西川节度使、淮南节度使、荆南节度使，唐穆宗时任中书侍郎、同平章事。段成式自幼力学苦读，博学强记，少年、青年时期随父亲辗转各地，见多识广，了解民间疾苦。

　　唐开成二年（837），段成式以父荫步入仕途，历任秘书省校书郎、著作郎、尚书郎、充集贤殿修撰、吉州刺史。唐大中八年（854），段成式出任处州刺史。明成化版《处州府志》卷一记载：

　　段成式，字柯古，临淄人。大中八年，

段成式

自吉州刺史知郡。东南有溪多水怪，时名"恶溪"。成式到郡，所行多善政，水怪潜去，不复为患，易名曰"好溪"。

段成式到任时，处州辖松阳、遂昌、丽水、青田、缙云、龙泉6县。作为一州主官，职掌"治民、进贤、决讼、检奸"，下有州属吏和附郭县官听候指使和跑腿，段成式本来只须抓大放小，超然物外就行。到任处州不久，友人方干来访，有诗《赠处州段郎中》：

> 幸见仙才领郡初，郡城孤峭似仙居。
> 杉萝色里登台阁，瀑布声中阅簿书。
> 德重自将天子合，情高元与世人疏。
> 寒潭是处清连底，宾席何心望食鱼。

事实上，段成式并不是像方干说的在衙署里"阅簿书"执政。他几乎花了三年时间，做了一件流芳千年的事。清道光版《丽水县志》卷三记载：

好溪渠，在县东二十里灵鹫山下。垒石为堰，障缙云溪水入渠。西流至浪荡口分水坝，析为东、北二渠。北渠别纳山水三条：一自巩固桥入，一自余宿桥入，一自沙淤头入。皆挟沙善壅，不时浚之则溪水不入。灌田六十余顷。堰阔六丈，长九十丈，中高一丈二尺，两端以次杀高六尺。自堰至分水坝一百八十二丈；自分水坝至东渠蜈蚣坝一百二十丈；自分水坝北至巩固桥二百九十丈。东渠灌田四十五顷三十九亩有奇，北渠灌田一十八顷五十大亩有奇。创于唐刺史段成式，后莫考其兴废。

好溪原名"恶溪"，发源于磐安与缙云交界的大盘山，丽水县境内有45千米。溪流在山谷中奔流，乱石林立，险滩密布。宋代李昉的《太平御览》卷一七一记载：

《图经》曰：丽水县有恶道，恶道有突星濑。谢灵运与弟书曰：闻恶道

好溪堰拦水大坝

溪中九十九里，有五十九滩。《永嘉记》曰：王右军游恶滩，奇绝，遂书"突星濑"于石。

王羲之和谢灵运是东晋著名的书法家和诗人，两人都领略了恶溪的"恶"。到了唐代，李白有诗《送王屋山人魏万还王屋》：

缙云川谷难，石门最可观。瀑布挂北斗，莫穷此水端。
喷壁洒素雪，空蒙生昼寒。却思恶溪去，宁惧恶溪恶。
咆哮七十滩，水石相喷薄。路创李北海，岩开谢康乐。

方干到处州拜访段成式，乘船从缙云到处州城，一路惊心动魄。离开处州后，写了一首诗寄给段成式，《自缙云赴郡，溪流百里，轻棹一发，曾不崇朝，叙事四韵，寄献段郎中》：

激箭溪湍势莫凭，飘然一叶若为乘。

仰瞻青壁开天罅，斗转寒湾避石棱。

巢鸟夜惊离岛树，啼猿昼怯下岩藤。

此中明日寻知己，恐似龙门不易登。

唐大中十年（856），丽水大旱，段成式到东乡的好道庙中祈雨，见田地坼裂，禾苗枯索，恶溪水却汩汩淌流，远水解不了近渴。段成式祈雨实属无奈，他是一个既崇儒又信释老之人，他在《好道庙记》里如是说：

……予学儒外，游心释老，每远神订鬼，初无所信。常希命不付于管辂，性不劳于郭璞。至于夷坚异说，阴阳怪书，一览辄弃。自临此郡，郡人尚鬼，病不呼医，或拜馌墦间，火焚楮镪，故病患率以钓为名，有天钓、树钓、檐钓，所治曰吹、曰方，其病多已。予晓之不回，抑知元规忘解牛，太真因煨犀，悉能为祸，前史所著以好道，州人所向，不得不为百姓降志枉尺，非矫举以媚神也。因肆笔直书，用酬神之不予欺。大中岁在丙子季秋中丁日建。

段成式觉得靠求雨不能解决丽水东乡的旱灾，唯有兴修水利，像西乡一样筑堰修渠。于是，他组织州县官吏和百姓，一方面疏浚恶溪河道，一方面在灵鹫山下垒石筑堰坝，引溪水入城东平原。

恶溪经疏浚治理后，自缙云县城乘船到丽水、温州，一路顺畅，恶溪变成了好溪。清道光版《丽水县志》记载：

好溪，县东五里。源出缙云县大盆山，西流为东渡，东折于大程滩，经突星濑，又东南达于大溪。今亦曰东溪，本名恶溪。谢灵运云：出恶溪至大溪，水清如镜。《舆地记》：恶溪道间九十里，而有五十九濑。两岸连云，高岩壁立，有七十余滩，水石喷薄。唐文明初，溪水暴涨，溺死百余人。大中间段成式为刺史，有善政，百姓因呼为好溪。

如今，因公路兴建，好溪航道已不复存在。但好溪堰坝及堰渠仍在，段成式的名字随着汩汩清流入城，在丽水流芳千年。

关景晖治滩修堰

关景晖（1028—？），字彦远，浙江山阴（今绍兴）人。嘉祐八年（1063）进士，与遂昌人龚原同榜。关景晖是"唐宋八大家"之一曾巩的大妹夫，与"苏门四学士"之一的晁补之交游密切。关景晖兄弟八人，五哥关杞与米芾（1051—1107）为知交。

关景晖中进士后，曾知亳州谯县。是时，宋神宗重用王安石实施变法，许多文人写赋赞扬新法，为宋神宗歌功颂德。如周邦彦向宋神宗献《汴京赋》，大获赏识，由太学诸生直升为太学正。关景晖也写了一篇《汴都赋》，却是反其道而行。时任国子监教授晁补之为关景晖的《汴都赋》作序：

> 宋兴百年，仁宗时天下乂安，人务衣食。至熙宁、元丰间，积累滋久。于是天子方奋然，有意修法度，齐庶官，正宗庙宫室、井衢城域，使各有体，以隆中兴，示天下为太平观。而奉议郎、前知亳州谯县事关景晖，初奏汴都赋以讽。天子嘉其才，命对便殿。景晖言：天子盛德，焦劳天下，盖四方之政所以行而其末归之清净。以谏上爱民力，固基本，如所奏赋旨。天子以语宰相，使补中都官之缺。景晖贫不能留京师，乃官河北。而先帝弃天下，景晖亦行去河北，抱其赋而泣，以属北京国子监教授晁补之序其意……景晖为人，盖淡泊寡嗜好，至饭脱粟茹藿，自枯槁。与补之处，或终日不道人一事，或终岁不见其喜愠。夫固安为侈丽闳衍者，非耶。故备论之。（《鸡肋集》卷九）

关景晖淡泊自守，不喜奢靡，在一片赞美声中敢于直谏。宋元祐六年（1091），以左朝请郎出知处州。在处州任上，执政为民，以民为本的关景晖做了两件大事。

一是疏浚龙泉溪、松阴溪和好溪河道。这是一项浩大的工程，其始末被龚原记录在《治滩记》里：

括属县，大溪三，皆会于丽。由芝达瓯入海，暗崖积石，相甃成滩。舟行崎岖，动辄破碎。盖尝变色而惴栗，失声而叫号。冀得万一无它，以讫所济。然为上者，每闻覆溺事，则曰：此险也，殆非人力可施。恬不为怪。元祐六

堰头村詹南二司马庙内历代碑刻

年冬，左朝散郎、会稽关公来守是邦。视事之暇，披诸邑图而观之曰：噫，奚滩之多也，水行阻深，一至于是。欲去害兴利，顾有甚于是耶。使俯有力，仰有余。余不敢后。言一传，旬浃四境，闻者欣然曰：吾州滩会平矣。明年春，龙泉民出钱，愿治其事。闻他邑亦继有请，冀与龙泉比。公以上部使者，且愿农隙行下。及期按图以事，属令以役付尉，随远近剧易，并作疏浚排凿。继以淬锻，顾力不可加，乃已为上下港，以便往来。或两岸崭绝，路断则劚以通挽役，并城者躬往省焉，而犒其勤。起七月戊申，逮十二月壬申毕，合百六十有五日。滩龙泉居其半，缙云亦五之一，凡昔所难，尽成安流。舟昼夜行，无复激射覆溺之虞。郡人相与语曰：遗此险几百千年，岁败舟几百，至以溺死者，又几何人。自今计之，其利为何如。旧传，缙云丽水间苦水怪，有恶名。唐太守段成式至，害遂息，更称好溪。今滩复治，何斯民之重幸也。君子之于事，苟可以为人务尽心焉而后已。汉之治水者，尝镌底柱矣，而水益怒，以不善其事也。公于是役，因民之力，授吏以方。未半岁，诸邑告就绪，而水行者赖焉。唯存心仁，处事当，故成功不难。余方与郡人蒙赐无穷，复言操笔载始末。（清道光版《丽水志稿》卷二）

三条河道疏浚，使得龙泉、遂昌、松阳、缙云到处州、温州的水陆畅通无阻，

青瓷、木材等处州物产顺流而下，盐、海产等温州物产溯流而上。

二是修建通济堰和詹、南二司马庙。工程完工后，关景晖亲撰《通济堰碑记》：

丽水十乡，皆并山为田，常患水之不足。去县而西五十里，有堰曰"通济"，障松阳、遂昌两溪之水，别为大川，分为四十八派，析流畎浍，注民田二千顷。又以余水潴而湖，以备溪水之不至。自是，岁虽凶而田常丰。

元祐壬申（1092），堰坏，命尉姚希治之。明年，帅郡官往视其成功。堰旁有庙曰"詹南二司马"，不知其谁欤？墙宇颓圮，像设有严，报功之意失矣。尉曰："尝询诸故老，谓梁有司马詹氏，始谋为堰，而请于朝。又遣司马南氏，共治其事。是岁，溪水暴悍，功久不就。一日，有老人指之曰：过溪北，遇异物，即营其地。果见白蛇自山南绝溪北。营之乃始就。明道（1032—1033）中，唐碑刻尚存。后以大水漂亡，数十年矣。乡之老者谢去，壮若复老，非特传之亦讹，而恐二司马之功将泯没于世矣。庙今一新，愿有记焉。"

予以二公之作，而兴废之迹罕有道者。按，近世叶温叟为邑令，独能悉力经远，疏辟楗蓄，稍完以固。叶去，无有继者。姚君又能起于大坏之后，夙夜疚心，浚湮决塞，经界始定。呜呼！天下之事莫不有因久则敝，敝则变，变而能复，理之然也。因之者，二司马也。敝而能变，变而能复，叶、姚之能事，岂下于詹、南哉？后之来者，令如叶，尉如姚，堰之利安能已哉！

此次修堰，丽水县尉姚希在保定村外西侧临大溪的堰堤上，建筑了一道概闸，堰水暴涨时开闸泄洪，防止渠水溃堤，同时利用落差，排除渠道内淤沙，旱时关闭。因地处叶姓土地上，称为"叶穴"。此概成为通济堰水系的重要节点，后世的管理体系里，专设一名"叶穴头"管理此概。

关景晖的碑记，是目前保留下来的最早的修堰记。除了记录筑堰的肇始、将此次修堰的功劳记在了姚希的身上外，关景晖还提到了此前修堰的丽水县令叶温叟，遗憾的是州、县旧志都没提到此人。今梳理其资料，附录于此。

叶温叟，字淳老，杭州盐官（今海宁）人。嘉祐二年（1057）进士。历任开封府推官、水部员外郎、提点开封府界诸州镇公事、两浙转运副使、主客郎中、度支郎中。叶温叟任职丽水县令时间不详，宦绩不详，但他"独能悉力经远，疏辟榱蓄，稍完以固。叶去，无有继者"，一个"独"字，体现了叶温叟一心为民的为官态度。叶温叟任度支郎中时，苏辙撰写制词，高度肯定叶温叟的财政管理能力：

敕具官某。朕既克己裕民，凡非法之求，罔不罢去。而国之经用率如故初。是以思得敏强之臣，理财节用，以羡补不足。尔以儒推吏术，有闻于时。其能量入为出，助成地官，以济我邦计。可。

关景晖在处州除治滩修堰外，还有两件事被载入志书。

一是开凿水井。明成化版《处州府志》卷三记载：

关公泉，在城横街。宋元祐中，太守关景晖所凿。大井泉深而甘，寒旱不竭，民称曰"关公泉"。

二是建造少微阁。明成化版《处州府志》卷一记载：

少微阁，在旧州治后厅之西。宋元祐六年（1091），郡守关景晖建，米芾书榜。

如果说，挖井是为市民柴米油盐计，是形而下的话；那么，建少微阁，则是关注处州文运，是形而上了。《浙江通志·卷二·星野》记载：

处州府，《名胜志》隋开皇九年（589），处士星见于分野，因置处州。《宋史·天文志》少微四星，在太微西，士大夫之位也。一名处士，或曰博士宫南。第一星，处士；第二星，议士；第三星，博士；第四星，大夫。明大而黄，则贤士举。

少微对应处士，即士大夫。阁建好后，关景晖请五哥的好友、书法家米芾题写阁名。关景晖在小栝苍山建少微阁，不是供自己登高眺远欣赏湖光山色，而是为广大黄卷青灯、悬梁苦读的士子们祈福，希望他们能蟾宫折桂、青云得路。

王禔建石函

政和年间（1111—1118），维扬人（今扬州）王禔出知丽水县。

"政和"是宋徽宗即位后使用的第四个年号，取自《尚书》"庶政惟和，万国咸宁"，意思是"为政者如奉行和谐统治，那天下都将平安无事"。为达到政通人和的美好愿景，宋徽宗颁布了两道旨令。《宋史》卷二○记载：

> 政和元年（1111）三月己巳，诏监司督州、县长吏，劝民增植桑柘，课其多寡为赏罚……夏四月丙辰，虑囚。立守令劝农黜陟法。

一是要劝农多种粮食和桑树，以收成多少来奖赏官员，并设定法令，以劝农成效来决定官员的升降；二是对在押犯人重新审核，宽刑狱。

王禔就是在这样的背景上来到丽水县的。事实上，宋代县令掌管一县大小事务，王禔要做的事情很多，《宋史》卷一六七记载：

> 建隆元年（960），令天下诸县，除赤畿外，有望、紧、上、中、下，掌总治民政、劝课农桑，凡户口、赋役、钱谷、赈济、给纳之事，皆掌之。有孝悌行义闻于乡闾者，申州激劝，以励风俗。有戍兵，则兼兵马都监或监押。

王禔做的第一件事是"虑囚"。宋代建立了阅视刑案、讯察囚徒，以平反冤案、审理疑案、疏决淹案、减降刑罚的司法制度，简称"虑囚"。逢久旱未雨、久雨未晴、天呈异象和皇帝身体有恙，由皇帝、使者和地方官员实施"虑囚"。除罪大恶极者和犯贪赃枉法的官员，其他犯人得以宽宥减刑，有的赦免回家。使者赴州、县"虑囚"，宋末元初戴表元的《剡源文集》卷三○有《亚尹黄侯虑囚温处婺三州》诗：

> 金华瑰秀抵仙都，雁宕石门天下无。

眼见朱幡出云雾，手提丹笔洗焦枯。

海鱼味爽休多食，岭马程艰合缓驱。

定有车前投赞者，幅巾麻褐是真儒。

　　王褆的"虑囚"是"纵囚使归，克期而至"。纵囚有两种情况，一种是逢过年，让囚徒回家，与家人共度佳节，约定时间返回；一种是行刑期将至，让死刑犯回家，与亲人团聚、告别，约定时间返回。不管是哪一种情况，王褆都是处州开"纵囚"先河的人。480年后的明万历年间，江西临川人汤显祖任知遂昌，"除夕遣囚""纵囚观灯"，被遂昌人铭记了500多年。今天的莲都人，更应该记住这位900多年前就宽仁施政的父母官。

　　王褆做的第二件事是整顿吏治。丽水县的吏员大都是本地的市井平民、农民、地主，也有低级官僚子弟。铁打的衙门流水的官，吏员却不流动。长此以往，这些胥吏变成了"老胥""黠吏"。县署的政令要由吏员执行，但

通济堰石函

这些人往往操纵政府权力，徇私舞弊，刁难索贿；依仗强豪，敲诈勒索，盘剥平民。吏治不肃，政令出不了县署，劝农将成一纸空文。

王禔"赋役当州之老胥，不得恃黠而遗负农桑"。赋役，分配徭役，把任务分解到人。由胥吏督课耕种，不得上下其手，勾结豪横，逃避和拖欠赋税。

王禔做的第三件事是建石函。通济堰主渠自西而东穿过堰头村，到村东时，与金坑水交汇。1986年版《丽水市地名志》记载：

金坑，源于高溪乡金坑村山地，自北向南贯穿，经吴山坳、内寮、大榧、外寮、畲坑等村，至堰头村入松阴溪。全长9公里。

金坑是山区性河流，每逢大雨即暴涨暴落，泥沙俱下，淤塞堰渠。每次暴雨过后，都要组织人力清淤，历代官员都解不开这个"梗"。丽水四季暴雨不断，这个"梗"不除，西乡的"农桑"无从谈起。政和二年（1112），朝廷对各地知县下了一道更为详细的诏令，《钦定四库全书·钦定授时通考·卷四五》记载：

（《宋史·徽宗纪》）政和二年夏四月，诏县令以十二事劝农于境内，躬行阡陌，程督勤惰。（《注》）一曰敦本业；二曰兴地力；三曰戒游手；四曰谨时候；五曰戒苟简；六曰厚蓄积；七曰备水旱；八曰戒牵牛；九曰置农器；十曰广栽植；十一曰恤苗户；十二曰无妄讼。

王禔携县署一众官吏前往踏勘。随行的县学助教叶秉心建议，在堰渠上架石函渡金坑水。叶秉心其人，除献石函计外，旧志无记载。北宋范仲淹推行"庆历新政"，推举当地"有德行艺业"的人担任教授或助教，叶秉心应该是一位德才兼具的人。

王禔采纳叶秉心的建议，召集田多的人筹钱。考虑金坑水自山上而来，裹挟泥沙冲击力大，石函材料要坚固，多方咨询后，决定取材桃山之石。

桃山位于处州城西，距离通济堰五十里。桃山"众岫沿溪，森如列戟，为西北雄障"，取石不易。但桃山石又是最坚硬的石材，清光绪版《处州府志·卷四·水利志》记载：

> 水障，栝苍门外琵琶洲北，用石砻礲坚固，以障上流东冲，郡城赖之，呼其地为仙人渡。元大德癸卯（1303），有异人来，募民财，欲建桥于此。凿石于桃山，置局济川桥侧。至皇庆壬子（1312），经十年，止成水障一墩而去……

从宋到明，历代采石桃山，清光绪版《处州府志·卷二·封域志》记载：

> 桃山，旧产桃，县西五里。旧志：山为郡右臂，近多采石，山形损剥，当禁止……

王禔对建石函一事非常重视，亲自往返督工。清道光版《丽水志稿》卷二收入宋代叶份撰的《通济堰石函记》，记载了建石函的始末：

> 处之为郡，僻在浙东一隅，六邑皆山也。惟丽水列乡十，而邑之西地平如掌，绵亘四乡，松、遂二水合流其上，直下大溪，通于沧海。土壤而坟，为田数千顷，雨不时则苗槁矣。在梁，有詹、南二司马者始为堰，民利之。然泉坑之水横贯其中，湍沙怒石其积如阜，渠噎不通。岁率一再开导，执畚锸者动万数。堰之利，人或不知，而反以工役为惮也。
>
> 我宋政和初，维扬王公禔实宰是邑，念民利堰而病坑，欲去其害。助教叶秉心因献石函之议，吻契公心。募田多者，输钱共营。度石坚而难渝者，莫如桃源之山。去堰殆五十里，公作两车以运，每随之以往，非徒得辇者蟹力，又将亲计形便，使一成而不动。公虽劳，规为亦远矣。函告成，又修斗门，以走暴涨，陡潴派析，便无壅塞。泉坑之流虽或湍激，堰吐于下。工役疏决之劳自是不繁，堰之利方全而且久。
>
> 公去人思，后二十年复来守是邦。公之子子永，今又以贰车摄郡事。邑民因叹世德之厚，而爱其甘棠，且属南阳叶份记其事。份少小闻诸父兄传邑大夫之贤者，莫如王公。其令约而严，追逮有所及者莫敢违时；其刑恕而信，

囚徒以故去者如期自至；赋役当州之老胥，不得恃黠而逋负农桑；劝乡之恶少，无不改务而敦本；其他善绩非一二。宰丽水者人几何？公独到今见称，则其惠斯邑也，岂恃创一石函之利而已哉！份不佞，敢辞邦人请？

　　窃谓天下事，兴其利者往往不知其害，而害之生尝不在于利兴之时，及其害著又非得明其利者而去之，则前日之利反以为害。人苦其害，而不知因害以兴利，则利何时而及民？二司马之为堰，固知于一时，而不知泉坑之水有以害之。苟无以去害，则邑西之田将为平陆，而堰亦何利之有？石函一成，民得利迄于无穷，其愈于堰多矣！今五十年，民无工役之扰，减堰工岁凡万余。公之功，可谓成其终者也。公之石函，枋始以木，雨积则腐，水深则荡。进士刘嘉补之以石，而铁固之，令枋不易，又一利也。然公不为之始，而此又安得施其巧？古之君子有功德于一邑一郡者，必庙食百世，福流子孙。公邑于斯，郡于斯，而子又倅于斯，斯邑之民可得不传耶？祠公而配詹、南又何歉云。时乾道四年（1168）五月廿一日记。

　　叶份其人，丽水县旧志未著，清光绪版《处州府志·卷一六·选举志》载为青田人，政和壬辰科（1112）莫俦榜进士，仕宦不详。但从叶份写石函记的口吻来看，又是丽水县人。笔者查阅《古楚郡叶氏宗谱》，第一世叶稔，由松阳旧市（今古市）迁至处州郡城纱坊，至第五世·

　　叶份，字延彬。宋政和壬辰科进士。年十四通五经，任太常寺正卿。居纱坊。

　　根据叶份的石函记，王禔在丽水县令历任后二十年，又知处州，时间在绍兴十二年（1142）左右。此前，王禔曾知新安、秀州。处州任满

范成大

后，王禔就职位于临安的江南转运司，并在临安任上致仕。《景定建康志·卷二六·官守志三》记载：

王禔，右朝请大夫，运判，绍兴十四年（1144）十月二十三日到任，十七年（1147）八月七日满罢。

范成大修堰建桥

范成大（1126—1193），字至能，平江府吴县（今江苏苏州）人。绍兴二十四年（1154），范成大登进士第。

中进士后，范成大历任徽州司户参军、监管太平惠民和剂局、编类高宗圣政所检讨官，兼敕令所、枢密院编修官、秘书省正字、校书郎兼国史院编修官、著作佐郎、尚书吏部员外郎。

乾道四年（1168）八月，范成大到任处州知州。事实上，在赴任处州前，范成大与处州已经有关联。一是绍兴二十四年进士处州有 17 人，包括丽水县的梁安世、青田县的蒋继周、叶罿。此科汤思退任同知贡举。二是得到了汤思退的赏识。绍兴二十九年（1159）九月，汤思退任左仆射、同中书门下平章事，绍兴三十年（1160）十二月罢为观文殿学士、提领江州太平兴国宫。其间，范成大写诗进呈给当年的主考官、如今的左丞相，表达了追随的心意。

古风二首上汤丞相

抱瑟游孔门，岂识宫与商。古曲一再行，乃杂巴人倡。
知音顾之笑，解弦为更张。归来掩关卧，冰炭交愁肠。
平生桑濮手，未省歌虞唐。明发理朱丝，复登君子堂。
遗音入三叹，山高水汤汤。

空山学仙子，穷年卧岩扃。煮石不得饱，秋鬓苍已星。

道逢紫霄翁，示我餐霞经。采采晨之华，涤濯腐与腥。

向来役薪水，终然槁柴荆。跪谢起再拜，飘飘蜕蝉轻。

飞升那敢学，倘许学长生。

有学者在解读这两首诗时，说汤思退任左丞相后，为笼络人心，拉拢范成大，范成大写此诗委婉拒绝。这种说法是站不住脚的。绍兴二十九年，范成大34岁，还在徽州司户参军任上，一个从七品小官。即使诗名再盛，贵为左丞相的汤思退会纡尊降贵去拉拢他？实际上是范成大三年任满，想让当年的"座师"给予荐举。

绍兴三十年冬，范成大任满回归故里。翌年初，范成大赴临安拜访了礼部内涵洪迈，后者是范成大的老领导、徽州知州洪适的弟弟，并呈《上洪内翰》札子：

不龟手之药，一也，或以封，或不免于洴澼絖。方其洴澼絖也，不自知其可以封也。及其封也，天下不以其止于洴澼絖而已也。水之于井也，日汲则冽，不汲则竭，其行于地上也，随所遇而变生焉。

洴澼絖，指洗衣服。不龟手之药，指防皲裂的药。范成大引《庄子·内篇·逍遥游》典故，又以井水作比，寓意才华要不断地使用和发挥，才不会枯竭。范成大的文章虽然有些隐晦，希望得到赏擢的意思却非常清晰。

绍兴三十二年（1162）六月，范成大赴临安监太平惠民和剂局。此前的二月，汤思退出知绍兴府。范成大有诗赠：

镇东行送汤丞相帅绍兴

吴波鳞鳞越山紫，镇东旌旆东风里。

前驱传道相君来，一夜鉴湖春涨起。

鉴湖如鉴涵空明，相君出处如湖清。

十年勋业泰山重，五鼎富贵浮云轻。

人言公如裴相国，绿野堂高贮风月。

我独愿公如子牟，身在江湖心魏阙。

浯溪有石高嵯峨，公方东征如此何。

丁宁湖水莫断渡，早晚归来绝江去。

隆兴元年（1163）七至十一月，汤思退任右仆射、同中书门下平章事；同年十二月至隆兴二年（1164）十一月，汤思退任左仆射、同中书门下平章事。其间，范成大先后任点检试卷官、编类高宗圣政所检讨官兼敕令所、枢密院编修官、秘书省正字。乾道元年（1165）三月，范成大迁校书郎。六月，兼国史院编修官。十一月，迁著作佐郎。乾道二年（1166）二月，除尚书吏部员外郎。如此密集换岗升迁，不得不说，背后先有汤思退，后有洪氏兄弟的助力。

乾道二年（1166）三月，尚书吏部员外郎的任命刚出来不久，范成大就被人弹劾了。《宋会要辑稿·职官七一·黜降官八》记载：

（乾道二年）三月四日，诏新除吏部郎中范成大放罢。以言者论其巧宦幸进，物论不平故也。

《宋史·范成大传》说得更直白：

……累迁著作佐郎，除吏部郎官，言者论其超躐，罢。起知处州……

超躐，指越级提拔，迅速升迁。范成大此次遭言官弹劾，是受到了池鱼之殃，《资治通鉴后编》卷一二二记载：

（乾道二年）三月辛未，尚书右仆射、平章事洪适罢。适以文学闻望，遭时遇主，自中书舍人，半岁四迁至右相。然无大建明，以究其所学。会霖雨，适引咎乞罢。帝从之。

范成大在家赋闲近两年后的乾道三年（1167）十二月，诏令起知处州。乾道四年（1168）五月，范成大赴处州任前，皇帝召见陛对。范成大上《论日力国力人力疏》《论慎刑疏》《论兵制疏》。八月，抵达处州。乾道五年（1169）五月，范成大被召为礼部员外郎兼崇政殿说书，并兼国史院编修官、实录院检讨官。

范成大在处州任职仅9个月，却新官上任烧了三把火。

第一把火是推行义役。宋李心传《建炎以来朝野杂记》记录了《处州义役》：

乾道中，范文穆知处州，言松阳县个民输金买田以助役户，为田三千三百亩有奇，排比役次，以名闻官，不烦差科可至一二十年者，请命诸县通行之，事下户部看详。盖江浙民久病差役催科，往往家破竭产，用是良民惮役，争讼嚣然，故文穆以为言。然事未下也，及文穆为中书舍人，复言处州六邑义役已成，可以风示四方，美俗兴化，请命守臣胡沂以其规约来上，从之。

范成大的办法很简单：各户实际情况出钱，购买农田，由大家推举信得过的人管理农田，农田的田租收入用来补贴轮流服役的人。实行自我管理，官府不插手。同时设立义仓，让各县筹集稻谷，春借秋还，缓解百姓的粮荒。

第二把火是修筑平政桥。清道光版《丽水县志》卷三记载：

济川桥，旧在南明门外，造舟为梁，联以铁绁。宋乾道四年，州守范成大新之，名曰"平政"。梳废寺田租，以资修治，刻铭及桥规于石。

大溪横亘处州城南，处州前往松阳、遂昌、龙泉的陆路必须涉溪而行。溪上原建有浮桥，范成大到任时，桥已破烂不堪，无法通行。人们往来大溪南北，须乘船摆渡，船工收费，人们苦不堪言。范成大当即谋划修桥，并筹集"济桥"的田亩。浮桥完工后，范成大亲撰《平政桥记》：

栝苍带郭桥，岁久弗葺，民告病涉。乾道四年冬，假守范成大实始改作，

宋乾道五年（1169）通济堰规碑

郡从事张澈、惠利民、丽水县留清卿调其工费，以授州民豪长者四大使董役，吏册得有所与。凡为船七十有二，联续架梁，为梁三十有六，筑亭溪南以莅之。岁十一月桥成，名之曰"平政"。亭成，名之曰"知津"。又得废浮图之田五十亩于缙云，以其租属亭，岁时治桥，俾勿坏。明年正月前晦二日，大合乐以落之。众请铭其事于石，使后有考。铭曰：执梁斯以，踏渊若衢。我维新之，栉栉其轳。工麻于亭，有粟在榪。岂维新之，久不朽予。（明成化版《处州府志》卷四）

第三把火是修建通济堰。通济堰建成已600余年，大修小补是历任州、县官员的常规动作。范成大有别于以往官员，他在完成修堰后，制定了二十条堰规，即堰首、田户、甲头、堰匠、堰工、船缺、堰概、堰夫、渠堰、请官、石函斗门、湖塘堰、堰庙、水淫、逆扫、开淘、叶穴头、堰司、堰簿、堰山等。以堰规来管理、养护通济堰灌溉水系。

范成大亲自将堰规刻在石头上，竖在堰头詹南二司马庙里。堰规后有范成大撰的跋语：

通济堰合松阳、遂昌两溪之水，引而东行，环数十百里，溉田广远，有声名浙东。按，长老之记，以为萧梁时詹、南二司马所作。至宋中兴乾道戊子（1168），垂千岁矣。往迹芜废，中下源尤甚。明年春，郡守吴人范成大与军事判官兰陵人张澈始修复之，事悉具新规。三月工徒告休，成大驰至斗门，落成于司马之庙。窃悲夫，水无常性，土亦善湮，修复之甚难，而溃塞之实易。惟后之人，与我同志，嗣而葺之，将有考于斯。今故刻其规于石以告。己丑（1169）四月十九日，左奉议郎、权发遣处州军州主管学事兼管内劝农事范成大书。（明成化版《处州府志》卷四）

何偁是绍兴二十七年（1157）进士，隆兴元年（1163）任太常博士，隆兴二年（1164）任吏部郎官，与范成大同朝为官。因反对议和，何偁奉祠回丽水县。何偁的家在州治旁的西山，范成大离任时，有诗《送太守范至能赴召》赠范成大：

> 使君来从山水国，如山之明水如洁。
> 小棠不剪自成阴，压尽当年二千石。
> 新桥如虹堰如城，铙鼓两岸春风声。
> 莺花特记少游迹，泉石为洗文章名。
> 凭栏一笑千花发，石僧岩前日西夕。
> 蒲鞭不试桴不鸣，下见寒潭照春碧。
> 昔尝著作度承明，又闻上应文昌星。
> 专城纵赖得摩拊，庙堂正要贤公卿。
> 似闻征还诏书急，民传脂车遮道立。
> 好摅奇计献明君，合招功名如俯拾。

如果说，推行义役、建平政桥，是功在当代的话，那么，修建通济堰，制堰规，则是利在千秋了。通济堰堰规一直被后世遵循，直到民国末期。

第二节　先贤俊彦

宋代，因科举入仕而出外履宦的丽水县人，秉承忠君爱国、以民为本的思想，守廉洁、施仁政、宽刑狱，所至之处，得民拥戴；更有铁骨铮铮之人，在国家及乡邑危急关头，挺身而出，即使流血牺牲也在所不辞；留在乡里的士人以及致仕回乡的官员，慈孝持身，仁义处世，好善乐施，惠泽乡邦。

祝公明父子殉国

祝氏在五代初卜居丽水县官桥村，慈孝持身，耕读传家。祝亚中元丰八年（1085）进士，开祝氏科举进士先河。此后，祝粹、祝廷、祝颜先后中进士。宣和三年（1121），祝公明赐同学究出身。

"同学究出身"，是科举取士的一种。《通鉴续编》卷八记载：

熙宁四年（1071）二月，更定科举法，专以经义论策试士。既而中书门下言，今欲追复古制，则患于无渐，宜先除去声律、偶对之文，使学者得专意经术，以俟朝廷兴建学校，然后讲求三代所以教育、选举之法，施之天下，则庶几可以复古。于是改法，罢诗赋、帖经、墨义，士各占治《易》《诗》《书》《周礼》《礼记》一经，兼《论语》《孟子》。每试四场，初本经，次兼经，大义凡十道，次论一道，次策三道。礼部试即增二道，中书撰大义式颁行，试义者须通经，有文采，乃为中格，不但如明经、墨义，粗解章句而已。其殿试则专以策，限千字以上，分五等：第一等、二等赐进士及第，第三等赐进士出身，第四等赐同进士出身，第五等赐同学究出身。

祝公明官授太原府盂县（今山西阳泉）主簿，掌管一县文书、簿籍和印鉴等，为县令佐官。宣和六年（1124），祝公明的儿子祝陶，中沈晦榜进士，官授唐州（今河南唐河）司户参军，掌户籍、赋税、仓库交纳等事。

北宋宣和七年（1125），金兵分东、西两路进攻宋朝。东路自平州入燕山、真定。西路军自石岭关入太原。十二月十八日，西路军攻破石岭关抵太原城下。太原久攻不下，留下一部继续围困，其余南下。东路军于靖康元年（1126）正月初八兵临开封城下，得到宋许诺割让太原、中山、河间三镇后，于二月初九撤军北归。南下的西路军在中途返回太原。太原军民得知宋朝割让的消息，拒绝接受，与金兵展开浴血奋战。金兵西路军构筑重重工事，将太原"锁城"，同时攻占太原所辖的祁县、太谷、盂县等县邑，并击溃援救太原的军队。靖康元年八月十四日，金兵二次南下攻宋，九月初三日，太原城破，官兵、百姓几乎被屠杀殆尽。

金兵西路军进攻石岭关时，盂县县令闻风而逃。祝公明作为佐官，挺身而出，主动承担县令职责。他一边稳定人心，一边组织乡邑保甲精壮男丁，亲自率领驰援太原城，参加太原保卫战，与太原城共存亡。《宋史·列传第二一二·忠义八》记载：

祝公明，处州丽水人。太原府盂县主簿。靖康间，金人犯河东，令弃官去，公明摄县事，率保甲入援，围守逾年，城陷不屈。子陶，为唐州司户，中原失守，陶亦死官所。建炎中，赠公明承事郎。

金兵西路军攻克太原时，东路军攻克中原，唐州失陷，覆巢之下没有完卵。作为战时后勤主管的祝陶，坚守在官署，直到最后一刻。

姜绶传信殉国

姜氏世居丽水县城樗山之西，邑人称"姜山"（今莲都区政府所在地）。宋宣和三年（1121）三月，方腊部将洪载攻陷处州，劫掠丽水县七乡。又取道青田，进攻温州，相持四十余日，因温州守备森严，退回处州固守。

《钦定四库全书·会稽志·卷一五》记载：

姚舜明，字廷辉，嵊县人。举进士为相州临漳主簿、登州平年令，知平江府昆山、秀州华亭二县。后为河东经略安抚司干办公事。宣和二年（1120）冬，盗发睦州青溪，连陷杭、睦、衢、婺、处、歙六州。以舜明通判婺州，遂权州事。招集流亡兵数千人，穿贼境以入，郭晨登义乌门治城壁，飞矢雨集。舜明亲率从兵以石击贼，既而引兵出战，贼遂大溃。又贼帅洪载众四十万据处州不下，舜明访得其母妻，令载所厚范渊往谕祸福。载即解甲来降，平贼之功于时为冠……

《钦定四库全书·浙江通志·卷二四·城池·黄裳修城记》记载：

栝苍依山为城，凭带冈阜，傍大溪，险固而难攻。惟东南一面，形势稍缓，下接平陆，有警得专力于一隅，要而易守。询之故老，或云僭伪时卢约所筑。皇宋受命，吴越纳土，民间不见兵戈，垂二百年。东南城池因仍颓废。宣和庚子（1120），盗发青溪，一时群恶啸聚，遂至猖獗，攻破杭、严、徽三郡。明年，遂陷衢、婺，惟处最后失守。丽水、松阳、遂昌、青田、缙云皆没于贼，而剑川独完。制诏守臣浦城黄公即剑川治事，以须具平。公间关赴难，与通守会稽石公夙夜究心，奉宣威令，剪灭强梗，招携善良，千里之间不战而屈。八月辛亥，贼将洪载以城降。又明年，境上残党悉除。

宋朝官军从温州进逼处州，龙泉县令黄烈整合溃退至龙泉的官兵进击处州，权知登州军事的姚舜明托人来劝降。宣和三年（1121）八月，洪载见大势已去，举手投降。

在这次平定洪载的战争中，丽水人姜绶积极参与，获得军功，补授武臣五十三阶官阶的第五十一阶——承节郎。获武阶后，姜绶被征召入征守开封的军队中。

靖康元年（1126）十二月十七日，第二次南侵的东、西两路金军十五万余人在开封城下会师，将北宋都城围得水泄不通。开封守军不到七万人，时值寒冬，城内粮谷、薪炭储存无多，金兵即使不攻城，也会把城市耗死。

开封城成了一座孤城，里外音讯不通。为向南京总管司传递消息，引兵勤王，朝廷在军中招募勇士。响应者寥寥，谁都知道，金兵里三层外三层，围得像铁桶似的，此去肯定九死一生。

姜绶挺身而出。他把情报用蜡密封，然后用刀割开大腿内侧，把蜡书缝进里面。乘天黑从城墙上缒绳而下，猫身从金兵防守空隙突围。不料，被巡逻的金兵俘获，搜出了蜡书。金兵对姜绶严刑拷打，逼问他说出前往哪里。姜绶坚不屈从，并厉声叱骂金兵。最后被恼羞成怒的金兵杀害。

《宋史·卷四五三·忠义八》记载：

姜绶，处州丽水人。金人再犯京师，内外不相闻。朝廷募忠勇士赍蜡书往南京总管司调兵赴援，绶以忠翊郎应募，乃刲股藏书，缒下南壁，为逻骑所获，厉声叱骂，遂被害。建炎中，州上其事，官其子特立承信郎。

姜绶应募时是忠翊郎，武阶五十二阶之第四十八阶，五年里升了三阶。姜绶捐躯时，妻子陈氏才23岁，儿子姜特立刚蹒跚迈步。《钦定四库全书·浙江通志·卷二一六·列女》记载：

姜绶妻陈氏，（《两浙名贤录》）绶死靖康之难，时年二十三。家贫，父母欲夺志，陈引刀断发，誓不再嫁。人以为忠节萃于一门。

章云龙为乡邦捐躯

建炎四年（1130），宋高宗赵构虽然建立了南宋王朝，但金兵一路南下，追击得高宗一路逃难，从明州（今宁波）到定海，再到温州。

时局动荡，处州也不安宁。《宋史·卷二六·高宗三》记载：

（建炎四年春正月）丁卯，处州卫兵及乡兵相杀，纵火肆掠三日。

同年三月，原知济南府宫仪的裨将、建宁府御营前军将杨勃叛变，率军攻打松溪。松溪军民早有准备，在县界关隘据守。杨勃攻占松溪打通龙泉至处州的设想遇阻，绕道奔袭婺州。五月，杨勃一举攻克婺州，趁势进逼处州。

处州的守臣是梁颐吉，郓州须城（今山东东平）人。这个梁颐吉不是一般的人，他的祖父是元祐年间的尚书左丞梁焘，他的岳父是"苏门四学士"（另二人为黄庭坚、秦观、张耒）之一，曾任吏部员外郎、礼部郎中的晁补之。

杨勃进逼处州，梁颐吉招募善辩之士前往游说，大致意思是和平解决，一方面不坚守，另一方面不攻城扰民。布衣章云龙应募，前往城北荆坑杨勃部驻地。

章氏宋初由龙泉迁居栝苍门外，世隐不显。章云龙凭着三寸不烂之舌，说动了杨勃。杨勃率部和章云龙一起来到城门，没想到一队官军从旁边掩杀过来。杨勃大怒，认为章云龙忽悠自己，不由分说杀了他。杨勃一边指挥部队抵挡城下的官军，一边攻城。杨勃所部攻进瓮城时，梁颐吉见势不妙赶紧开溜了。

有关梁颐吉，宋代洪迈的《夷坚乙志·卷二〇》"龙世清梦"条有记载：

龙世清，建炎中为处州钤辖，暂摄州事。其后郡守梁颐吉至，以交承之故，凡仓帑事务，悉委之主领，又提举公使库。有过客至郡，梁饷以钱三十万。吏白以谓故事未尝有，龙为作道地，分为三番以与客。梁视事三月，坐寇至失守，罢去。继之者有宿怨，劾其请供给钱过数。即州狱穷治，一郡官稍涉纤芥者，皆坐狱。龙亦收系，惧不得脱。夜梦入荒野间，登古冢，视其中杳然以深，暗黑可畏。手攀墓上草，欲坠未坠。一人不知从何来，持其髻掷于平地，顾而言曰：我高进也。遂惊觉。后两日，温州判官高敏信来，置院鞫勘。一见龙狱辞，曰：太守自以库金与客，何预他人事？释出之。乃知所谓高进者此也。及狱具，梁失官，同坐者皆以谪去。独龙获免。

梁颐吉虽出身显赫，但为官为人差强人意。前有假他人手将公款私相授受，后有叛军攻城时溜之大吉。宋代李心传的《建炎以来系年要录·卷三四》记载：

（建炎四年）六月癸酉，朝请大夫、知处州梁颐吉罢，坐寇至弃城也。既而，两浙转运副使徐康国按颐吉，多取帅臣供给，颐吉坐除名。

梁颐吉最后落得罢职除名的下场。清光绪版《处州府志·卷一九·人物志》记载：

章云就（龙），丽水人。建炎四年，溃兵宫仪破婺州，将逼郡境。州将募能说之者，云就应命往。遇于荆坑，喻以祸福。贼许诺，与俱至城下。会官军掩袭，贼以为卖己，杀之。子驹，登绍兴十八年（1148）进士。

处州、丽水县旧志把"章云龙"误为"章云就"。章云龙的儿子章驹，在参加科举考试时，曾填写履历表，《钦定四库全书·史部七·绍兴十八年同年小录》记载：

（第五甲）第五十人，章驹，字伯昂，小名孟驹，小字伯骏。乙丑（1085）九月二十八日生，外氏徐，偏侍下第十八，兄弟终鲜。一举。娶徐氏。曾祖弼，故，不仕；祖赐，故，不仕；父云龙，故，赠迪功郎。本贯处州丽水县孝行乡龙顺里，叔证为户。

《钦定四库全书·浙江通志·卷二二五·祠祀》记载：

忠节祠，（崇祯《处州府志》）郡守高似孙建。祀太原府盂县主簿祝公明、忠翊郎姜绶、义士章云龙、知雍州詹友四人，并宋靖康、建炎间殉难忠臣。

詹友是缙云人，靖康中使金，金授以官，不就，被杀。高似孙是余姚人，淳熙十一年（1184）卫泾榜进士。南宋绍定元年（1228）知处州，建忠节祠，入祀四人，三为丽水县人。高似孙亲撰《忠节祠记》：

太史公以来，节谊之被书传者，磊磊崿崿。有风常寒吁哀哉！有奇姿伟才，因事表激，视死如饴。若史所载，岂不可哀？不如此，无以知天地挺生人物之英，亦有国者得所凭藉扶持，然亦可哀矣！

似孙守栝两载，雨旸有闻于祠，思厥振被。一日，小孙彭梦神人曰："我太原盂县义烈祝令也，姜官师也，章少傅也，詹光禄也，一屋荒寂。西亚角楼，云马风车，谢守振被者，鱼鱼阗阗，我甚慕焉。幸为启太守。"彭晓白其事，乃谒以香。四公名称，宛与梦合，吁异矣！

既瞻其像，思其事，如嚼苏郎之雪，如蹈颜公之霜。命之不融，天之不淑，悠悠莫问。仅以节义见使，得其时，行其志，大诸事业，则书竹帛铭鼎彝，曾岂外是哉？是可哀也。即上奏，愿赐旌额，趣肖公像，砻研而奉之。正月上浃，躬率郡僚，酒春牲肥，妥灵以告。似孙窃惟天之为天，日星之为日星，鬼神之为鬼神，人之为人，同一清明，最灵乎万物。其生为忠臣，为义士，死亦如之。耿亮湛滢，又有逾于日星鬼神，则节义直可以配天之神。迢迢诸公，皆以骂贼不屈乎刀锯之惨，报之者啬，励之者疏。是盖有国者所当尽其义，为人臣者不当辞其责。予归矣，犹刊其事以告后人之垂意乎斯者。乃卹楚人之辞，稍声其哀，使歌以祠之……绍定二年（1229）正月十一日撰。"

户部尚书梁汝嘉

梁汝嘉（1096—1153），字仲谟，县城仓前人。梁汝嘉的外祖父是北宋徽宗朝的宰相何执中（1044—1117）。梁汝嘉自幼聪敏，深得外公喜爱，还未弱冠（20岁），就奏请补授登仕郎，为文官第二十七阶，正九品。

有关宋代恩荫制度，清代赵翼的《廿二史札记·宋恩荫之滥》记载：

……文臣自太师及开府仪同三司，可荫子若孙，及期亲大功以下亲，并异姓亲，及门客；太子太师至保和殿大学士，荫至异姓亲，无门客；中大夫至中散大夫，荫至小功以下亲，无异姓亲。武臣亦以是为差。

凡遇南郊大礼及诞圣节，俱有荫补。宰相执政，荫本宗、异姓及门客、医人各一人；太子太师至谏议大夫，荫本宗一人；寺长贰监以下至左右司谏，荫子或孙一人。余以是为差。此外又有致仕荫补。曾任宰执及现任三少使相者，荫三人；曾任三少及侍御史者，荫一人。余以是为差。此外又有遗表荫补。曾任宰相及现任三少使相，荫五人；曾任执政官至大中大夫以上，荫一人；诸卫上将军，四人；观察使，三人。余以是为差。由斯以观，一人入仕，则子孙亲族俱可得官。大者并可及于门客、医士，可谓滥矣！

宋代恩荫几乎到了"泛滥"的程度，也正是有了这个"指挥棒"，多少人黄卷青灯、悬梁刺股读书，直到白发苍苍还在囊萤照读。一旦中进士入仕为官，不但光宗耀祖，还可恩荫子孙。上文提到的英勇捐躯的姜绥，其儿子姜特立还在蹒跚学步，就受恩荫获授承信郎，武臣官阶五十三阶中的第五十二阶。

梁汝嘉到了弱冠之年，即以迪功郎主管官告院，以儒林郎调中山府司兵曹事。后改京秩，辟燕山府路帅属，丁母忧。靖康元年（1126），就选知武进县。此后，梁汝嘉历官常州通判、提举浙西路茶盐公事、两浙转运判官、知临安府、户部侍郎、户部尚书、川陕都转运使、宝文阁直学士、浙东沿海制置使、知平江府、知明州、知温州、知宣州、知鼎州。绍兴二十四年（1154），梁汝嘉去世，朝廷追赠少师，封缙云郡公，葬于松阳县惠洽乡之原（今莲都堰头社坑村）。

梁汝嘉以恩荫入仕，步入仕途时，外公何执中已经去世，一切都要靠自己的努力。

在常州武进县任上，金兵南犯，众官员惊骇奔逃，唯独梁汝嘉从容坚守岗位，率领军民守城，受到高宗关注。

不久，升任常州通判，未雨绸缪，加固城防，疏浚护城河。金兵来犯，濠深城固，几万军民赖以无虞。

绍兴三年（1133），擢知临安府。时天下未稳，临安作为行在（皇帝巡幸所居地），人心未定，盗贼出没，火灾频发。在皇帝眼皮底下主政，梁汝嘉责任重大。他一方面加强治安巡逻，以警示、预防为主，同时连续督促侦破盗窃案；一方面改造临安城房舍结构，辟出防火巷道，以防火烧连营。同时筹措资金，进行"旧城改造"，把城内茅草屋顶改成陶瓦屋顶。

绍兴四年（1134）七月至绍兴九年（1139）秋，梁汝嘉试户部侍郎兼知临安府、户部侍郎兼知临安府、户部尚书。此时临安虽称行在，但一切都在往都城发展。梁汝嘉修缮学校、修葺宫殿、建筑太庙等。咸淳《临安志》记载：

绍兴三年（1133）七月，梁汝嘉知临安府，首缮庠序以示风化。上至宫省，下至营屯及百司官廨，区处悉有方，始成都邑。

梁汝嘉虽非进士出身，但他非常重视教育。《栝苍汇纪》记载：

在户部时，朝议以国用不足，欲拘刷郡县养士余粮，以助军需。汝嘉奏言："学校者风化之原，不可一日废也。乞申饬有司，凡赡学钱粮，不得辄更拘刷。"上可其奏。

梁汝嘉在处州城的宅院比邻州学，绍兴十二年（1142）冬，处州郡守王禔扩建州学，梁汝嘉刚好提举江州太平观奉祠在家，《栝苍汇纪》记载：

汝嘉居邻郡学，捐基以创斋庐。至今绘像于学，春秋祀之。

梁汝嘉重视教育，还非常重视人才。青田钓滩村《期思蒋氏宗谱》记载了元末明初政治家、文学家，明朝开国元勋刘基撰的《福国文恭公像赞》：

公讳继周，字世修。幼居郡城，天资警迈。七岁时，随长辈叶侍卿先生等于暮春时游下河。途遇万象山寺僧一空，同游僧见牧童，遂以为题，与叶先生分韵赋诗。时公亦有吟哦态，象哂之。僧问中丞曰："小学生能诗否？"赋云："三五儿童子，溪边学放牛。黄昏归去晚，明月照江头。"象骇其敏捷。少顷，僧他适。叶先生欲归，见牧童歌唱欢乐，命公再赋之。又赋云："饭牛多快活，歌唱不曾闲。回首一声笛，斜阳遮半山。"先生与等辈愈奇之。

他日，读书馆归，过尚书梁汝嘉之门。直雨，少憩于门下。尚书适从外归，公走避。尚书徐呼之，与之果，问其姓名。答曰："蒋某。"尚书曰："近闻赋牧童诗，非子乎？"公曰："非诗也，口号耳。"尚书遂指雨中雄鸡为题，命赋之。公唯而应曰："雨打雄鸡湿，冠红色转新。一声清澈晓，惊动世间人。"甚奇之，遂以女孙妻之。公辞以家贫不敢当。尚书俟其长，令媒妁通盟焉……

民间有句俗话，3 岁看 8 岁，8 岁看到老。蒋继周 7 岁时，梁汝嘉决定把孙女许配给他。蒋继周（1134—1194），青田人，自幼居丽水。梁汝嘉眼光独到，绍兴二十四年（1154），蒋继周 20 岁，中张孝祥榜进士，后官至御史中丞。蒋继周去世后，赠少师、光禄大夫，青田开国男，谥文恭。陆游撰《中丞蒋公墓志铭》：

公讳继周，字世修……娶梁氏，故户部尚书汝嘉之孙，封硕人……

梁汝嘉生子梁叔玠、梁季珌。梁叔玠"举贤良方正"（即德才兼备）入仕，历官郴州、柳州知州，吏部侍郎。梁季珌以恩荫入仕，历官信州、光州知州，户部、吏部侍郎。

梁叔玠生子梁铦、梁锴。梁铦，宋乾道八年（1172）进士，官至乐清主簿；梁锴，绍熙元年（1190）进士，未仕而卒。《钦定四库全书·浙江通志·卷二一六·列女》记载：

梁锴妻叶氏，（《栝苍汇纪》）锴既第，未及禄而卒。氏年二十七，泣血负土营朋穴以自誓。竭力教子读书，推余赀以周贫乏。

梁季珌儿子梁钥，以举贤良方正入仕，官至知兴国军事。

给事中王信

王信（1137—1194），字诚（成）之，世居处州城内法海寺边。王信的伯祖父王如，建炎二年（1128）进士；王信的叔父王大方，绍兴十五年（1145）

进士；王信的堂兄王铸，乾道五年（1169）进士。

王信由太学登绍兴三十年（1160）进士，历官建康府府学教授、温州教授、敕令所删定官、考功郎官、将作少监、军器少监兼有司郎官、中书门下检正诸房文字、太常少卿兼权中书舍人、给事中；知湖州、绍兴府、浙东安抚使；加焕章阁待制，知鄂州、池州。

王信在建康府府学教授任上，丁父忧回家。服除后，得到与孝宗转对见面的机会，进呈所著《唐太宗论赞》《负薪论》，孝宗嘉叹不已，破两格擢升王信为太学博士。此职位须等待空缺，外放赴任温州州学教授。时温州因疫病流行，许多人家贫病交加。州守准备派人赈济救治，温州父老恳请派王信担任此事。民政事务不在州学教授管辖范围，州守有些为难。王信得知后，欣然答应。他走街串巷，遍访贫病人家，赈饥治疫，救活的人数不胜数。

在敕令所删定官任上，王信厘正弊政，多所建树，并在边备、吏治方面敢于直言。在考功郎官任上，考察、荐拔官员不徇私情，秉公办事。四川三位官员考核不合格，贿赂官员，以求过关，还请工部尚书赵雄出面说情，王信置之不理。朝中武臣多年来形成不填写年龄的陋习，在考核升级和恩荫荐举时，上下欺瞒。王信通报宰相，将情节严重者押送到大理寺狱。拔出萝卜带出泥，此事关联三司衙门官员，牵连甚广。殿帅王友直极力为牵涉官员争辩、说情。孝宗支持王信，说王信是公事公办，王友直你想干什么？牵连的官员全部下狱处理。王信又建立武臣档案资料，以绝后患。孝宗事后说："考功得王信，铨曹遂清。"

在给事中任上，王信刚果坚毅，不畏权贵、不避乡情，敢于直谏。

宦官甘昇是高宗的近侍，招权纳贿、骄恣逾法，非常不堪，后被孝宗逐离朝廷。高宗去世后，被召回主理丧事，提举德寿宫。朝中官员没人敢言，只有王信准备上奏谏阻。《宋史·王信传》记载：

信亟执奏，举朝皆悚。翰林学士洪迈适入，上语之曰："王给事论甘昇事甚当，朕特白太上皇后。圣训以为，今一宫之事异于向时，非我老人所能任。小黄门空多，类不习事，独昇可任责，分吾忧。渠今已扫迹，居室尚不能有。岂敢蹈故态。以是驳疏不欲行。卿见王给事，可道此意。"信闻之乃止。

孝宗非常无奈，让洪迈带话给王信，说召回甘昇是太上皇后的旨意，并且说甘昇被逐离多年，已经痛改前非。王信这才罢谏。

姜特立是丽水人，王信职责所在，不因乡人而徇私，驳回任命。周必大《文忠集·思陵上》记载：

> 丁丑（淳熙十五年，1188）二月十一日……王信驳姜特立转遥郡刺史。上曰："是告哀使乎？是非常例可论。"令书读（签字放行）……卢瑢乞先支添给，及将来免推赏。予奏二人是朝士，缘向日台评纷纷，不自安，屡来控请，不欲将……上曰："并依绍兴二十九年（1159）体例，无增损。"予曰："如此则降旨，依施行。"

淳熙十四年（1187）十月，高宗去世，韦璞、姜特立任正副告哀使赴金。回来后，孝宗想破格两级擢升姜特立为遥郡刺史（武阶官名），但被给事中王信驳回。虽然最后孝宗援引高宗时显仁皇后去世，吉州团练使苏晔任告哀副使，后擢升洪州观察使的先例擢升了姜特立。但从中我们可以看出，王信没有因为姜特立是乡人就手下留情。

王信在给事中的位置上，最轰动的一件事是驳黜了心学代表人物陆九渊。

陆九渊（1139—1193），字子静，号存斋，抚州金溪人（今江西金溪），乾道八年（1172）进士及第。淳熙九年（1182）秋任国子正。淳熙十年（1183），转任尚书省敕令所删定官。淳熙十一年（1184）冬天，陆九渊获得了第一次与孝宗"轮对"的机会，上了五个札子面呈皇帝，即君臣相处之道、为政或政道的根本原则、专论知人的问题、坦陈对施政之法、治事之度的见解、论述为君之道。淳熙十三年（1186），陆九渊转官宣义郎，授将作监丞，将第二次与孝宗"轮对"。但在"轮对"的前五天，遭到王信的缴驳。王信认为陆九渊"躁进强聒"，不适合担任将作监丞，于是行使给事中的权利，驳回陆九渊的任命。《宋会要辑稿·职官七二》记载：

淳熙十三年十一月二十九日，敕令所删定官陆九渊差主管台州崇道观。九渊除将作监丞，臣僚论驳，谓其躁进强聒，乞赐寝罢，故有是命。

《宋史·陆九渊传》记载：

陆九渊，字子静……除国子正，教诸生无异在家时。除敕令所删定官……因轮对，遂陈五论……未几，除将作监丞，为给事中王信所驳，诏主管台州崇道观。还乡，学者辐辏，每开讲席，户外屦满，耆老扶杖观听。自号象山翁，学者称象山先生……

王信铁面无私，得罪了朝中很多官员，于是力请奉祠。后来，被外放知湖州、绍兴、鄂州等地，免税赋、兴水利、置学田、立义冢等，惠泽地方。

淳熙十二年（1185）秋，王信任中书舍人时，以礼部尚书的身份任贺金国正旦使，出使金国。路过宋、金交界的淮河南岸盱眙，登临山巅，眺望淮河以北中原大地，王信感怀悲怆，写诗抒情：

第一山
禹迹茫茫万里天，望中皆我旧山川。
谁将淮水分南北，直到幽燕始是边。

宋《翰苑新书》"前无古人后无来者"条记载了王信使金的经过：

王信奉使北国，肆射都亭，首破的，馆人骇愕。问译者曰："尚书得非黑王相公子孙乎？"谓其弧矢之妙，侔武恭公德用也。又妙于笔法，傧使有求，书与之，趋而谢曰："所谓前无古人后无来者。"

王信在金人都亭射箭，一箭中的，馆人既惊讶又佩服。王信书法得米芾真传，金人纷纷向王信求书。有关王信的书法，钱唐倪涛《六艺之一录》卷一五四有记载：

旧见《兰亭》书锋铓者，与所传石本不类，世多疑之，尝以唐人集右军书校之，则出锋宜为近真，盖石本漫灭不类其初也。辛未五月旦日，薛绍书曾孙复尝以一本遗世昌，故详及。其跋云："余始得蔡君谟字二纸，恨不见所跋，《唐拓赐兰亭本》可稽始末。越数年，僚友石德兴见之，愕然曰：'吾家有此二本，而无蔡跋。'乃遗。余析而复会其有数耶。绍兴辛亥，余守会稽，刻之郡斋。重阳前二日，括苍王信。"

宝剑既分，识者知其必合。凡物在天地间，离而复会，若有数焉。余始得蔡君谟字二纸，甚爱之，恨不见所跋《唐拓赐兰亭本》及《鲁公与澄师大德帖》，可稽其始末。越数年，僚友石德兴过余，偶于卷轴中见之，愕然良久，曰："吾家旧物却有此二本，而无蔡跋。"乃取其一遗余以足之。相与赏异，第不知何时析而为二。今兹复会，其适然耶，其默有数耶。绍兴辛亥，余守会稽，因并刊之郡斋，为此邦佳话云。王信。

王信兄弟三人，王信为长子。绍兴三十一年（1161），王信差充建康府府学教授，侍奉父亲王长方、母亲徐氏一同赴任。乾道元年（1165）秋，王长方去世，王信抚柩归里。《宋史·王信传》记载：

……初，信扶其父丧归自金陵，草屦徒行，虽疾风甚雨，弗避也，由是得寒湿疾。及闻孝宗遗诏，悲伤过甚，疾复作，至是寝剧，上章请老，以通议大夫致仕。有星陨于其居，光如炬，不及地数尺而散。数日，信卒，遗训其子以忠孝公廉。所著有《是斋集》行世。

父亲去世时，王信29岁，仕途才刚刚开始。子欲养而亲不待，王信心中悲痛莫名。从南京到处州，迢遥千里，王信麻衣葛鞋一路南行，风雨无阻，因此而患了风湿病。绍熙五年（1194）六月，孝宗去世，王信悲伤过度，旧病复发，上书请求致仕，未及启程回乡，就在鄂州病逝了，归葬今大港头坪地村。

王信娶郭氏，生二子一女，长子王骥，次子王驹。一女嫁给何澹的堂弟何润，次子王驹娶何澹的女儿为妻。王骥、王驹以恩荫入仕，王骥官郴州节制军马，王驹知嘉定府。王驹的三子王琰，以恩荫授卢州金判，娶汤思退孙女为妻。

叶莳、叶宏父子进士

碧湖高溪是叶氏聚居地，宋仁宗天圣年间（1023—1031），叶瀼自松阳卯山迁徙至此，为高溪叶氏第一世，至今已近千年。

高溪叶氏第五世叶莳（1092—1153），字当时。叶莳幼小的时候，父亲叶孝聪和母亲潘氏就去世了。第四世叶迈（1082—1154）与叶孝聪是从祖兄弟，即同曾祖父，不同祖父的兄弟。叶迈夫妇结婚后，一直未生育，就把叶莳领到家里抚养。后来，叶迈夫妇生了两个儿子，但仍视叶莳为己出。

虽然父母早逝，但在"从叔"叶迈夫妇的悉心呵护下，叶莳心无旁骛，勤学苦读，"稍长力学，淹贯经史"（见高溪村《南阳郡叶氏宗谱》，下同），"四书""五经"等儒家经典著作和《史记》《汉书》等史书，皆了然于胸。

叶莳"未弱冠补上庠"。上庠，指北宋京师的太学。北宋崇宁元年（1102）朝廷发布诏令，各地州学每三年选拔太学生，考分三类，成绩上等的补上舍。叶莳自幼聪颖，嗜读经史，在处州州学的选拔考试中成绩优异。未满20岁，叶莳负笈远游，千里迢迢到汴京（今开封）太学读书。叶莳夜里三更才上床睡觉，鸡鸣即起床读书，"同窗者厌苦之"。汗水付出，终有回报，叶莳在太学"较艺占异等"，即将迎来考试选拔入仕。北宋从崇宁三年（1104）开始，弃置科举法，太学生直接参加礼部举办的公试，考试成绩结合平时的操行，授予官职。

但叶莳运气不佳，北宋宣和七年（1125），金兵入侵中原。靖康元年（1126），金兵攻陷汴京，俘获徽宗、钦宗，史称"靖康之难"。叶苗从汴京返回家乡高溪，"背负西汉书而归"。居家期间，叶苗仍手不释卷，一心只读圣贤书。南宋建炎四年（1130），叶苗获得"乡荐"资格，即由州、县推荐，参加进士考试。绍兴元年（1131），叶苗通过会试考试。

但当时金兵仍在境内侵扰，时局不稳，直到绍兴二年（1132）三月才举行殿试，《宋史全文》卷一八上记载：

> （三月）甲寅，帝策试诸路类试奏名进士于讲殿……擢九成第一，以下二百五十九人及第、出身。而川、陕类省试合格进士杨希仲等一百二十人，皆即家赐第。

"九成"，即张九成，殿试为状元。叶苗中绍兴二年张九成榜进士。

叶苗初任汀州清流县尉兼主簿，既掌治安捕盗之事，又掌管文书。清流县位于福建西部，武夷山南侧，九龙溪上游。北宋元符元年（1098），时任福建提刑按察司的王祖道巡视各郡县，到宁化麻仓里，发现清溪环绕，山明水秀，碧水萦回。王祖道以此处地界广远、难以管理为由，奏请朝廷划临汀郡之东北地和宁化麻仓里另行置县，并以"溪流回环清澈"取县名"清流"。

清流建县不久，又地处山区，当时县境内有一股盗贼，啸聚山林、袭扰乡民。叶苗率兵围剿，斩杀首犯，释放从犯回家种田，全县人顺从服气。任满后，叶苗受到朝廷奖赏，升承务郎、建安知县。

东汉建安初年（196）置建安县（今属福建建瓯）。叶苗到任时，建安还没有县学。县学，旧时供生员读书的学校。科举制度童试录取后准入县学读书，以备参加高一级之考试，谓之"进学""入学"或"入泮"，士子称"庠生""生员"，俗称"秀才"。叶苗大力兴建学校，教诲勉励学子，"行之出于至诚，风俗为之一变"。

因政绩突出，叶苗深受州郡刺史和将军器重，纷纷向朝廷举荐。再调南康军都昌县（今属江西九江）知县，不久升徽州（今安徽黄山、宣城与江西上饶一带）通判。当时正在推行"经界法"，即以乡都为单位，逐丘进行打量，计算亩步大小，辨别土色高低，均定苗税。当时"行使者督责苛甚"，民愤极大。叶蒔"措画有方，不扰而济"，徽州下属的"六邑人德君，皆绘像祠之"。后再迁朝奉郎、无为军（等同州，辖巢县、无为、庐江三县）通判。

退休后，叶蒔返乡定居。在外当官时，叶蒔"居官廉白、壁立万仞；两宰巨邑，皆以廉能称"。回乡后，叶蒔为人谦恭，待人以礼。父亲叶孝聪虽然英年早逝，但留下了许多田产。叶蒔当官在外时，堂叔叶孝融将叶孝聪的田产变卖，只剩下 40 亩，叶蒔也不计较，恪守清贫，"家贫不殖产业，训诸子以学"。叶蒔于绍兴二十三年（1153）去世。著有《莱山集》二十卷。

第六世叶宏（1132—1197），字梦祥，号壶天，是叶蒔的长子。叶蒔 20 岁不到赴开封读太学，直至金兵入侵中原时回家才娶潘氏。叶宏出生那年，叶蒔 40 岁，刚好考中进士。

叶宏自小跟随父亲辗转各地，"自有识，每立侍旁，必谆谆诱掖"。叶宏从小接受父亲的教育，"在都昌、新安（徽州），每旦未听事，必以宏所授经史，书谕大旨。又训以作文蹊径"。每天早上衙署如果没有公事，叶蒔就要给叶宏讲解经史要义，并培训他写作方法。

叶蒔去世时为正六品的朝奉郎，按朝廷规制，叶宏获得恩荫入仕的资格。宋绍兴二十五年（1155），礼部贡院组织文武官荫授子弟、宗子荫补者考试，"有司铨以文艺为首选"，叶宏拔得头筹。许多人推荐他入仕。但叶宏志不在此，愈发刻苦攻读，到处访求良师益友。宋乾道七年（1171），叶宏"领乡荐"，取得进士考试资格。

宋乾道八年（1172），叶宏 40 岁，中黄定榜进士。

宋孝宗因为"闻卿煞读书，射策取高第"而召见叶宏。叶宏上疏数百言，论州县征赋、官军选拔、升降，切中时弊，被宋孝宗采纳。

叶宏被任命为武学博士，上书请求增置生员名额，为国家储备青年才俊，以供他日用，被孝宗采纳。

通济堰堰坝

宋孝宗感到时下兵书多谬误，取出宫中收藏的11个版本的《孙子兵法》，让叶宏删繁就简，订正错讹。叶宏不负君命，完成兵书善本，受到皇帝褒赏，赐银两、绢帛和香茶。

叶宏升国子监丞，继升均州知州，弭盗去奸，不屈权势。忤逆上司，被罢官。不久，任大理寺丞，纠正了很多冤假错案。任驾部郎，论部兵马及邮传，利害得其实。任考功郎，重新登记御前诸军的户籍，遣退年长者，留用年轻的，并制定升降有据的考核措施，芟除庞杂而无必要的限制。

淳熙六年（1179）八月，叶宏受到孝宗嘉奖，擢升太府少卿总领淮西军饷。

淳熙七年（1180），叶宏以吏部侍郎的身份奉命出使金国，至安肃时，马受惊，手臂骨折，仍坚持出使，泰然自若，无所畏惧。回来后受到孝宗赏赐，将所赏犒劳军士，并加强军士日常训练，教授他们排兵布阵、进攻撤退之法，教授他们如何使用弓弩箭镞，"升强激懦"，使得军队士气大振。

淳熙十年（1183），因屡受孝宗青睐，叶宏遭人嫉恨，被流言中伤，请祠归，以朝请大夫、主管亳州明道宫的身份告请还乡。

淳熙十一年（1184），叶宏在高溪住所后山盖了一座"欲报庵"。叶蒔去世时，叶宏才21岁，还在悬梁苦读，未能侍奉尽孝。如今子欲养而亲不待，叶宏每月初一去庵里，留住两日，以纾解未能孝顺父亲的愧疚之情。

此次回乡，叶宏偕3个弟弟从高溪迁徙至碧湖上街，卜居建宅，成为碧湖上街叶氏开基祖。后人以叶宏的号来称呼，都说"壶天叶"。壶天叶氏后裔在上街繁衍生息，耕读传家，修宗谱、建祠堂，成为碧湖镇区的望族。

庆元元年（1195），宁宗即位，诏内外诸军主帅条奏武备边防之策。许多大臣以叶宏久习边事向朝廷推荐，被任命为楚州（今江苏淮安）知州。楚州连年大旱，烟火萧条，饥民流亡剽掠。叶宏召集流民，向他们发放粮种和耕牛，安定民心，全力耕种，使得"并淮千里一尘不耸，宛如领使淮西时"。

庆元三年（1197），叶宏加直敷文阁、福建转运副使，但未等整装赴任，病逝于楚州州治山阳。叶宏著有《橘隐集》，事载《丽水县志》。

何澹建通济堰石坝

何澹（1146—1219），字自然。18岁入太学，20岁以治《尚书》获省元（礼部试进士第一名），登乾道二年（1166）萧国梁榜进士。官至同知枢密院事兼参知政事。

何澹的曾祖父何执文，是徽宗朝宰相何执中的胞弟。何澹的父亲何偁，绍兴二十七年（1157）进士，历官建昌军军学教授、太学博士、吏部郎官、知兴化军、提举荆湖南路常平茶盐公事、浙东常平茶盐公事、福建常平茶盐公事。何偁由龙泉卜居处州丽水县城西山。

何澹自开禧元年（1205）九月至嘉定十二年（1219）十二月，除嘉定元年（1208）八月至嘉定二年（1209）六月知建康军府事外，奉祠居处州城。

今天的莲都人之所以记住"何丞相"，是何澹居乡期间改木筱坝为石坝，修建通济堰坝。

通济堰坝位于今丽水市莲都区碧湖镇堰头村松阴溪上，始建于南朝萧梁天监四年（505），是浙江省最古老的大型水利工程。1962年列为省级文保单位；2001年，列入全国重点文物保护单位；2014年，入选世界灌溉工程遗产。

开禧元年（1205）九月，何澹辞免移知隆兴府，以观文殿学士提举临安洞宵宫，回处州奉祠家居。是年冬，何澹修筑通济堰坝，改木筱为石。当年曾有一块碑记立于堰上，详记修坝始末，但后来不知所终。元至正四年（1344），县人项栋孙撰《重修通济堰记》：

丽水为处大县，率多崇山冈阜，踊踊入原野，无甫田广泽。县西二十里曰白口，又西三十五里至凤凰山，土独平衍，总名西乡。东南际大溪，水道瘠弗赖利润。松阳合遂昌水归大溪，可障以溉。郡乘："萧梁时，有司马詹氏、南氏，防绝流作堰渠，久未就，白蛇告祥，循其迹营之，果底绩。袤百几十丈，名曰'通济堰'。股引脉导上中下源，灌田二十万亩余。"历宋元祐（1086—1094），堰坏，县尉姚君希领州命治完。乾道乙丑（1169），郡守范公成大葺理芜废，著规二十条颇精密。大抵探木筱藉土砾截水，水善漏崩，补葺，岁愈甚。开禧（1205—1207）中，郡人枢密何公澹甃以石。迄百数十祀，未尝大坏。然水湍悍，潜摇啮根址。至庚辰（1340）六月，大水，因圮决，存不十三四，田遂干，不生稻谷。农夫告病，县官辄往蕲治，水弗逮中下源。尹梁君来，乃白府复旧规，监郡中议。公捐金百五十缗，率民先，檄君专董其事。众惮役讪嚣，君毅不为沮。核三源承溉田亩，计敛赀市木石克用，细民量丁口任力。君殚心焦思，日程督其间，饥渴惟粥食水饮，暑寒不辟。故有官山五里许，畜筱木，岁给膳修。既易以石，木不禁樵牧。重立事殷，须巨松为基不可得，巨室乐效材，材用足。于是，且楗大木，运壮石，衡从次第压之，阔加旧为尺，十饬斗门，概溢必坚。致民竭力趋事，经始于壬午（1342）十有一月，以癸未（1343）八月毕功。中溪若石洪天设，水雪舞雷殷下，不觉人渠口，三源四十八派已充溢，田得美收，皆曰吾邑侯梁君赐也。耆老请记其事,余惟谷土非水莫成养民之利,故禹尽力沟洫,郑国、白渠乐利歌咏,善为民者相地通渠,众不恤费畏力,皆所以重人食。而孙叔芍陂,召信臣钱卢,得王景、杜诗,然后不废而济加博。窃叹夫作始之难,善继亦不易也。兹堰始詹、南二君,凡几百年;而姚尉、范守增其规模,又几十年;何公致其坚固,又百数十年;而梁君兴其坏隳。微梁君、何公之石不为坚,而詹、南、姚、范诸君子之泽斩焉,民不受其赐矣。然心存泽物固有郁不得施,监郡公汲汲民事,俾梁君肆志有为而成功,诚贤哉!水流无常,石有时以沏,后之人视今之继昔,则堰之田水为上腴,能俾水无虚润、地不遗饶,亦在所推也。监郡公名举礼禄,北庭人。梁君名顺,字孝卿,大名人。视役邑史李德、祝德周、卢克干,亦宜书。至正甲申(1344)二月望日记。(清道光版《丽水志稿》)

自何澹修建后,通济堰130多年永固。元以后修建,都以何澹的方式修筑。通览清道光版《丽水志稿》所载修通济堰记,未载何澹修堰始末事,只有笼统一两句话(俱清道光《丽水志稿》):

开禧(1205—1207)中,郡人枢密何公澹甃以石。迄百数十祀,未尝大坏。(元至正四年,1344,项棣孙《重修通济堰记》)

而始筑石堤垂诸永久者,则宋参知政事郡人何公澹也。(明嘉靖十一年,1532,李寅《重修通济堰记》)

梁于天监中,詹、南两司马暨宋枢密何公,始砌堤而灌焉。(明万历二十六年,1598,《重修通济堰记》)

卅禧初,何参政澹甃石为堤,而堰鲜溃败。(明万历四年,1576,何镗《重修通济堰记》)

至宋,郡人参知何澹甃之以石。(明万历四十七年,1619,王一中《重修通济堰记》)

始于梁詹、南二司马,继成于宋郡守范公成大、参知邑人何公澹。(清康熙三十二年,1693,刘廷玑《重修通济堰记》)

笔者心中有疑问，何澹之前、之后的通济堰修建，都是郡、县主官任其事，何澹修堰，是不是以自己的影响力出面主持呢？笔者的疑问在《安溪清源郡何氏宗谱》里得到了解答，谱中收入了明吴允传的《通济堰图记》：

通济堰在栝郡城西六十里，障松阳、遂昌两溪之水引入大川，疏为四十八派，自宝定抵白桥，凡三十余里，灌田二千余顷。水蓄于湖以备旱，岁赖以稔，无复虑凶，利之广博不可穷极。

按旧志记，以为萧梁时，詹、南二司马所作。至宋元祐间，知州关景晖命县尉姚希重修，因为之记。堰每为泉坑水所充坏，岁一再治，民甚劳之。至乾道间，知州范成大再辑重修堰规，刊于石焉。后开禧元年（1205），郡人参政何公澹，始加甃石堤，以为久远计，且免每岁之劳。历宋迄元逮今，未尝大坏，皆何公之力也。昔有碑，刊石于堰之上，年远剥落，其事略节，载在丽水县梁公政绩碑及堰碑阴基，详见于家乘。

今其十世孙源、朋等，恐久无稽，绘堰图，具其事，谒余志之。谨按：公讳澹，字自然，少山其别号也。清源郡王执中公之四世孙，玉雪公偁之子也。登乾道进士第，显于绍熙、庆元间，历事三朝，预闻国政。今称开禧间，则公祈免奉祠时也。访求洪州石匠，斫石坝，截松阳港水，甃石成堤，布塞概立，开浚有方，防于民田者。捐己赀，以酬其价，至今民赖其利。公之济人利物，类如此。宜其子孙愈久而愈盛焉矣。公之政事，载诸史册，兹因其诸孙源、朋等之请，姑述其概以为记云。若夫公之文章，余曩备员修书，于文渊阁得见《少山奏议》《少山杂著》二集，修入《永乐大典》，垂诸不朽。兹以所见并而书之。

吴允传是丽水县人，《处州府志·人物志·文苑》记载：

永乐六年（1408），被召预修《永乐大典》。授予顺天府漷县主簿，致仕归。自号栝山遗老，有《漷阴吟稿》。

吴允传在文渊阁见到了何澹的《少山奏议》《少山杂著》两个文集，并将之编入《永乐大典》。何澹当年修堰的碑记文字剥落不可辨识。何澹的十世孙何源、何朋等人恐怕先祖事迹泯灭无可稽寻，就重新绘了堰图，请吴允传作记。明正统十三年（1448），龙泉何氏纂修《清源郡何氏宗谱》，吴允传为之作序：

……一日，（朋）偕其从兄源，持谱谒予，请序。传祖妣，楚国公六世孙女也，先君子何氏出也，义不容辞而为之序……

《安溪清源郡何氏宗谱》还有一篇《奏对便殿录》，刊载了淳熙十四年（1187）到嘉定元年（1208），何澹奏对的情形。文中有一段通济堰修建好后的记叙：

……（通济堰）工讫，奏闻，上甚嘉之，以堰潭两旁之山十有余里，东至平地嘴，南至吕溪、北埠，西至堰后，北至沿溪后，尽拨赐为公父墓，养木庇荫（夹注：是时，因与梁、王二姓为亲，东向内拨与尚书梁固为葬地，又内画五瓣莲花与王给事为葬地）。后南山等处皆赐公己墓之照山，名额虎山是也……

从上述记载看出，何澹修通济堰，应该是集何氏、王信、梁汝嘉家族之财力。宋宁宗闻知何澹修堰事宜，知道以石代木，以后不须在堰坝周围山上伐木修坝，就将堰周围十里山地赐予何氏。

今天来看，何偁墓在堰坝西南轿马郑村，梁汝嘉墓在堰坝北面社坑村，王信墓在堰坝东南坪地村，何澹墓在堰坝北偏东凤凰山。皆围绕通济堰坝。

后世有人揣摩何澹修通济堰坝的目的，是为了保护父亲何偁坟山上的树木。今天讨论这个话题已毫无意义，因为何澹的名字已和通济堰紧紧联系在一起，民间对何丞相的褒奖，就像通济堰清澈的堰水，流淌了八百余年，并且还将继续流淌下去。

附：宋代丽水县人物略传（载清道光版《丽水县志》）

王　元　字常侍，由进士授延平令。奉使辽北，称职。归，擢处州刺史，有惠政。范仲淹、欧阳修咸以诗美之。

高停肱　七岁丧父，庐墓悲思。至和（1054—1055）中，郡上其事，以"孝行"表门。

陈茂元　居母丧如礼，既葬庐墓。太守崔愈躬顾其庐，改所居乡曰"孝行"，表于朝。治平元年（1064），敕赐粟帛。龙泉管师复表其母墓。

祝　亚　元丰八年（1085）进士。知闽县，不畏强梗。大观中，以荐召为太常卿。陛对详切，上嘉奖之。官至中大夫。

祝　粹　字子充，元祐三年（1088）进士。为分水令，有政声，民生子多以其姓名之。后坐党禁，复起，终宣教郎。

应　恕　字仁仲，学者称艮斋先生。朱子尝以老友呼之，其所与论学书，一论《大学》《中庸》，一论《礼书》，一论《易本义》。且云："尚恨闻见浅薄，望赐诲谕，勿使有待于后世子云。"其见重如此。恕寓居台州，故亦传为台人云。

杨富老　七岁丧父，葬于苏弄坞。庐墓三年，墓木生连理，乌鹊来巢。绍兴中，太守叶颙奏于朝，诏赐粟帛，录付史馆。

祝　庭　字邦直。年十四，入太学。绍圣四年（1097）进士。屡持使节，明敏有声，官至中大夫卫尉少卿。子镒，举贤良。

周　智　字惠卿。六岁丧父，庐墓有紫芝一茎七叶之异，郡守以闻。会成均试士，以"商山节妇""丽水孝童"为问。徽宗览之，命编入《时政记》。高宗朝，乡老上其行，赐出身，终从政郎、严州建德丞。

吴　详　字守约。崇宁间，为苏州教授，高简自持。时中贵人朱勔以"花石纲"住苏州，势炎薰灼，有司胁息奔走如属官，详未尝往见。及为福建路茶司提举，以廉名著。入仕四十年，无一椽以庇风雨。子祗若，登绍兴十五（1145）

进士。

周　奇　九岁丧母，卧坟侧二年，有赤雀十数巢其旁，驯扰近人。崇宁中，诏赐粟帛。

赵文泽　六岁丧父，庐墓有群鼠衔花、白鹊来巢之异。郡表于朝，大观初，诏赐帛五十匹。

祝　颜　字景深。以八行贡太学，大观三年（1109）以舍选登进士。尝试《孟轲勇于义赋》，为时传颂，号"祝孟子"。终宣教郎。

季　洞　字虚中，政和八年（1118）进士。耿介寡合，无所附丽。睦寇洪载陷郡，父没于寇。洞随官军进剿，翦其仇。官至泰州通判。

胡　升　字子上。工辞章。初任彭泽丞，终湖北提举。绍兴初，郡守耿延禧创谯门，乞撰上梁文并记。刻石毕，以钱十万、酒百壶馈之。辞曰："升虽贫，终不为一谯门所鬻。"

吴安国　宇镇卿，处州人。太学进士，累官迁考功郎官。以太常少卿使金，金人渝盟，拘留胁服之。安国毅然正色曰："我首可得，我节不可夺。惟知竭诚死王事，王命乌敢辱？"金人不敢犯，遣还。后知袁州，卒。（《宋史·本传》）

梁孚将　宣和间，睦寇方腊犯郡境，孚将与兄孚光、弟孚锡、孚惠，纠合懿德、宣慈、应和三乡义旅勠力御之，贼将洪载逃去。郡闻于朝。会衢寇倪从庆啸聚，朝廷召孚将兄弟剿之。事平赏以爵，孚光以让，孚将授迪功郎。后人于宣平境内建涶德祠祀之。

祝汝秩　字君礼。宣和中，睦寇扰诸郡，汝秩诣阙上书，乞为讨贼先锋，补承信郎。即领兵解郭太尉围，破仇道人洞。复至台州捕腊余党，为贼所害。

李　棠　字仲庇，宣和中贡太学。操履端洁，为后学矜式。官至殿中侍御史。年九十余，终。

何　绂　字叔章。靖康初，金人犯汴，诏募义勇，绂率豪健百人应募，补进义副尉。至颖上连战，马奔为枯木所支，遂没于阵。

祝永之　字樗年，以世赏授和州尉。靖康初，金人入和州，守令俱遁。永之独部乡民城守，州人就推为守。后，知滁州。

周　格　处州人，直秘阁浙西提刑。建炎元年（1127），讨叛卒陈通，与子肇丕俱遇害。高宗嘉其节，赠官敕葬。

闾邱昕　字逢辰，为义乌令。以荐除监察御史，累迁吏部侍郎、给事中，以敷文阁待制知温州。有薛某者，秦桧亲党也，为郡丞，承桧旨俾造漆器。昕不从，薛怒，讽桧黜之。昕尝愤权臣专政，作《周易二五君臣论》以排之。平生不殖产，至无宅可居。既卒，太守马光祖建祠祀之，匾曰"清风"。后，乡人赵崇洁官太常，陈辞请谥。太常博士赵崇璠议曰："孟子称'富贵不能淫，贫贱不能移，威武不能屈，此之谓大丈夫'。昕为言官，为给舍、为选部以奖廉靖，惜名器为先务，故不为权势所挠，真可无愧于孟子所谓大丈夫者矣。谥法'临官洁正曰清，一德不懈曰简'，请合二美以易昕名。"考功郎官洪勋撰复，议请如太常，奏谥"清简"。

周汝明　字舜卿，绍熙元年（1190）庚戌科进士。知德兴县，有余学诗者以分财讼兄。汝明署其牍云："既名学诗，必识棠棣。"学诗愧服。后知韶州。

林　觉　字大任。绍兴间为户部侍郎，奏减民间夏税、丁监、绸绢，仍乞第五等户折纳见钱。又以铸钱精巧，诏除敷文阁待制。六孙各通一经。四孙复，中乾道二年（1166）进士，广东提举，知惠州。

梁安世　字次张。绍兴二十四年（1154）进士。过目成诵。淳熙间，自大农丞出知韶州，迁桂林转运使。所著有《远堂集》。

王　源　父大方，绍兴中任江西安抚司，卒，源方九岁。扶榇归葬于乡之梅村，墓庐哀毁，癯瘠服阕。父老列状于郡，郡守谢汲奏于朝，赐粟帛，宣付史馆。

卢彦德　字国华，知广德军。建平县旧籍有绝户物力钱，抑民代输缣匹，民苦之，多逃亡。彦德至，大搜隐漏，所入三倍于旧，遂以充赋，削虚户二千有余，逃者复归。两守蜀郡，再历宪曹，并著声绩。召为户部郎官，除福建转运判。官至朝请大夫。

郭泰亨　字亨甫，淳熙八年（1181）进士。吕祖俭诋权相韩侂胄，贬韶州。泰亨素善祖俭，赆其行，坐党禁。禁解，授清流县令，多士祠而碑之。擢临安府城南都厢。时史弥远当国，有上书忤其意者系狱，委官鞠问，泰亨辩其无罪。弥远怒，遂致仕。

潘叔豹　字仲虎，淳熙八年（1181）进士。知万州，与魏了翁为道义交。时有僧窨地匿民妇，叔豹发其奸、置诸法。子杞，嘉定元年（1208）进士，官至太府寺丞。孙厚，嘉熙二年（1238）太学奏名。厚子应发，咸淳三年（1267）乡荐。著《笔志》三卷。

林　椅　字奇卿，绍熙元年（1190）进士，为绍兴府教授。淹贯经术，以《周礼》为周公经世之书，乃民极所由立，随类条列之，名曰《周礼纲目》。翰林学士楼钥、礼部尚书倪思，表进其书，除刑、工二部架阁。

叶　禔　字天祺。任上饶县簿时，马光祖守建康兼江东安抚使，辟至幕府，多所赞划。禔学问赅博，文词典瞻。华登云、梁椅、朱天民、吴杨，皆出其门。

蔡仲龙　字子奇，嘉定十六年（1223）进士。宅心平恕，不为高论。郡守欲迁州社，仲龙曰："苟无大故，不必变置。"守服其识。后，以大理少卿出知信州。

吴思齐　字子善，处之丽水人。祖深，有奇才，永康陈亮以子妻之，遂侨居永康。父邃，武学博士，官至朝散郎，知广德军。思齐由仕了入官，监临安府新城税，调嘉兴县丞摄县事。县狱多留系，思齐坐狱户谳问，凡株连疑罪，悉简出之。郡有盗杀其党，狱蔓延不决，下思齐议。思齐曰："盗攘盗货与民殊科，狱久不断者，由吏教囚以赃累民耳。若正其杀人罪，置寄赃不问，则得矣。"洪起畏守镇江，檄入幕府。起畏议筑城，思齐谏曰："京口以长江为天堑，城之何为？徒厉民耳！"贾似道丧母，上将以太常卤簿临其丧，礼部侍郎文及翁欲上疏言，惧祸且中止。思齐曰："叱嗟而母婢也，公不可默也。"未几，迁饶州节制司准备差遣。监察御史俞浙，以论谢堂出为太府少卿，留梦炎当国，言堂有勋籍，浙劾之过。思齐曰："公宅百揆，畏势家而屈台论，天下其谓何？"似道丞相，堂贵戚，思齐以小官中其讳恶，人为危之，思齐弗顾也。俄，请监南狱庙，流寓桐庐。值宋改物，有劝之仕者，谢曰："譬犹处子已嫁，不能更二夫也。"先墓在丽水，不能数归省，岁时必遥望陨涕，因自号"全归子"，誓不失身以病父母也。

梁　椅　字子奇。嘉熙二年（1238）进士。时甫弱冠，蚤脱场屋，遂得潜心讲贯，力于为文。晚岁，慕程朱之学，编辑遗论，名曰《论语翼》。除太常寺丞，权礼部郎官。

俞　来　字舜咨。太学词赋有声，官至国子录。

赵孟璋　字子通。淳祐中任武康丞，有盗诬善良为党，令长欲坐之，孟璋力争不得，遂拂衣归。隐居横塘以老。

朱天民　字觉甫，景定三年（1262）进士。婺州东阳尉，摄金华、义乌、东阳三县，皆有声。再任浙西安抚司金厅，以礼法绳贵戚，风采凛然。除平江府节度判官。

叶梦登　字天游。博学多识，以文鸣。尝裒辑诸儒论史精语为一编，名曰《通鉴发挥》。中宝祐四年丙辰（1256）榜，为吉安教授。

吴　梅　字仁伯。师北山先生何基，基教以真实坚苦。所著书曰《四书发挥》，参质于鲁斋先生王柏注。浦江县尉，改钱塘。

华登云　字南伯，咸淳元年（1265）进士。任钱塘尉，尉司在西湖，近平章贾似道府。似道好苛察，尉辄以谴去，登云独久于其职，以治声闻。

叶应光　咸淳中，母王氏病革，应光夜半然香祷天，俄有鸣鸠飞堕。应光取烹和粥以进，母病即愈。元至元间，耆老举其父子孝行，本路申达表其门。

朱上交　安贫乐道，善行著于乡里。郡闻于朝，诏征不起，赐号"养素先生"。

王　严　字敬之。少负俊才，善词赋。咸淳末，以宣慰李公荐授官，固辞不拜，恬淡终身。尝捐资砌浮云、元和二乡石衢四百余丈，人多德之。

黄国华 字叔文。方严好礼，终日衣冠危坐。岁欠必贱粜以活民，或大雪有不举火者辄遗之。德祐间，恶少群聚为盗，包氏族最强，号"包家洞"；林某能搏虎，号"林大将"。劫掠旁郡，吏莫敢制，惟惮国华不犯境。一日，方杀牲盟里桥，国华适过之，因出金帛曰："汝等以贫，故为不义，以此助汝如何？"众惭而去，国华追与之。所居曰"弱溪"，元兵下处州，右族争避患其中，重货山积，闻兵猝至委之而去。居人欲攘所有，国华命左右收贮一室。事定，召其主悉归之。

刘梦求 工术数，未尝为邵氏学，而知人休咎如烛照。术行于三衢，遂为衢人。士大夫过衢者，以不问梦求易卦为恨，永康陈亮为文以张之。

第三节　宋代进士

《浙江通志》《处州府志》《丽水县志》刊载的丽水县进士，互有出入，且有漏载。本节结合相关宗谱资料和地方文献，进行梳理辑录。

大中祥符五年（1012）壬子　徐奭榜

葛　源　徐　陟

皇祐五年（1053）癸巳　郑獬榜

应　敢　葛良嗣　蔡景祐

嘉祐四年（1059）己亥　刘辉榜

朱师雄

嘉祐六年（1061）辛丑　王俊民榜

刘　牖

治平二年（1065）乙巳　彭汝砺榜

梅南仲

熙宁六年（1073）癸丑　余中榜

应　适　朱　定

熙宁九年（1076）丙辰　徐铎榜

祝　矶　蔡惟稽

元丰二年（1079）己未　时彦榜

孙　夙　梅　源　应　皓　应　通

元丰八年（1085）乙丑　焦蹈榜

郭　仪　祝　亚

元祐三年（1088）戊辰　李常榜

叶　蕡　朱师回　许宸卿　王　伟　祝　粹

绍圣四年（1097）丁丑　何昌言榜

余洁己　祝　敞　刘　介　祝　廷

元符三年（1100）庚辰　李釜榜

李国富　朱　琳　叶秉圭　蔡　翊

崇宁二年（1103）癸未　霍端友榜

吴作德　叶　视　沈经通

崇宁五年（1106）丙戌　蔡嶷榜

包大有　吴　祥

大观三年（1109）己丑　贾安宅榜

吴　迪　朱　璞　郑　集　祝　颜

政和二年（1112）壬辰　莫俦榜

梅　文　刘　亘　祝　卞　周公才

政和五年（1115）乙未　何衡榜

陈允扬

重和元年（1118）戊戌　王昂榜

吴作谋　叶宏中　季　洞

宣和二年（1120）庚子　祖秀实榜

吴安国

宣和三年（1121）辛丑　何涣榜

林　觉

宣和六年（1124）甲辰　沈晦榜

叶　珏　祝　陶　陈　异　胡　升　闾丘昕

建炎二年（1128）戊申　李易榜

王　如　陈　穆　叶　熙　梅守卓

绍兴二年（1132）壬子　张九成榜

陈　端　叶　粹　王义朝　叶　莳

绍兴五年（1135）乙卯　汪应辰榜

郑锐夫　祝文达　林　庇

绍兴八年（1138）戊午　黄公度榜

陈端行　吴　弼

绍兴十二年（1142）壬戌　陈诚之榜

叶汝士

绍兴十五年（1145）乙丑　刘章榜

刘　衮　林　并　胡　渐　王大方　王祇若

绍兴十八年（1148）戊辰　王佐榜

章　谧　胡　鋐　章　驹　王东里　王　桷　叶谦亨

绍兴二十一年（1151）辛未　赵逵榜

林昌朝　吴　振

绍兴二十四年（1154）甲戌　张孝祥榜

卢彦德　梁安世　陈嘉猷　蔡明发

绍兴二十七年（1157）丁丑　王十朋榜

间邱明　胡尹朋　朱　君　吴汤辅　章　谦　章　谏　李　伸

绍兴三十年（1160）庚辰　梁克家榜

梁汝永　王　信

隆兴元年（1163）癸未　木待问榜

叶岩叟　胡大方　祝兴宗　胡　恭　叶　伟　潘梦德　郑　澄　蔡　戥

乾道二年（1166）丙戌　萧国梁榜

间邱仲忱　张特夫　林　复　王长世　章　堪　江　涛　毛嘉会

吴　荐　应　策　蔡伯尹　郑　略

乾道五年（1169）己丑　郑侨榜

王　铸　梁叔栝　林　豫

乾道八年（1172）壬辰　黄定榜

郑鉴夫　吴敦仪　林　筠　孙大同　叶　宏　叶　挺　梁　铦

淳熙二年（1175）乙未　詹骙榜

叶　初　何　晦　常　建　叶　英　林　牧　李　浃　洪朝卿

项　预　叶衢孙　季子拱　朱良茂　叶宗鲁

淳熙五年（1178）戊戌　姚颖榜

章良能　汤　致　盛　庶

淳熙八年（1181）辛丑　黄由榜

郑褒然　郭泰亨　潘叔豹

淳熙十一年（1184）甲辰　卫泾榜

章良肱　曾　益　季　裕　郑叔皋　周梦祥

淳熙十四年（1187）丁未　王容榜

林　寅　王　仍　蔡　灏　陈之雅　陈　沂

绍熙元年（1190）庚戌　余复榜

朱朋孙　王　仁　盛　麃　梁　锴　林　琦　周汝明　蔡　硕

绍熙四年（1193）癸丑　陈亮榜

朱　庆　周　起　蔡　潮

庆元二年（1196）丙辰　周虎榜

祝士竒　郑　范

庆元五年（1199）己未　曾从龙榜

叶　洪

嘉泰二年（1202）壬戌　傅行简榜

陈思点　余次舒　林　犄

开禧元年（1205）乙丑　毛自知榜

叶　容　姜惟一　梁致恭　赵汝辟

嘉定元年（1208）戊辰　郑自诚榜

潘　杞　间邱榛

嘉定四年（1211）辛未　赵建夫榜

叶汝明　朱汝孙　王师说　赵镐夫　赵汝扛

嘉定七年（1214）甲戌　袁甫榜

吴　藻　吴希点　徐应辰　朱清孙　贺　巽

嘉定十年（1217）丁丑　吴潜榜

郑　环　张　洙　郑宗玉　吴　异　连　嵘　梅　杞

嘉定十三年（1220）庚辰　刘渭榜

蔡　源　冯豹燮　蔡士从

嘉定十六年（1223）癸未　蒋重珍榜

林　琯　李　鸿　季　易　陈　瑄　张敏子　叶德新　卢子尚

蔡仲龙

宝庆二年（1226）丙戌　王会龙榜

赵汝华　赵若景　赵汝谌　赵汝岩　余　信　梅世建　林尧章

吴宗夫　赵汝禄　赵彦淤　郑必大　杨　遂　章大醇　王显文　陈　铸

绍定二年（1229）己丑　黄朴榜

童伯厚　赵若泾　冯梦兰　吴立之　赵时暄　赵云夫　郑　尨

赵汝燮　朱　光

绍定五年（1232）壬辰　徐元杰榜

江时举　李　浚　季端叟　蔡　登

端平二年（1235）乙未　吴叔告榜

朱　时　叶惟佑　何伯英　陈　垌　季　方　赵汝堞

嘉熙二年（1238）戊戌　周坦榜

赵汝泽　赵时灌　吴　蘧　赵汝益　吴士兴　吴　就　梁　椅

淳祐元年（1241）辛丑　徐俨夫榜

闾邱成　梅汝说　姜文龙　郑应开　赵时瑳　王日新　俞　来　潘　桧

淳祐四年（1244）甲辰　留梦炎榜

赵时焕　赵时瓒　吴　骥　孙廷玉　章　春　赵嗣琪　陈　初

淳祐七年（1247）丁未　张渊微榜

徐仲南　陈　坡　朱　焕　卢士申　叶士驹　徐　旦　胡民望
赵若释

淳祐十年（1250）庚戌　方逢辰榜

赵汝与　周明之　赵时仔　赵时壑　周景祖　杨少愚

宝祐元年（1253）癸丑　姚勉榜

周景励　陈　厚　尹　栋

宝祐四年（1256）丙辰　文天祥榜

赵汝濛　吴　灿　赵若播　吴松龙　赵　时　叶梦登　郑应雷　俞学古

开庆元年（1259）己未　周震炎榜

赵必釭　赵若授　胡　锜　陈必庆　赵若抚

景定三年（1262）壬戌　方山京榜

赵嗣通　赵若抡　赵时漕　吴　澄　叶　禔　朱天民

咸淳元年（1265）乙丑　阮登炳榜

周　彬　赵元凯　张应高　常维之　赵崇节　赵崇运　赵嗣鎛　赵堘夫
赵必镆　赵若涌　华登云　吴　梅　赵若灏　蔡梦龙　郑嘉遁

咸淳四年（1208）戊辰　陈文龙榜

周　浩　李文豹　陈庚孙

咸淳七年（1271）辛未　张镇孙榜

梁彦国　赵崇籍　鲍　垚　章　佺　郑　瀣

咸淳十年（1274）甲戌　王龙泽榜

赵若槃　俞　奇　梁泰来　叶　采　胡褒然　王楫之　朱逢泰

附：荐辟和特奏名

荐辟：祝　镒　梁汝嘉　梁叔玠　梁季珌　梁　钥　叶三益
　　　吴圻卿　沈　才　郑　朋　郑　壤　潘　渊

特奏名：吴安国　姜特立　王　何　王　倚　林庆善　林梦森
　　　郑　睿　郑　通　叶清臣　王孔愚　柳　樗　梅一飞

第六章　水陆要津

宋代丽水的陆路、水路交通，在隋唐的基础上得到进一步发展。陆路古道，西北达西安、开封；东北达杭州；东南达温州；西达南昌；西南经龙泉达福建。水路交通，大溪、龙泉溪、松阴溪、好溪等航道，可通行木船、竹筏。丽水成为陆路、水路交通的枢纽。

第一节　陆路交通

秦始皇二十四年（前223），屠睢任国尉，与副将赵佗奉命南征。《淮南子·人间训下》记载：

> 乃使尉屠睢发卒五十万，为五军，一军塞镡城之岭（今湖南靖县境），一军守九疑之塞（今湖南宁远南），一军处番禺之都（今广东广州），一军守南野之界（今江西南康境），一军结余干之水（今江西余干境），三年不解甲弛弩，使监禄无以转饷，又以卒凿渠而通粮道，以与越人战，杀西瓯君译吁宋。而越人皆入丛薄中，与禽兽处，莫肯为秦虏。

平定江西、湖南、广东后，秦军转向东南。秦军从江西广丰越过二渡关，进入福建浦城，兵分两路，一路征讨瓯越，一路征讨闽越。征讨瓯越的一路，从浦城翻越柘岭进入龙泉、丽水，沿瓯江到达温州。

秦军经过的路线，开辟出了两条陆路古道——丽水至温州的栝瓯古道，丽水至龙泉的通济古道南路。

栝瓯古道。丽水县城经过青田县到温州的古道，全程129.6千米，丽水县境内12千米。县城以下河门起点，南行至下河村，过渡口，乘船过大溪，至弓岸（中岸），经黄府前、金村（叶村），下高岭坪，穿过山峡，至大溪边高头庵，由高头庵沿大溪南岸经大圩至主洞坑入青田境。

不过，栝瓯古道在秦代只是一个雏形。秦始皇二十六年（前221），置闽中郡，辖今福建省，浙江温州、台州、处州和衢州部分地区，江西铅山。郡治在东治（今福州市区屏山东南麓冶山一带）。秦统一全国后，实行郡县制，郡、县官员由朝廷指派。但闽中郡却例外，秦王朝认为闽中郡所辖地山水阻隔，地僻人稀，远离中原，难以管控。闽中郡有郡无县，朝廷未派官员，也没有驻军，只是废除原先闽越王的王位，让其以君长的名号继续统治。闽中郡的中心在福建，浙江一带处于"放任自流"状态，栝瓯古道更多的是以民间道路的形式存在。

通济古道。丽水县城通向今松阳、遂昌、云和、景宁、龙泉、庆元的古道。自县城栝苍门（又称小水门）出发，乘船过大溪，从上水南沿溪岸至相公潭旁的超然亭，西南折，穿越杨店岭到杨店村（今名垟店）。过垟店西南行，经沙溪亭、沙井后至东岸，渡大溪到石牛。从石牛沿大溪河岸，经九龙、资福、上阁至碧湖。过碧湖，经周巷至保定。古道在此分为西路、南路。

西路自保定往西，自鹰鸟山之南出丽水县界，至松阳县堰后村（1964年划入丽水县）。境内行程27千米。西路经松阳、遂昌，越侵云岭（亦称青萌岭）过龙游，至衢州。衢州为闽、赣、皖三省交界地，又称三衢。丽水至江西、湖南等地，皆经由此路。

南路自保定渡大溪至大港头，由大港头经玉溪、均溪至眠牛山脚，出丽水县境，与云和境内的石塘相接。境内行程33.6千米。南路由云和经龙泉入福建浦城。在唐代黄巢起义军打通仙霞岭天险抵达福州前，南路是福建至处州，经由婺州、睦州，前往咸阳、西安的古道。

秦二世元年（前209），栝瓯古道和通济古道西路迎来了一次高光的时候。1998年版《温州市志大事记》记载：

诸侯叛秦。驺无诸、驺摇率越人从鄱阳令吴芮反秦。

驺无诸、驺摇是越王勾践的后裔。秦以前，驺无诸据福建，自封闽越王；驺摇据温州，自封瓯越王。秦置闽中郡后，两人被削去王号，只以君长统境。秦二世元年（前209）秋，陈胜、吴广在大泽乡揭竿而起。时任鄱阳县令的吴芮响应起义，反抗暴秦。驺无诸、驺摇率闽越、瓯越子弟兵归属吴芮。两路大军沿瓯江大溪，从今天的温州到丽水，又从丽水沿松阴溪，经今天的松阳、遂昌至衢州，与吴芮汇合。

大军过境，劈山开路，不仅拓宽了瓯栝古道，还打通了通济古道西路至江西的道路。

到了汉代，栝瓯古道和通济古道西路又有两次大拓展。司马迁《史记·东越列传》记载：

汉五年（前206），复立无诸为闽越王，王闽中故地，都东冶。孝惠三年（前192），举高帝时越功，曰闽君摇功多，其民便附，乃立摇为东海王，都东瓯，世俗号为东瓯王。

驺无诸、驺摇因反秦有功，先后封王，但两地并不和平相处。1998年版《温州市志大事记》记载：

武帝建元三年（前138）闽越

通济古道保定段

出兵围攻东瓯。武帝遣庄助（严助），发会稽郡兵浮海往救，未至，闽越引兵而去。东瓯恐闽越再来攻打，东瓯王广武侯望率其众4万多人迁徙庐江郡（今安徽省西南部地区）。

此次迁徙路线，与驺无诸、驺摇归属吴芮相同。过了20多年，两条古道又迎来一次大开发。1998年版《温州市志大事记》记载：

建元六年（前135），闽越王郢击南越，汉发兵往救，郢据险御汉。其弟余善杀郢降汉，汉立余善为东越王，王东瓯故地。元封元年（前110）冬，越衍侯吴阳等杀余善，领其众降汉，武帝以东越反复无常，将其民内徙江淮间，东越国除。

东越反复无常，汉武帝干脆将其民众经由青田、丽水、松阳、遂昌，整体迁徙到江淮。

自秦汉以下，通济古道都是丽水至福建、丽水至江西的陆路交通要道。特别是通济古道西路，穿越处州两大"粮仓"——碧湖平原和松古盆地。沿路市镇村庄星罗棋布，村因古道而生，古道因村而存。清道光二十年（1840）进士、遂昌人吴世涵，经常乘轿往返于丽水和遂昌，有诗《由丽水还遂昌道中杂咏》：

杏霭烟岚罨画溪，少微山下客初归。
一鞭晚趁斜阳去，家在莲城西复西。
料峭西风渡石牛，丝丝凉雨碧湖秋。
千家楼阁烟云里，尽日篮舆快卧游。
溪流旋绕乱峰堆，中隔群峦失溯洄。
转过数峰溪复出，绿云深处一舟来。
峻岭重重鸟道斜，天光窄处众山遮。
忽然岭过重开朗，烟火苍茫俯万家。

青畴百里带平冈，枫柏连村早得霜。

一路红云遮不断，行人十月过松阳。

自别家乡岁又阑，归来重见好林峦。

溪山一一如知旧，到处卷帘要细看。

汉代，丽水境内还有两条古道得以开辟，即曳岭古道和梅田古道。

曳岭古道。从丽水县城西北通惠门（又称左渠门）出发，经溪口、桃山、芦湾、白善、官桥、张村街、荚坑、木构坛、界牌村，越稿岭，下至周坦、破桥、老竹、曳岭脚，至曳岭头，进入武义境内。丽水县境内33.6千米。

梅田古道。从县城北门出发，经北郭桥、花街至林宅口、太平，沿冯坑源往东北行，过枫树岭头，上顺坑岭，至梅田村。下半岭、乌桥头至葛渡。从葛渡往东北行，经皂树、芦村，越清塘岭，进入缙云境内。

曳岭古道和梅田古道的开辟，可追溯至东汉年间。东汉建安四年（199），分章安县南乡置松阳县，为丽水建县始，县治为今松阳县古市镇。三国吴太平二年（257），分会稽郡东部置临海郡，领今台州、温州、处州地，郡治为今台州临海。松阳至临海的官道，自松阳至柳城（古宣平县治）经由曳岭古道至荚坑（今名高坑）、凤山前，与梅田古道相接，出缙云，入台州。

明万历七年（1579）纂修的《栝苍汇纪》记载：

葛渡南为梅田山，旧为缙云官路，乡民立市于此，今有古驿基址。

梅田村以梅氏最早迁此山坳居住，且有一片山弄田而得名。梅田村距离丽水县城40千米，距离缙云县三里街的云塘驿20千米，梅田古道也由此得名。

梅田村有古驿站遗址，村人称"火烧基"。"火烧基"后面村西北隅的地名，村人称"驿后"。梅田村中有一口约30平方米的水塘，相传是驿马饮水塘。村后百步峻（即顺坑岭）的石级磴道上建亭，俗呼放马亭，相传为"驿站换马"处。

清道光版《丽水县志》卷三记载：

破靴岭，在县西北二十五里，古设茭坑驿于此。

茭坑即曳岭古道上的高坑村，茭坑驿址在距离高坑村半里的破靴岭脚，为三国两晋时松阳县通往郡治临海的古驿站。

从曳岭古道的茭坑驿到梅田古道的梅田驿为 22.5 千米，中间在风山前村要穿过小安溪，旧时在风山设渡。

唐宝应元年（762）八月，因官府横征暴敛，临海县胥吏袁晁率众起义，队伍发展到 20 多万人，起义队伍沿台州至衢州古道奔袭，连续攻克台、衢、温、婺、明、

曳岭古道

越、信、杭、苏、常等江东十州。老竹东西岩一带的人风闻袁晁的队伍过来时，数百人家收拾家中细软和一应吃物，登上东岩岩顶避难。

袁晁的队伍来到村中，到处搜罗，却一无所获。走出村口，转身见东岩顶上炊烟缭绕，吸一吸鼻子，似乎能闻到令人垂涎的饭菜香。不用头领下令，队伍就把东岩围了个水泄不通。但很快，他们发现狗咬刺猬——无从下手：登岩的道路已被石头封死，火药也炸不开；往岩顶射箭，60 米的高度望尘莫及。围困了十几天，岩顶的食物即将告罄。众人正惊惶失措时，有个秀才灵机一动，叫人赶来一头猪，煮了一锅米饭，把猪喂得肚皮滚圆，然后让四五个精壮汉子抬起来扔到岩下。天上突然掉下一头猪，饥肠辘辘的围岩者以为猪失足坠岩，三下五除二，褪毛开膛，但剖开鼓囊囊的猪肠一看，傻眼了，连猪都有米饭吃，这样耗下去，何时到头啊？灰溜溜撤兵，转攻他处。

曳岭古道是丽水西北的陆路要道，途中要翻越稿岭和曳岭。

稿岭

（明）金信

肩舆伊轧半山行，沿路松筠似送迎。

田稻粒残幽鸟啄，陇云犁破老农耕。

高低紫翠供诗兴，浓淡烟霏不世情。

吟罢就舆求一眺，仆夫已报到菱坑。

过曳岭

（清）刘廷玑

风磴云梯不记层，高山有路待谁登。

可怜望断山南北，一座茅庵一老僧。

隋唐时期，定都今陕西西安。丽水至西安的通京古道在秦汉基础上得到进一步开发。

稽勾古道，又称通京古道。从县城北门出发，经北郭桥、花街至林宅口、太平，与梅田古道重。从太平西北行，沿小安溪东岸，至双溪、洪渡，从金竹口经西溪，越板染岭，过和尚寮至库头，经永安桥入潘双源，登稽勾岭头（俗称龙门坳），越过岭头，进入武义县境内的青峰岭。丽水县境内28.8千米。

稽勾古道在隋唐、北宋时期，都是

稽勾古道

稽勾古道穿过西溪村

温州、处州通往西安、开封等京都的"国道"。古道为避开深沟峡谷，在九盘山的层峦叠嶂中盘绕。清道光版《丽水志稿》卷一记载：

稽勾山，在县西北一百里，与武义龙门山对峙，势极险峻，盘绕二十余里。为瓯栝达都会通衢。

到了南宋，定都临安（今杭州），温州、处州的通京古道改为经桃花岭的括苍古道，稽勾古道才冷清下来。《钦定四库全书·浙江通志·卷二一·山川》记载：

稽勾山，（《栝苍汇纪》）在寿元北百里，崔巍盘绕，亘二十余里。为瓯栝士民往京、省之间道。

《栝苍汇纪》是明代丽水人何镗（1507—1585）总纂的，在他的眼里，稽勾古道已经成了温州、处州人到省、京的"间道"，即偏僻的小路。

生活在元末明初的青田人刘基，有一次偶然行走稽勾古道，有感于险峻难行，写下了《稽勾岭》一诗：

白日隐岩嶅，千崖气势豪。
溪流婺山阔，山入少微高。
危石天欹厌，长风谷怒号。
干戈方自此，行役敢辞劳。

清代，曾任四川奉节等地知县的朱有章（？—1864），

清浙江巡抚阮元题括苍古道

家住九盘山下的西溪村。清咸丰十一年（1861），太平天国军攻占丽水，侵扰西溪等地，朱有章携家小避难九盘山上的棋盘寨，写有《九盘山》一诗：

抛却家园上九盘，逦迤步入白云端。
山依北斗心期远，地尽东瓯眼界宽。
陡觉置身高处险，从知行路古来难。
昂头且倚崖边坐，一阵天风五月寒。

括苍古道。丽水县城从北门或东北门出发，东行至九里村，折向东北，过望城岭至岩泉，登岩泉岭，过枫树湾、银场坑，越余岭至刘山，上茭青岭，经高青、大湾，绕雨伞冈头，越三望岭，经滴水岩至桃花洞，进入缙云县境。

146

丽水县境内约23千米。

括苍古道与缙云交界处，须翻越一座山岭，因山多桃树，称桃花岭、桃枝岭，也称冯公岭。相传此岭系善士冯大杲开辟。《大清一统志·卷一一二·处州府山》记载：

冯公岭，在缙云县西南二十里，一名木合岭。崎岖盘曲，长五十里。有桃花隘，为绝险处。郡北之锁钥也。旧志：桃花隘，嵯峨险仄，势接云霄。周围叠石三四里，容百十人。山麓去郡城不过二十里。亦曰桃花岭，即古桃枝岭。陈天嘉三年（562），留异据东阳，遣侯安都讨之。异以台军必自钱塘上，既而安都由诸暨出永康。异大惊，奔桃枝岭，于崖口筑栅以拒之。安都进攻，因其山势迮而为堰，会潦水涨，安都引船入堰，起楼舰与异城等，遂破之，即此岭也。宋杨亿以比蜀中之剑阁。

括苍古道刘山村

南朝陈天嘉三年（562），留异窃据东阳，侯安都奉命讨伐。留异率部退守桃花岭，在缙云方向的山崖口筑栅居高而守。安都亲自率军从下往上进攻，被箭射伤，血流到脚踝，仍屡攻不下。于是在山脚好溪水流狭窄处筑堰，又造楼舰。恰逢大雨，水涨船高，与留异的城防一样高。箭矢齐发，留异大败。

桃花洞

《南史·陈本纪》记载：

> 天嘉三年三月庚寅，司空侯安都破留异于桃枝岭，异奔晋安。

留异兵败后，与第二子留忠臣率残部翻越桃花岭，经由处州，投奔任晋安太守的女婿陈宝应。晋安是古郡名，辖今福建东部与南部，郡治侯官（今福州）。留异难逃福州，说明括苍古道在南朝时已具雏形。

括苍古道在南朝时已具雏形，至南宋定都临安（今杭州），温州、处州前往临安，经梅田古道或稽勾古道，都要绕道，颇为不便。括苍古道成为最佳线路，此路的"梗点"在于桃花岭路段。冯大杲何时开凿，旧志没有确切记载，但咏诵"冯公岭"的诗作出现在南宋诗人手里。如叶适（1150—1223）的《冯公岭》：

> 冯公此山民，昔开此山居。屈盘五十里，陟降皆林庐。
> 公今去不存，耕凿自有余。风篁生谷隧，雨箍来岩虚。
> 人随乱云入，咫尺声相呼。四时草木香，异类果蓏腴。
> 采薪得崖花，结缀成襟裾。此亦佳窟宅，可对幽人娱。
> 何必种桃源，始入仙者图。瓯闽两邦士，汹汹日夜趋。

148

辛勤起芒屩，邂逅乘轮车。山人老白首，名氏不见书。

我独何为者，拊身念居诸。

叶适是温州瑞安人，后随父居永嘉（温州市区），淳熙五年（1178）榜眼，历仕孝宗、光宗、宁宗三朝，历官平江府观察推官、太学博士、尚书左选郎、国子司业、知泉州、兵部侍郎等职。一生宦海沉浮，不知多少次经括苍古道往返于温州、临安。

按叶适诗中所记，冯公是本地山民，在山垄间耕种自给。为方便行旅，带领乡亲们整饬道路。上文说过，南朝时，此路已具雏形。至唐代，有过一次开发。李白（701—762）有诗《送王屋山人魏万还王屋》：

缙云川谷难，石门最可观。瀑布挂北斗，莫穷此水端。

喷壁洒素雪，空蒙生昼寒。却思恶溪去，宁惧恶溪恶。

咆哮七十滩，水石相喷薄。路创李北海，岩开谢康乐。

松风和猿声，搜索连洞壑。径出梅花桥，双溪纳归潮。

李白在诗前有一段序言，交代了写此诗的背景：

王屋山人魏万，云自嵩宋沿吴相访，数千里不遇。乘兴游台越，经永嘉，观谢公石门。后于广陵相见，美其爱文好古，浪迹方外，因述其行而赠是诗。

魏万是李白的粉丝，追寻李白的踪迹想与之见面。追寻无果后，游历台州、温州、处州、婺州。后来两人在广陵（今扬州）相遇，魏万把经历说与李白听，李白写成此诗。

"岩开谢康乐"，指的是南朝宋永初三年（422）任永嘉（今浙江温州）太守的谢灵运，从温州、青田一路至缙云。谢太守出行乘船，遇到礁岩阻挡，让下属把岩石凿开。"路创李北海"，指的是唐开元二十三年（735）任栝州刺史的李邕。李邕曾在南朝陈的基础上，对括苍古道有过一次创修。

冯大杲开辟桃花岭，加之南宋定都临安，括苍古道成了福建、温州前往都城的"官道""国道"。沿着括苍古道，人们依山建宅，靠山吃山，形成一个个村落。江苏金坛人、南宋绍熙元年（1190）进士、浙东仓司干官刘宰写有《冯公岭》诗：

> 地隘山逾峻，人勤俗不奢。
> 时培石上土，更种竹间茶。
> 接畛田成篆，连筒水溅花。
> 征尘如不到，老我即东家。

宋以后的元、明、清定都北京，括苍古道仍然是温州、处州赴京"国道"。

丽水和缙云之间刘山，南宋始设置驿馆。宋、元、明初称刘山驿。元末刘基有诗《刘山驿次林彦文韵》：

> 青泥九折度危峰，翠木千章集远风。
> 欲为流离安堡障，宁辞辛苦涉蒿蓬。
> 梧桐叶落无栖凤，荆棘枝寒有怨鸿。
> 旦夕升虚聊望楚，何时重赋定方中。

林彦文即林彬祖，丽水县官桥村人，元至正五年（1345）进士，曾任元末处州参谋。

明正统元年（1436），温州知府何文渊离任回京述职，夜宿刘山驿。何文渊清廉自守，两袖清风，连轿子也雇不起。温州父老众筹礼金，派代表在刘山驿馆追上何文渊。何文渊却礼金于驿馆，悄然而去。有士子闻讯，感慨万千，在驿馆墙壁大书"却金馆"。刘山驿馆遂更名却金馆。明成化年间处州知府胡有恒有《却金馆》诗：

　　　　却金何处得高名，华馆今看此地成。
　　　　瘦石尚余千古气，飞泉不断四时声。
　　　　已无江雾连空黯，且喜松风满路清。
　　　　一卷残书下山去，却从行次点平生。

　　括苍古道成为"国道"后，原丽水至缙云的梅田古道受到了冲击，逐渐成为了"乡道"。清道光版《丽水志稿》卷三载处州训导陈遇春撰的《北乡古栝苍道记》：

　　古栝苍道在和乐乡，闻当时官民之赴武林者，靡不由此，盖处之通逵也。自桃花岭开，人皆不从和乐乡出入，由是废而不治，险易遂分。然其间八十有四庄之人，往来仍由此路，则虽废而终不能废也。

　　癸巳（道光十三年，1833），余为黉宫劝捐过此。明年勘灾，又明年查赈。三过此地，跋陟艰难，惊阻者屡矣！且中有里许，阪峻径狭，下临深潭，轮舆颠覆，人马仆僵，往往有之，更为性命之忧。余相其地，非不可以开凿也。但富者啬于财，贫者限于力。啬于财，则见义不为；限于力，则有志未逮。以致积年久远，土崩石碎，狭者愈狭，峻者愈峻者。危乎艰哉！行旅之苦至此已极。

五铢桥

余慨之，因捐廉修治，不呼将伯之助，众工亦乐有是举，踊跃趋事，不日成之，仅费六十余金而工竣。书"古栝苍道"四字，并志时日勒于石。复有进言于余曰："中道不可无亭，以待行者憩焉。"其如余之瓜期已及乎，后之人与余同志，必有能建此亭者，庶几斯道之终于不废，岂独八十四庄之人顾而乐之哉！

噫，丽之四乡，和乐居其一。冯公之开桃花岭，为四乡也，非专在和乐也。余修古括苍道为和乐也，亦不止在和乐。于此废而不治，岂得曰厉无咎乎？余之所以倦倦于怀者，乌能自已欤！遂记其始末如此。

附录：古桥、亭

五铢桥

在城南天井岭下，以 3 块长 7 米、厚 0.3 米的石板拼成。两端筑有伸臂式桥台，南端须登 7 级台阶上桥，净跨 8.4 米、宽 1.3 米、高 8 米。同治《丽水县志》载："旧为木桥，有僧过，坠水泅而出，得五铢钱一瓮于岸，以钱更为石桥焉。"

五铢钱，西汉元鼎二年（前 115），汉武帝下令铸造，作为法定货币通行全国，严禁各郡国和私人仿铸，沿用至三国时废。该桥距今已近 2000 年历史。

张公桥

在万象山下。旧传吕洞宾洗纸被于此，故桥下水不臭秽。《处州府志·卷二一·人物志》：

章思廉，遂昌人，名居简，以字，行少业儒，以经学名三舍。既有悟，遂栖迹于邑之寿光宫。终日默坐，蓬头垢面。出则步履如飞，动作语言，皆祸福所寓。乡人以神待之。宋高宗遣黄门董御药赍香致祷，大书"慎乃在位"授之。未几，孝宗受内禅，盖慎孝宗名也。以至隐语告人疾病、吉凶如响应。

乾道丙戌（1166），郡守钱公芋迎舍郡斋，两月不粒食，惟日饮醇酒。间出游，半日而归。因问吕洞宾今何在？答曰："正在张公桥洗纸被。"即命驾往谒之，至，则若有闻曰："此思廉小儿饶舌矣。"

应星桥

在南明、行春二门之间，南城河汇大溪出口处。以郡应处士星，故名。宋嘉祐中（1056—1063），州守崔愈于桥西作堤捍水，就桥立屋。

清香桥

在通惠门西 50 步，系前往小栝苍山州治必经之处。桥长 6 米、宽 3 米，由 5 块石板拼成。濠水从桥下入，过桥为放生池，用以蓄水。宋绍兴十五年（1145），郡守徐度建放生亭于桥上，植荷放生池中，清香芳郁，故名。庆元三年（1197），知州赵善坚导丽阳坑水过此桥入城。

小安木梁桥

位于太平乡小安村西北隅。全长 80 米，两端桥台衔接段 5 米，15 孔，每孔 5 米，共 75 米。木架，木梁面。木架为马凳式，脚距 1.1 米，顶距 0.8 米、高 2 米。跳板式梁面，由 5 根大小相同的原木构成，长 5 米、阔 0.5 米，用横木接榫串连。为防梁板冲失，用铁链串联于两岸。从村史和古道通行记载来看，有 800 多年历史。

长安桥

又称观音桥。位于上黄村村口，系古驿址梅田经江弄跨葛渡溪，过郑山、章山越鲍店岭入缙云的一座中心桥梁。桥长 30.8 米、高 5.3 米。全桥均用坚而不易朽的楮树构造。桥柱略呈弯弓形，4 根楔成一排，两排相对，上架木梁即构成三边形拱桥。桥梁 5 根一排，3 排两中缝联接在拱柱顶梢上。两端峭壁用大块石砌桥台，坚抵桥梁。桥上盖廊屋 11 间，每隔 2.8 米列 4 楹，桥梁两侧竖柱各 21 根，倚柱设置廊凳供行人坐歇。桥屋中段置 3 龛，内供玄武帝、柳树春、桃花女 3 神像。

独石桥

位于梁村之东，土名寺根的田垄间。桥台块石垒砌，中间独石为梁。石长 5.65 米、宽 1.35 米、厚 0.4 米（正中间 0.3 米）。相传是梁安世公建。梁安世是宋绍兴二十四年（1154）进士，官至广南西路转运判官。按梁安世身世计，此桥距今已 800 多年。在古代无机械动力吊运的情况下，运架如此巨石为梁，确属奇迹。巨石两端凿有拳头大的圆孔，当地民间至今流传：此桥系两个神仙，用伞钩钩住两端圆孔，从空中飘运至此架设。所以坊间又称神仙桥。

独石桥

渥溪桥

渥溪桥

位于梁村村头。梁溪水从渥山山麓下泻，在两崖中澎湃而出。单孔、半圆拱石桥建在坑崖之间，长16米、净跨9.8米、宽3.3米、高6.1米。桥上建廊屋7间，有内外两层栏杆，北宋大观年间（1107—1110），梁村人梁垓建。明代相继重修3次，清康熙四十八年（1709）梁祚璇重建，嘉庆二十四年（1819）合村重修，迄今900余年保持原结构未变。

皇华亭

又称接官亭，建在丽水城北，系唐宋时建筑，至民国时期才废弃。1965年前后，原亭前的石马、石将军还在。明何镗纂修的《栝苍汇纪》记载："皇华亭，又称接官亭，在望京门外，凡迎诏敕官吏，于此候至，名骑先导；旧有迎恩、敷爱二坊，今废其一。"

2021年，接官亭仿旧制在原址重建，亭前重立迎恩、敷爱二坊。

三望岭亭

亭位于括苍古道上，建在雨伞岗头和滴水岩两山之间的坳门里。此地为奇高龄、桃花岭、百步岭，越岭至此三望，又须跨越一座大山故称三望岭。亭建坳门正中，面积约30平方米，为穿廊式，亭旁建有村宅，村宅始建于明正德年间（1506—1521），村名三望岭村。建亭早于建村。过此亭五里许即缙云界的桃花洞，是桃花岭的最高点。

塔下殿亭

位于碧湖镇。建在通济古道贯穿碧湖镇的入口处，旁有古塔、塔下院等建筑，系亭、殿、铺三结合的设施，建于宋朝。亭在殿堂前，穿廊式架在通道上。殿内有守舍、铺舍。

宋代设急递铺，十里一铺，每铺铺长一名，要路铺兵十名，辅路四五名。碧湖铺、亭合一，加之宋塔耸立，供奉胡则的塔下院香火鼎盛，成为碧湖人文荟萃之地。

保定凉亭

第二节　水运交通

宋代丽水县水运，主要有丽水至温州、丽水至龙泉、丽水至松阳、丽水至缙云及丽水境内的畎溪（即后称宣平港）、小安溪航道。

丽水至温州航道

起自丽水大水门，至下河、古城，过好溪交汇处，从凤化出丽水境，入青田境陈山埠。过黄坦坑交汇处，东南行，至石帆、腊口，折南转东，又折东南，至祯埠，过金寮坑交汇处。折东至海口，过海溪交汇处，至石门洞潭，过高市、芝溪，至船寮。经周坑交汇处，折南至湖边村，过小溪交汇处。此段称为大溪。

大溪与小溪汇合后，称瓯江。溪流折东南，至青田县治鹤城，折东至前仓，经石郭溪汇合处，至魁市，有沙洲横亘江心。至东溪口，过顺溪汇合处，东行折东北，过贵岙源汇合处，折北至温溪，有沙洲横亘江心。折东进入永嘉、瓯海境内，过菇溪汇合处，至垟湾，过西溪汇合处，折东南，过戍浦江汇合处，折东转南过梅岙，进入温州市区境，过双屿，折东过江心屿，经楠溪江汇合处，江流浩荡，东至温州湾入海。

丽水至温州航道全程135千米。其中丽水至温溪90千米为瓯江溪流段，温溪至温州45千米为潮流段。丽水至温溪航道河床起伏，水深数十米的深潭和数十厘米的浅滩相间。河底大都由卵石覆盖。水面宽一般为100—200米，水深一般为2—3米，总落差42米。全线共有浅滩60处，滩上水深一般为0.6—0.8米。洪水期水流湍急，枯水期滩陡水浅。称相公滩，古时船只遇到水流较急的滩时，乘船的"相公"也得出船涉水减载，故名"相公滩"。

南宋绍兴三十年（1160）春，陆游在福州决曹上任满，回老家山阴（今

瓯江船筏

绍兴）。陆游从福州到温州，乘小船溯瓯江北上至处州。在大溪的急流险滩中，陆游所乘的船发生折舵事故，经船工努力拼搏，终于化险为夷。出生于水乡绍兴的诗人经历了生死考验，写了《大溪滩折柂》一诗：

> 溪流乱石似牛毛，雨过狂澜势转豪。
> 寄语河公莫作戏，从来忠信任风涛。
> 暮江初涨浪翻狂，一叶轻舟泛渺茫。
> 我愧人非跛男子，安能与世作津梁？

自唐宋至明清，丽水至温州航道除少数地段岩礁被炸除外，基本处于自然状态。像陆游一样折断船舵的事虽不常见，但上滩要下船拉纤，遇浅滩要疏浚砂石，逢洪水只能上岸避险。行旅之难经常见诸诗人的笔端。

自丽水放舟至永嘉

（清）阮元

桃花杨柳背通津，十里溪山捩舵频。

面壁每惊无去路，望烟始识有居人。

怒流不怕千回折，穷谷应迟半月春。

若使客星逃更远，此间幽濑好垂纶。

自温州溯舟至丽水

（清）冯开

挂眼浮峦暖翠间，重滩复水几回环。

三朝三暮孤篷底，看煞瓯江两岸山。

丽水至龙泉航道。起自丽水大水门，溯流而上，西过吕埠坑、路湾，折南，经石牛、九龙、上阁、资福，到碧湖。经松阴溪汇合处，到大港头，从均溪村出境进入云和县（宋代属丽水县）。经规溪、双港至朱埠头、石塘、小顺，经浮云溪汇合处，过局村、石浦，经龙门、赤石，过下坑、下麻山，出云和境。过武溪汇合处到武溪村，经大石溪汇合处，至源口村，过安仁溪汇合处，至安仁口，过安福溪汇合处，至安福口，过道太溪汇合处，至道太。过白雁溪汇合处，至大白岸村，先后过林垟溪、大贵溪汇合处，至龙泉县治龙渊镇。

保定埠头

丽水至龙泉航道 117 千米。丽水县城至大港头段，民间习惯称大溪。大港头至龙泉段称龙泉溪或龙泉港。丽水至碧湖段航道水流平缓，河面开阔。碧湖至龙泉段航道计 97 千米，在大港头以上几乎全部在山谷中穿行，两岸山峰耸峙、悬崖峭壁，溪流滩多水急，礁石密布，航行十分困难。

龙泉地域广袤，物产丰饶，唐宋矿产、青瓷、竹木等经由龙泉溪、大溪、瓯江达温州。其中青瓷经温州中转，漂洋过海。丽水境内的大港头、大水门两处埠头成为龙泉物产运输中途的主要停歇和供养补给地。北宋元祐六年（1091），处州知州关景晖曾治理过龙泉溪航道。龙泉至丽水航道，最艰险处属丽水县浮云乡，即龙门至石塘段。其中西滩、七鼻滩、雷公滩 3 个险滩相连，达 1 千米。两侧是岩石和峭壁，急流击石，声如雷鸣。

不过，与丽水至温州航道不同，丽水至龙泉航道，以货运为主，特别是山谷间的水道，客人不多。唐宋至明清，丽水至龙泉行旅的诗歌，大都以陆路古道为主，清代诗人端木国瑚有诗《雷公滩》：

雷公击滩头，雷鼓殷滩尾。滩头响天上，滩尾响地底。
一日五日雨，千尺百尺水。含岈山在外，汹涌石在里。
篙师任身手，性命不在己。大风翼征蓬，巨浪逆奔矢。
倒壑拔惊池，截水斗狂虺。譬挽虞渊车，倏没倏吕起。
譬战昆阳兵，进生退即死。急争无暇休，少堕不敢凝。
余欲诉皇天，六丁为我使。丰隆夷岩险，萍翳荡清此。
皇天顾我笑，胡乃为此伎。雷霆日轰击，魑魅何能止。
江河日汹汹，舟楫未云已。历阳城可游，吕梁洪可履。
夷险非我料，何者足忧喜。余闻谢皇天，雷公尚在耳。

与雷公滩的惊心动魄相比，石塘滩就显得从容不迫了。清嘉庆十五年（1810）任云和县教谕的朱升佑，有诗《过石塘滩》：

无岸不崩石，有滩皆碍船。帆随风斗力，人与水争权。

估客昼眠雨，邻舟宵语烟。所愁鸥鸟梦，难到海西边。

更多的人选择走陆路古道，或者步行，或者乘轿。元大德年间处州路总管孟淳从丽水到龙泉，夜宿赤石。浮云乡境内走的是陆路古道。

过浮云宿赤石

（元）孟淳

山云怜客岁晚行，小雨遽止雪不成。

阴霾渐开日影光，笋舆冲度风烟轻。

上岭下岭颇危险，仄径荦确坡斜横。

满山草木尽零落，乔松劲竹吾同盟。

保定村外大溪

野梅邂逅亦数数，雪色风香相送迎。

路无里界堠远近，晨行暮止那计程。

田家团圆地炉暖，新醅旋泼肥鸡烹。

行者不如居者乐，明日前途霜风清。

走水路，端木国瑚吓得"余欲诉皇天"；孟淳走陆路，"新醅旋泼肥鸡烹"。两者对比，可以看出，丽水至龙泉航运的艰难，那些在龙泉溪上谋生的船工们的艰辛。

从大港头往北，过碧湖、资福、上阁一带，大溪水面一片开阔，水流平缓似乎静止一般，岸柳垂绿，水映蓝天，船如在画中行。

郭溪泊舟柳阴堤闻歌

（清）屠本仁

柳阴堤畔柳如丝，记得桓公手种时。

乐府宜歌发白马，新词谁唱比红儿。

鳞鳞细浪金沙活，叶叶轻帆桂棹移。

添筑小红亭子好，千秋秦七有相知。

丽水至松阳航道。起自丽水大水门，溯流而上至大港头，与丽水至龙泉线路重合。至大港头西行，沿松阴溪过堰头，通过通济堰水闸，行至堰后（1963年后划归丽水县）出丽水境入松阳县域。经小槎、靖居口、象溪、南州、石马、雅溪口、港口、水车、横山至青蒙，进入松古盆地。经松阳县治西屏镇、旧县治古市镇，过界首出松阳境，入遂昌金岸。

大港头至西屏镇航道 34 千米。松阳于东汉建安四年（199）置县，松古盆地开发较早。南朝梁天监四年（505），通济堰灌溉水系建立，碧湖平原得到开发。至隋开皇九年（589）设处州置括苍县时，碧湖为括苍县西乡，为县、州城"粮仓",松古盆地为处州"粮仓"。丽水至松阳航道为运粮主要通道。唐宋时,商业发展,因松阳地处温州、处州、衢州之间,西接"三衢",东连"括瓯",睦州(今建德)、兰溪、汤溪(今金华)、青田、温州的行商坐贾麇集松阳,古市、西屏两镇商旅辐辏,丽水至松阳航道成为重要商路。

相比于丽水至龙泉航线,丽水至松阳航道从堰头至港口段,虽然也在青山夹峙中,但落差并不大。清代王崇铭有诗《小槎山舟行回郡》:

奔湍轻一叶,绝胜乘肩舆。激雪骇飞鸟,渡沙惊冻鱼。
既无山磴险,复有枕衾余。微醉衔觞处,尤欣可读书。

在王崇铭看来,乘船绝对比坐轿舒服,不用爬岭,可以枕头盖被睡觉,也可以喝点小酒,看看书。

丽水至缙云航道。好溪,古名恶溪,也称东港。起自丽水大水门,往东过古城,转北,过水东、青林,经秋塘、彭头村、杉树坑,出丽水境。经兰

龙泉溪和松阴溪汇合处

163

口村、荆坑口，到达缙云县治五云镇。丽水县境内24千米。

好溪航道曲折浅窄，滩多流急，礁石纵横。有"九十里间五十六濑名为大恶"之说。明成化版《处州府志》卷三记载：

蚱蜢船

突星濑，在县东四十五里。袁淑道记云：从石壁取江三十里中，有突星濑。《永嘉记》云：昔王右军游恶溪，道叹其奇绝，遂大书"突星濑"于石。后人以往来摹拓者众，并石弃之深潭中。

王羲之（321—379）自温州泛舟至处州，又乘船至缙云仙都。感慨恶溪难行，在丽水、缙云交界的溪中大石头上，题刻了"突星濑"三字。王羲之是"书圣"，后世仰慕其书法者众。有人来此观摩、欣赏；有人通过关系，让县衙胥吏张罗拓字。胥吏不胜其烦，把石头推到深潭里。

唐大中九年（855），处州刺史段成式治理恶溪后，恶溪变好溪。宋、元、明、清，温州、处州赴省至京，如取道括苍古道，要翻越桃花岭，如取好溪水路，则便捷许多。

琯头村依山傍好溪，位干缙云和丽水中间，往来两地的木船、竹筏在此停歇，村中还有旅舍，供船工和行旅住宿。

及至清代，好溪航道仍畅通，清代朱彝尊有诗《好溪棹歌》：

大瓮山前放棹行，云端遥指栝苍城。
风流不见永嘉守，依旧长江似镜清。
金莲城下采芙蕖，沐鹤潭边觅鲫鱼。

濑似突星溪似箭，更无人识右军书。

记从水怪息鲸鲵，来往行人路不迷。

若比西湖堤上路，好溪应是段公溪。

东溪垂杨千万行，西溪花发水流香。

西溪才过东溪接，那得行人不断肠。

烟雨楼头烟雨霏，白云山下白云飞。

朝云暮雨人何处？花落溪头尚未归。

石帆山下送扁舟，溪水滔滔日夜流。

莫怪石帆长不落，行人来往可曾休。

蓑笠年年江上渔，梅虾稻蟹足村居。

好溪更有汤泉好，十里鱼仓万队鱼。

劝君莫厌乱滩多，要向滩头鼓棹歌。

滩水有时消恶浪，人间无处不风波。

　　畎溪航道，明景泰年间置宣平县后，又称宣平港、宣平溪。畎溪干、支流贯穿宋代丽水县西北宣慈、应和、懿德三乡。起自丽水县城小水门，经桃山、苏埠、港口、陈村、青湾、畎岸、吾赤口、赤圩至三港，航程47.5千米。其中小水门至港口8千米为瓯江大溪。

　　畎溪属于山溪性河流，从港口至柳城，只能通航竹筏，木船只有在丰水期偶有通航。明代老竹梁村人梁钺从丽水回家，乘船溯畎溪而上，有诗《遇岩滩》：

归舟风顺蒲帆速，石齿冷冷漱寒玉。

篷窗午枕梦初醒，误听雨声鸣野竹。

　　小安溪航道，又称太平溪、太平港，系丽水县北乡主要水路通道。起自丽水小水门，经桃山、敏河、白前、太平、小安、桑溪、洪渡至潘村，航程

32 千米。其中小水门至敏河 4.5 千米为瓯江大溪。

小安溪以筏运为主,木船只能通到小安村,丰水期可达桑溪、洪渡。明代丽水举人金信就乘船到过桑溪。

桑溪

（明）金信

百尺横拖烟渚迷,孤舟入夜泊桑溪。

四围山色残阳里,一簇人家浅水西。

惹动闲愁投宿鹭,唤回幽梦报晨鸡。

曙光才动微微月,又听林间鸟乱啼。

附录：古码头（埠头）

大水门码头

位于南明门外,此处水流平稳,有宽广的溪滩地,自然坡岸利于船只停靠。大溪上游的龙泉、松阳,下游温州、青田的竹筏、船只都在此停靠或装卸货物。遇到丰水期,船运兴盛,经停此处的船筏绵延数里,帆樯林立,蔚为壮观。

又为南明渡,俗称大水门渡。与大溪南岸的水南村通渡,水流平稳,江面宽 150 米,水深 5 米。宋乾道四年（1168）,知州范成大曾在此建浮桥"平政桥",并拨田以资修治,后田没于官,桥遂废。

南明门外,因渡埠而形成南明市,元、明时二、七日为市集,后改为三、八日。

小水门渡

小水门渡又称括苍渡,对面是上水南村。

丽水县至龙泉、松阳的通济古道,始于小水门。北宋初,丽水县治迁葵山左时，通惠门至小水门一带，依托小栝山州治和县治，形成商贸街。不过，在小水门上面万象山脚的水障未建造前，小水门水流湍急，只是渡船码头。船筏停靠在大水门码头。

元末明初，水障建好后，原南明门外的平政桥浮桥移建于此。桥、渡几度兴废，直至民国犹存。明代陈子龙有诗《出栝苍门渡江》：

旅行无停期，利涉有恒渡。日照阴岩幽，云开苍江曙。

击棹此夷犹，停车屡回顾。修堞冠危峦，飞甍出芳树。

岸草覆丹霞，渚花衔翠羽。西迈双轮遥，东流千溪骛。

悠悠寡遗迹，靡靡违长路。奉义当驰驱，徒怀税鞍趣。

匪畏渴与饥，引领故乡慕。

下河埠

位于县城东南的下河村，又称下河渡。既是货物装卸码头又是船渡埠头，是缙云、丽水通往青田、温州的水陆要津。瓯栝古道经此，缙云及畎溪、小安溪的货物在此周转。

下河埠与溪南中岸村通渡，江面宽150米，水深6米。明万历三十七年（1609），大溪发洪水，冲毁了下河埠头。处州知府陈见龙重砌埠头，并撰写《下河渡埠记》，留下了一篇有关丽水渡埠的珍贵史料：

郡城之东五里，有下河埠头。河通青田、出温州，陆路多山麓，崎岖狭小，唯水路捷，官民无不从舟行者。而温州入省，亦唯此西路为尤便，故斯埠为二郡往来、乘舟登岸必由之地。他郡自宁、绍、台而外，凡有事于温州者，亦不能舍是他之。

明嘉靖（1522—1566）初年，东瓯张文忠公（张孚敬）捐金砌筑成埠，壮观而便于人往来几百年。自己酉岁（万历三十七年，1609），荡析于巨浸之冲，一应石钉、石块尽推入河底深处，无片石存，独存铺路长石数条而已。

167

石牛埠头

八九年来，舟子艰于湾泊，商旅艰于上路，而院道诸缙绅时或经过，目击废坠之状谁实司之？

因委府幕、县簿召匠估值，自季秋至腊月报竣焉。埠成，爰挥笔为之记。

下河埠北面的南桥一带，在唐末因埠渡形成下河市。

石牛渡

距离丽水县城9千米，通济古道经此，渡大溪至碧湖平原。对面埠头形成村落。埠头边有座山叫黄山背，东侧的奇岩形似入溪饮水之牛，故渡与村皆名石牛。

石牛渡口大溪江面宽100米，水深4米。因地处通济古道要津，渡口繁忙，经常发生超载，偶有人员拥挤不慎落水事件发生。明嘉靖初年，高溪一位叶氏过渡时不慎落水，江水湍急，船上人束手无策。岸边一位任姓村人闻讯，划舟将叶氏救上岸。叶氏感念任氏救命之恩,逢年过节携子叶胜到石牛任氏家,馈送食品等礼物。父亲去世时,叶胜才14岁,他牢记父亲嘱托,不忘其任氏恩情,馈赠礼物,直至任氏去世。

石牛因大溪水运和通济古道交叉,形成石牛市,以子、卯日为市集。村因埠渡而生,卜居的姓氏达十余个。因临溪傍山,又倚广袤的碧湖平原,文人雅士、商贾官员多在此放慢脚步,停留歇息,留下咏诵诗篇。

石牛镜潭

（明）金文

一别山庄忽十年,归来风景只依然。

入帘镜水晚逾碧,隔岸琴山雨更妍。

诗卷娱情忙亦展,酒杯留客醉犹传。

乡邻齐和升平曲,老子婆娑欲放颠。

石牛

（清）端木国瑚

落日在滩舟,清滩碧玉流。映山看白鸟,归渡唤黄牛。

客到花先着,春深竹乱抽。宿闻村酒好,取醉及沙头。

大港头码头

位于丽水城区西南水路26千米的大港头,又称大港头渡。与大溪对面的保定村通渡。通济古道南路自保定而来,经此渡口上岸。松阴溪、龙泉溪在此汇合,陆路古道和水运航道的渡埠造就了大港头村。沿溪一带,店铺栉比,酒肆林立,商贸自古兴盛。

大港头段溪面宽200米,水深4米。两岸绿树成荫,江面水流和缓,鹭鸟翩飞。历代文人和官员多有诗咏。

大港头春望

（清）朱小塘

雨歇村南大港头，湖光掩映夕阳楼。

也能热闹如城市，六县来船并一州。

水涨溪头树细回，天寒沙嘴雾迟开。

客船风送春帆饱，讶带瓯城雪影来。

幽花雨浥袭堤香，新柳风摇夹道长。

笑指逸官真一乐，卧乘轻舫到松阳。

寒露成群几日晴，千山万壑入诗情。

湖边也敌西湖景，曲曲长亭树下行。

第七章　山水诗路

　　处州九山半水半分田，人们依山建宅，临水而居。青山绿水成了生产和生活的底色。唐宋以来，多少文人宦游处州和丽水县，诗友酬唱，留下歌咏山川风物的篇章；多少丽水文人士子走出栝山瓯水，在他乡抒写山川风物，或萦绕于心的乡愁诗赋。

第一节　外地诗人与诗词

李适

　　李适（生卒年不详），字子至，京兆万年人（今西安）。进士出身，曾任猗氏尉。唐圣历二年（699），武则天诏学士修《三教珠英》，李适参与纂修。全书1300卷，目录13卷。书成后，李适迁户部员外郎兼修书学士；后擢修文馆学士，再迁工部侍郎。

　　李适的友人（不具名）到栝州，李适送友出京门，依依告别，有诗相赠。

送友人向栝

逶迤吴山云，演漾洞庭水。

青枫既愁人，白蘋亦靡靡。

送君出京门，孤舟眇江沚。

浮阳怨芳草，况乃别行子。

栝苍涨海壖，斯路天台止。

我有岩中念，遥寄四明里。

王维

王维（701—761），字摩诘，号摩诘居士。
河东蒲州（今山西永济）人，祖籍山西祁县。
唐朝诗人、画家。开元九年（721）进士，
历官太乐丞、右拾遗、监察御史、河西节
度使判官、尚书右丞。北宋苏轼评价王维
诗画："味摩诘之诗，诗中有画；观摩诘
之画，画中有诗。"

唐天宝年间（742—756），苗奉倩出
任缙云郡太守，王维以诗相送。苗奉倩，
潞州壶关人（今山西长治），曾任滑州匡
城令、宣城郡太守。清雍正版《浙江通志·卷二一·山川》记载：

王维

仙都山，（《仙都山志》）古名缙云山，按《道书》：洞天三十六所，
仙都第二十九名……周回三百里，黄帝驾火龙上升处。山巅有石屋，世传为
洞天之门。《史记》载：缙云本黄帝夏官之名。张守节云：栝苍缙云县其所
封也。《太平寰宇记》云：唐置缙云县，又以栝州为缙云郡。盖以其地有缙云山，
故也。今县在山之西二十三里。《图经》云：唐天宝七年六月八日，彩云起
于李溪源，覆绕缙云山独峰之顶。云中仙乐响亮，鸾鹤飞舞。俄闻山呼万岁
者九，诸山皆应，自申至亥乃息。刺史苗奉倩上其事于朝。敕改今名。

苗奉倩出守缙云郡（天宝元年由括州改），治绩如何，志无记载。缙云
山因他上奏"祥瑞"而改名仙都山，从唐天宝七年（748）至今已1270多年。
而王维赠行的诗，成为松阳宣传田园风光必引用之诗。

送缙云苗太守

手疏谢明主，腰章为长吏。方从会稽邸，更发汝南骑。

按节下松阳，清江响铙吹。露冕见三吴，方知百城贵。

高适、杜甫

高适

高适（706—765），字达夫、仲武，渤海郡（今河北景县）人，后迁居宋州宋城（今河南商丘睢阳）。曾任刑部侍郎、散骑常侍、渤海县侯。唐代著名的边塞诗人，与岑参并称"高岑"，其诗笔力雄健，气势奔放。后人把高适、岑参、王昌龄、王之涣合称"边塞四诗人"。

唐开元二十七年（739），辅国大将军、右羽林大将军、御史大夫、幽州节度使张守珪（684—740），因隐瞒部下败绩，被贬为括州刺史。开元十九年（731），张守珪在幽州戍边，高适前往，写了《蓟门行》诗，其中有一句"一朝事将军，出入有声名"，表达了想投入其幕府的愿望，昔未被接纳。张守珪到任后，召高适侄儿高式颜到括州任职。高适深有感怀，写诗赠给侄儿，诗中既有对张守珪的赞美，也有对侄儿前途的关切。

送侄式颜赴括守张大夫召

大守击东胡，胡尘不敢起。胡人山下哭，胡骑海边死。

部曲尽封侯，舆台亦朱紫。当时有勋绩，末路遭谗毁。

转旆燕赵间，剖符括苍里。弟兄莫相见，亲族远枌梓。

不改青云心，仍招布衣士。平生怀感激，本欲候知己。

去矣难重陈，飘摇自兹始。游梁且未惬，适赵今何以。

乡山西北愁，竹箭东南美。峥嵘缙云外，苍莽万余里。

猿鸟乱啾啾，朝昏孰云已。登临多瘴疠，动息在风水。

虽有贤主人，终为客行子。我携一樽酒，满酌聊劝尔。

与尔惟一言，家声勿沦滓。

高适的侄儿高式颜，史料没有记载。《钦定四库全书·补注杜诗·卷一八》收入了杜甫写的一首诗《赠高式颜》，浙江古籍出版社出版的《莲都古代诗词选》记为《送高式颜之栝州》：

昔别是何处，相逢皆老夫。

故人还寂寞，削迹共艰虞。

自失论文友，空知卖酒垆。

平生飞动意，见尔不能无。

《补注杜诗》由宋代父子黄希原注、黄鹤补注。根据注解，杜甫年轻时与高适、李白经常到酒店喝酒论诗。"安史之乱"（755—763）时，大家各自避乱逃难，久未谋面。天宝十五年（756），杜甫在白水县（今陕西）与高式颜不期而遇。见到高式颜，杜甫想起老朋友高适，不禁感慨万千。

杜甫（712—770），字子美，自号少陵野老。出生于河南巩县，原籍湖北襄阳。与李白合称"李杜"。为了与另两位诗人李商隐与杜牧即"小李杜"区别，杜甫与李白又合称"大李杜"，杜甫也常被称为"老杜"。杜甫是唐代伟大的现实主义诗人，被后世尊称为"诗圣"。

按《唐书·本传》记载，张守珪任括州刺史的次年五月，"疽发背死"，在括州官舍去世。赠凉州都督，同年归葬于洛阳北邙山。以布衣身份受到张守珪提携的高式颜后来如何，史无记载，但因为他的存在，使得唐朝两位伟大的诗人与丽水发生了关系。

刘长卿

刘长卿（约709—780），字文房，宣城（今属安徽）人，后迁居洛阳。唐天宝年间进士，历任监察御史、转运使判官、知淮西、睦州司马、随州刺史。工于诗，长于五言，有"五言长城"之称。

送齐郎中典栝州

星象移何处，旌麾独向东。
劝耕沧海畔，听讼白云中。
树色双溪合，猿声万壑同。
石门康乐住，几里挂帆通。

刘长卿

典，是主持、主管的意思，典栝州，即任栝州刺史。处州旧志记载齐姓官员只有上文提到迁徙州治的齐抗，但他是以谏议大夫出任处州刺史的。齐郎中其人，见《钦定四库全书·杼山集·卷一○·唐·释皎然撰》刊载的《冬日建安寺西院喜昼公自吴兴至联句》，这首诗比较特别，由王遘、李纵、郑说、清昼、崔子向、齐翔6人联写而成。

宗系传康乐，精修学远公。（祠部郎中兼侍御史王遘）
相寻当暮岁，行李犯寒风。（驾部员外李纵）
累积浮生里，机惭半偈中。（前太常寺奉礼部郑说）
传家知业坠，继祖忝声同。（清昼）
云与轻帆至，山将本寺空。（崔子向）
向来忘起灭，留我宿花宫。（前吏部郎中兼括州刺史齐翔）

齐郎中，就是齐翔，大历年间（766—779），以吏部郎中的身份出任栝州刺史。《全唐书》卷七九四收入《建安寺西院喜王郎中遘恩命初至联句》，由清昼、王遘（祠部郎中）、齐翔（前吏部郎中兼括州刺史）、李纵（驾部员外）、崔子向（官御史）联写而成。

迹就空门退，官从画省迁。（遘）

住持良有愿，朝谒冗无缘。（遘）

身净金绳内，心驰玉宸前。（昼）

荣添一两日，恩降九霄年。（翔）

慕法能轻冕，追非欲佩弦。（纵）

栖闲那可久，鸳鹭待行联。（子向）

刘长卿还有一首诗《饯王相公出牧栝州》：

缙云讵比长沙远，出牧犹承明主恩。

城对寒山开画戟，路飞秋叶转朱轓。

江潮渺渺连天望，旌斾悠悠上岭翻。

萧索庭槐空闭阁，旧人谁到翟公门。

王相公，是王维的弟弟王缙（702—781），字夏卿，进士出身，历任侍御史、兵部员外郎、太原少尹、河南副元帅、河东节度使，拜门下侍郎、同平章事。王缙身为宰相，对权臣元载的专横，却事事附和。大历十二年（777）三月，元载被诛，王缙被贬为栝州刺史。后又被召归，为太子宾客、分司东都。王缙在括州的治绩，旧志无记载。

李齐运

李齐运（725—796），唐太宗李世民第七子李恽的孙子。历官宁王府东阁祭酒、工部郎中、长安县令、京兆少尹、陕府长史、河中尹、京兆尹兼御史大夫、宗正卿兼御史大夫、检校礼部尚书兼殿中监、礼部尚书。

送从侄中丞出牧处州

溪行直到郡门前，夹岸云峰真可怜。
花柳暗飞千里棹，松萝露出一条天。
心闲遥物皆成兴，化静无人不道贤。
黄霸却须怀愧色，使君何况正当年。

李齐运的从侄是李铝，贞元年间（785—805）任处州刺史。《钦定四库全书·舆地碑记目·卷一·宋·王象之撰·处州碑记》记载：

> 《刺史李铝送行记》。贞元中，李铝为刺史，朝士之赠行者二十三人。石刻今存。

大历十四年（779），栝州改为处州。李铝出任处州刺史时，因为皇族身份，朝中士大夫23人出京门送他。可惜"正当年"的他，在处州任上，治绩如何，旧志没有记载。

刘禹锡

刘禹锡（772—842），字梦得，河南洛阳人，一说彭城人（今江苏徐州）。贞元九年（793）进士及第，历官太子校书、淮南记室参军、监察御史。参与"永贞革新"，反对宦官和藩镇割据势力。革新失败后，屡遭贬谪，任朗州、

刘禹锡

连州、夔州、和州、苏州、汝州、同州刺史。晚年任太子宾客。刘禹锡诗文俱佳，涉猎题材广泛，与柳宗元并称"刘柳"，与韦应物、白居易合称"三杰"，并与白居易合称"刘白"，有"诗豪"之称。

松江送处州奚使君

吴越古今路，沧波朝夕流。从来别离地，能使管弦愁。

江草带烟暮，海云含雨秋。知君五陵客，不乐石门游。

奚使君，即奚敬玄。奚氏世居亳州（今安徽），奚敬玄的父亲奚陟，字殷卿。历任弘文馆校书、大理评事、左拾遗、中书舍人、刑部侍郎、吏部侍郎。贞元十五年（799）十月，奚陟去世。刘禹锡曾撰《唐故朝议郎、守尚书吏部侍郎、上柱国赐紫金鱼袋、赠司空奚公神道碑》：

呜呼，有唐清臣、尚书吏部侍郎奚公，贞元十五年十月甲子，薨于位。诏赠礼部尚书……公讳陟，字殷衡……公居文词清丽之目，授弘文馆校书郎……公娶琅玡王氏石泉公之曾孙，友婿皆一时彦士。长子某，蚤不禄；第二子敬则，历太仆少卿，今为濮州刺史兼御史中丞，赐金紫，以连最，就加贵秩，俾视九卿；第三子敬玄，以词艺似续登文科，历左补阙，今为尚书刑部郎中；第四子炅，举进士……（《刘宾客文集·卷二》）

大和七年（833），奚敬玄以刑部郎中出任处州刺史，途中去拜访苏州刺史刘禹锡，刘禹锡为奚敬玄接风洗尘。两人曾同在朝为官，刘禹锡贬谪多年，奚敬玄由京官赴处州，非他所愿。离情别绪在两人的酒杯里弥漫而起，刘禹锡挥笔写下这首著名的离别诗。

奚敬玄其人，处州旧志没有记载。

刘言史

刘言史（约742—813），赵州邯郸（今属河北）人。曾旅游金陵、潇湘、广州等地。刘言史与孟郊友善，和李贺同时，诗歌风格亦近似。

处州月夜穆中丞席和主人

羌竹繁弦银烛红，月光初出柳城东。

忽见隐侯裁一咏，还须书向郡楼中。

穆中丞，即穆赞（748—805），字相明。历官济源主簿、京兆兵曹参军、殿中侍御史，侍御史、宣州刺史、御史中丞，充宣歙观察使。按刘言史此诗分析，刘言史和穆赞两人在处州相遇，一起在城东的月夜下喝酒吟诗。穆赞写有一诗，刘言史提议将诗写到州治的厅壁上。

方干

方干（809—886），字雄飞，号玄英，睦州青溪（今浙江淳安）人。师从桐庐徐凝，后人评论"李白雄豪妙绝诗，同与徐凝传不朽"。桐庐章八元爱其才，招为过门女婿，居桐江白云源（今桐庐县）。举进士不第，屡求荐于朝不成，隐居会稽镜湖。方干擅长律诗，清润小巧，且多警句。

唐大中十年（856），方干到处州拜访此前一年任刺史的段成式，有诗《赠处州段郎中》，前文已叙。在处州逗留期间，方干还有诗留下。

处州洞溪

气象四时清，无人画得成。众山寒叠翠，两派绿分声。

坐月何曾夜，听松不似晴。混元融结后，便有此溪名。

洞溪，位于好溪与大溪汇合处，即今古城。方干还有一首诗，与处州有关系。

处州献卢员外

才下轺车即岁丰，方知盛德与天通。

清声渐出寰瀛外，喜气全归教化中。

落地遗金终日在，经年滞狱当时空。

直缘后学无功业，不虑文翁不至公。

此诗盛赞卢员外任处州刺史，政绩斐然，风调雨顺、大兴教育、政通人和、讼轻狱空。

朱庆余

朱庆余（生卒年不详），名可久，字庆余，以字行。越州（今浙江绍兴）人，宝历二年（826）进士，官至秘书省校书郎。朱庆余诗学著名诗人张籍，近体尤工，诗意清新，描写细致。

和处州韦使君新开南溪

地里光图谶，樵人共说深。悠然想高躅，坐使变荒岑。

疏凿因殊旧，亭台亦自今。静容猿暂下，闲与鹤同寻。

转旆驯禽起，搴帷瀑溜侵。石稀潭见底，岚暗树无阴。

跻险难通屦，攀栖称抱琴。云风开物意，潭水识人心。

携榼巡花遍，移舟惜景沉。世嫌山水僻，谁伴谢公吟。

韦使君，即韦纾，唐大和五年（831）任处州刺史。南溪，即大溪。明成化版《处州府志》卷三记载：

大溪，在县南。源自龙泉、松阳。东过县，至青田、温州入海。有洄溪、南溪二名。

清道光版《丽水县志》卷三解释得更明白：

大溪……经济川桥，绕城南为洄溪……

从小水门到下河、古城，大溪环抱丽水城。朱庆余还有一首与南溪有关的诗：

和处州严郎中游南溪

四望非人境，从前洞穴深。潭清蒲远岸，岚积树无阴。

看草初移屐，扪萝忽并簪。世嫌山水僻，谁伴谢公吟。

杨亿

杨亿（974—1020），字大年，建州浦城（今福建浦城）人。宋淳化三年（992），赐进士及第。历任著作佐郎、知制诰、翰林学士、户部郎中、史馆修撰、工部侍郎。参修《宋太宗实录》，主修《册府元龟》。今存《武夷新集》《浦城遗书》《摛藻堂四库全书荟要》《杨文公谈苑》15卷。是"西昆体"诗歌的代表作家。

宋咸平元年（998），杨亿以左正言出知处州。王禹偁、钱若水、陈尧佐等好友为杨亿送行，并赠诗。

杨亿

送正言杨学士之任缙云

（宋）王禹偁

弱冠珥朝簪，才堪入翰林。重违君厚遇，聊奉母欢心。

笔削留惇史，囊装贮赐金。帆张浙河阔，山对栝苍深。

暂歇趋朝马，重闻故国禽。幽兰南涧采，寿酒北堂斟。

务简慵开阁，家丰不典琴。彩衣方侍膳，红药即供吟。

我占披垣久，自惊年篑侵。妨贤兼罔极，相送泪盈襟。

王禹偁（954—1001），字元之，山东巨野人。北宋太平兴国八年（983）进士，历任右拾遗、左司谏、知制诰、翰林学士、黄州知州。北宋诗人、散文家。

送杨大年知处州

（宋）钱若水

夫子厌承明，还求领郡行。两章干负扆，数刻对延英。
岂独彩衣乐，兼为昼锦荣。圣朝循吏传，首得见君名。

汗简成惇史，分符别近班。仍闻括苍郡，酷似武夷山。
卷箔烟霞丽，登楼水石闲。二年弃官去，惟我独何颜。

钱若水（960—1003），字澹成，一字长卿，河南新安人，北宋雍熙二年（985）进士。历官同州推官、秘书丞、直史馆、右正言、知制诰、同知贡举、屯田员外郎、职方员外郎、翰林学士、知审官院、银台通进封驳司、右谏议大夫同知枢密院事。

送杨大年知处州

（宋）陈尧佐

居官厌直庐，封奏乞分符。远牧人皆惜，坚求帝始俞。
彩衣荣侍膳，乡路喜通吴。理棹开双舸，供吟载百壶。
乘闲应下钓，适兴定呼卢。岸远帆樯没，波寒海屿孤。
琴书行尽室，冠盖送倾都。恋别频携手，留欢旋鲙鲈。
疏烟迷渡口，短日下城隅。莫起离群恨，疲民待绔襦。

陈尧佐（963—1044），字希元，号知余子，阆州阆中郡（今四川南充阆中）人，端拱元年（988）进士及第。历官魏县、中牟县尉、潮州通判、翰林学士、枢密副使、参知政事、同中书门下平章事。书法家、诗人。著有《潮阳编》《野庐编》《遣兴集》《愚邱集》等。

杨亿之所以知处州，是因为父亲去世后母亲不愿随他赴京，加上家境贫寒，所以要求外放州郡，离母亲近一点。杨亿的孝心感动了宋真宗，明成化版《处州府志》卷一记载：

杨亿，字大年，建州人。咸平元年（998），自左正言直集贤院除。及辞，上御便殿召对，赐金百两。在任，岁稔刑清，专尚宽大。民德之，相率致斋，以报其政。

孝悌之人，必施仁政，宽以待人。杨亿宽政简刑，访贫问苦，深得民心。在处州期间，杨亿写了许多诗。

初至郡斋书事

地去京华远，年逢旱暵余。群胥同黠马，比户甚枯鱼。
煦妪心空切，澄清志莫舒。棼丝殊未治，错节讵能除。
听讼棠阴密，行春柳影疏。宾筵求媕婀，僧舍问真如。
逾月看除目，经时绝驿车。素餐徒自饱，投刃岂曾虚。
盈耳嫌敲扑，堆床厌簿书。故园无数舍，长日欢归欤。

到郡满岁自遣

迢递分符竹，因循度岁华。地将鲸海接，路与凤城赊。
触石云频起，衔山日易斜。潮平聚渔市，木落见人家。
吏隐偏知幸，民谣岂敢夸。无嫌勾漏僻，且得养丹砂。

郡斋西亭即事

郡斋退食复何为，纵目西亭景物奇。

叠嶂雨余泉眼出，澄潭风静钓丝垂。

城临古戍寒芜阔，路转荒村野彴危。

几处唱歌闻白苎，谁家酤酒见青旗。

蝶随游妓穿花径，犬吠行人隔槿篱。

桃李成蹊春尽后，鱼盐为市日中时。

桑麻万顷晴氛散，丝竹千门夕照移。

吟际岭云飞冉冉，望中垄麦秀离离。

烟迷乔木莺迁早，水满芳塘鹭下迟。

鹤盖翩然肯相顾，主人终宴岂知疲。

郡斋即事书怀十二韵呈诸官

长乐疏钟自厌闻，汉庭谁不惜离群。

舟浮一水波澜阔，路入千山杳霭分。

郡阁先忧迷簿领，村田聊得问耕耘。

疲民深喜犹安堵（去年小俭，幸免流亡。），

黠吏那知便舞文（盐酒案，吏陈元凯受赇为奸舞文，变法其事已败。）。

照胆求瑕空察察，饮冰为政漫云云。

玄台已分嘲扬子，桑野须防诮使君。

别派东倾连涨海，故园西望隔晴氛。

黛铺远岫秋将晚，绮散余霞日欲曛。

小槛报春梅烂漫，满空呈瑞雪缤纷。

题诗到处寻红叶，置酒终朝看白云。

符竹偶分惭出守，橐鞬暂佩愧从军。

石渠旧署频牵梦，室有芝兰阁有芸。

送韩永锡归阙（永锡业三传，又善小篆。）

缙云六载掌关征，学得阳冰小篆成。

逋客几人曾识面（高士颍川陈，高君之执友。），

仙山到处便题名。

桑郊又是乘轺去，铃阁虚烦解榻迎。

旧读春秋究微旨，何须苦说不知兵。

丽水甄殿丞移疾请告

数日不逢黄叔度，胸中鄙吝一时生。

如何民瘼偏能疗，却是诗魔未得平。

夏景清和妨命驾，玄台寂莫阻飞觥。

欲亲高论无由得，须作文殊问疾行。

次韵和系郡斋书事之什

竹使贪为郡，金门懒上书。

征途沿木合（缙云有木合岭，若蜀道之栈阁也。），

官舍类楼居（郡斋杳在山顶，平地甚狭，四面多构亭榭以翼之）。

密叶藏啼鸟，澄潭跃戏鱼。波光摇岛屿，霁色露阎闾。

圃蕙光风拂，山苗淑气嘘。开樽空爱客，函丈孰宗予。

清唳频思鹤，长鸣几厌驴（王武子雅好驴鸣，予素所不喜。）。

颜贫一瓢足，嵇懒尺题疏。

薄宦无劳说，长谣任所如。

神明定来舍，庄室正虚虚。

郡斋西亭夜坐

凉飔初拂袂，皓魄正当轩。宿鸟林间定，流萤草际翻。

苍茫迷野色，嘲哳辩方言。角罢重城掩，渔归别浦喧。

断蛩吟坏壁，寒杵出遥村。树影成帷密，滩声激箭奔。
夜长风露冷，川迥水烟昏。对景都无寐，冥心契混元。

岁暮有怀

远辞金虎观，来守缙云城。鸣律行将尽，枯荄又向荣。
匏瓜宣父叹，江海子牟情。求瘼曾无术，投虚岂有声。
帝乡成久别，天吏苦遐征。漫贮青霞想，唯愁素发生。
澄清慵揽辔，芜秽欲归耕。簿领非吾事，丹台有姓名。

次韵和酬永嘉聂从事除夜之什

三百六旬今夜尽，寥寥虚室独凝神。
莲城五鼓欲催晓，梅岭一枝先报春。
邹律渐吹阴谷暖，尧蓂看傍土阶新。
海隅留滞年华长，坐对寒钉浩叹频。

春郊即事

黄鹂百啭宿烟疏，近郭行春独驻车。
垄上劝耕聊问讯，棠阴听讼且踌躇。
远林桑尽蚕成茧，野水萍开獭趁鱼。
几处路旁垂苦李，游人不折意何如。

己亥年十月十七日大雪

六出俄呈瑞，三农始告休。兔园陈旨酒，金屋御重裘。
垄麦青犹短，皋兰紫尚稠。严飙一夕起，瑞霰满空浮。
林迥琼花吐，峰孤玉笋抽。疏鳞镂屋瓦，净练曳溪流。
北户寒威盛，南方沴气收。时和人富寿，卒岁好优游。

郡中即事书怀

海隅为郡真卑屑，簿领沉迷箠楚喧。

王事更逾星火急，吏曹何啻米盐烦。

甘棠听讼曾无倦，丹笔书刑幸不冤。

境上送迎暂置驿，斋中宴喜懒开樽。

逢人未免腰如磬，议政常防耳属垣。

鲍臭恐将群小化，虫疑难与俗流论。

却思寂莫栖天禄，争得逍遥似漆园。

外地粗官如竹苇，一麾出守岂堪言。

秦观

秦观（1049—1100），字少游，号淮海居士，江苏高邮人。少时师从苏轼，因为诗歌得到王安石赏识。元丰八年（1085）进士。元祐初，因苏轼推荐，任太学博士，迁秘书省正字兼国史院编修官。绍圣元年（1094），受"元祐党禁"牵连，出任杭州通判，又被贬监处州酒税；后迭遭贬谪，编管雷州。元符二年（1100），复命为宣德郎，放还横州，卒于藤州（今广西藤县）。

秦观

秦观善诗赋策论，尤工词。诗词高古沉重，感人至深。与黄庭坚、晁补之、张耒合称"苏门四学士"，为北宋婉约派代表作家。著有《淮海集》等。

绍圣元年（1094）春夏之交，秦观到任处州。宋代实行榷酒制，官府控制酒曲及酒的酿造和流通，以收取酒税。秦观的工作很轻松，但秦观的心情很郁闷，赏识、提携他的苏轼、苏辙皆被流贬，他也名入"元祐党籍"。朝中风起云涌，看不到一丝松弛的希望。一腔愁绪无处诉，化作诗词一行行。秦观在处州期间，写了许多"婉约"的诗词。

题务中壁

窑头春酒响潺潺，垆下黄翁寝正安。
梦入平阳旧池馆，隔花螭口吐清寒。

题法海平阇黎

寒食山行百鸟喧，春风花雨暗川原。
经旬移病依香火，写得弥陀七万言。

留别平阇黎

缘尽山城且北归，此生相见了无期。
宝池他日莲花上，重说如今结社时。

处州闲题

清酒一杯甜似蜜，美人双鬓黑如鸦。
莫夸春色欺秋色，未信桃花胜菊花。

文英阁二首

郡门将酒惜分携，归路骎骎望欲迷。
千里又看新燕语，一声初听子规啼。
春风天上曾挥翰，迟日江边独杖藜。
回首三山楼阁晚，断云流水自东西。

流落天涯思故园，散愁郊外任蹒跚。

云归邃谷知无雨，风卷寒溪没近滩。
已觉雁将归楚泽，遥知春又到长安。
桑林垄麦依稀是，只欠秦川万里宽。

处州水南庵二首

竹柏萧森溪水南，道人为作小圆庵。
市区收罢鱼豚税，来与弥陀共一龛。

此身分付一蒲团，静对萧萧竹数竿。
偶为老僧煎茗粥，自携修绠汲清泉。

满庭芳·山抹微云

山抹微云，天连衰草，画角声断谯门。暂停征棹，聊共引离樽。多少蓬莱旧事，空回首、烟霭纷纷。斜阳外，寒鸦数点，流水绕孤村。

销魂。当此际，香囊暗解，罗带轻分。漫赢得青楼，薄幸名存。此去何时见也，襟袖上、空惹啼痕。伤情处、高城望断，灯火已黄昏。

千秋岁·水边沙外

柳边沙外，城郭春寒退。花影乱，莺声碎。飘零疏酒盏，离别宽衣带。人不见，碧云暮合空相对。

忆昔西池会，鹓鹭同飞盖。携手处，今谁在？日边清梦断，镜里朱颜改。春去也，飞红万点愁如海。

好事近·梦中作

山路雨添花，花动一城春色。行到小溪深处，有黄鹂千百。
飞云当面化龙蛇，天矫挂空碧。醉卧古藤阴下，了不知南北。

从上述诗词可以看出，秦观经常出入寺庙，与方外僧道交游，互有唱和。除了喝酒、写诗词，秦观还抄写经文以寻求内心的清静和平和。没想到这也成了政敌的把柄，宋王明清的《挥麈余话》记载：

绍圣初，治元祐党人。秦少游出为杭州通判，坐以修史诋诬，道贬监处州酒税。在任，两浙运使胡宗哲观望罗织，劾其败坏场务，始送郴州编管。

秦观受"元祐党禁"牵连，被外放杭州通判，还没到杭州，被御史刘拯弹劾，指控他"增损"《神宗实录》。在处州，秦观以诗词自娱，以抄写经文排解心中郁结。《宋史·秦观传》记载：

……使者承风望指，以谒告写佛书为罪，削秩徙郴州，继编管横州，又徙雷州。徽宗立，复宣德郎，放还。至藤州，出游华光亭，而卒。年五十三。

这个使者，是毗陵（今江苏常州）人、两浙路转运副使胡宗哲。胡宗哲掌管两浙路的财赋、监察，是秦观的直管上司，他劾奏秦观抄写经文，不务正业，酒税工作搞得一塌糊涂。

"削秩徙郴州"，削秩，削职。徙，流徙。郴州位于湖南省东南部，地处南岭山脉和罗霄山脉交汇处，比处州还要僻远。绍圣三年（1096），秦观离开处州。虽然头尾不到3年，但秦观在丽水留下了诸多诗词，其中《千秋岁·水边沙外》《好事近·梦中作》成为千古绝唱。

刘泾

刘泾

刘泾（1043—？）字巨济，号前溪，简州阳安（今四川简阳）人。熙宁六年（(1073）进士，历官成都府户曹参军、提举修撰经义所检讨、太学博士、职方郎中，知处、虢、真、坊四州。工诗书画。

刘泾于绍圣三年（1096）出守处州。除诗词外，还在南明山、三岩寺留下许多摩崖石刻。

三岩寺

混成初造物，幽绝故离群。

入户清容月，分栖淡借云。

木阴拦暑气，泉滴厌秋闻。

欲索秦人记，消磨篆石文。

灵山寺溪雨亭

尘土孤城空自忙，不知精舍早秋凉。

林间曲折磬三里，天上金光月满堂。

净饭打鱼刳老木，寒灰添火热茗香。

鹁鸠山脚溪声好，流入人间雨意长。

天王寺

金碧为家定化城，书床南堰略相迎。

人间蝶梦正深黑，天上木鱼初发明。

半里好峰招隐路，一枝枯竹助闲行。

已惭怀绂无高致，可更标门着姓名。

巃嵸岩

苍岩如堂石如锯，桥梁如绳水如布。

不有樵夫蹋破云，世间那得知其处。

妙成观春新堂

竹无秋色水无春，山扫屏围对座新。

自笑官居能几到？登临终是属闲人。

妙成观溪屏阁

野色荒烟几十春，不知今日为谁新？

洗开修竹成危阁，放出溪光自属人。

和春新堂

前溪一曲唱阳春，阁已荆榛句尚新。

今日新堂恢旧观，更将短句和前人。

和溪屏阁堂

阁去诗存且百春，一齐扣出话头新。

欲令心意无穷尽，更把溪山嘱后人。

妙成观樟洞

谁斫樟庵古且精，青山为障水为屏。

神仙窟宅长如旧，不数人间冬夏青。

瑞相寺广照寺

挺然云壑势孤超，杰卓堪舆岁月遥。

岂复有心论我相，不知何苦独高标。

叶梦得

叶梦得（1077—1148），字少蕴，祖籍处州松阳（今属浙江），曾祖叶纲始迁苏州。绍圣四年（1097）登进士第，历任杭州知府、户部侍郎、翰林学士、户部尚书、江东安抚大使等官职。晚年隐居湖州弁山玲珑山石林，故号石林居士。所著诗文多以石林为名，如《石林燕语》《石林词》《石林诗话》等。

建炎三年（1129）冬，由于金兵南侵，叶梦得回处州老家避难，寓居南明山，游览过通惠门西天王山上的护法寺，寻访过秦观经常去的法安寺（即水南庵）。

护法寺

蓬莱仙人好楼居，飞腾十二邻紫虚。

茂陵刘郎厌尘土，欲弃敝屣追霞裾。

柏梁建章上霄汉，凌云作赋怜相如。

九关竟断雷雨隔，汗漫未可凭尻舆。

百年玉碗在人世，白发既老谁能除。

那知幽子三味手，坐斫一室剗崎岖。

飞栏跨空缭千嶂，下睨众木森扶疏。

真游已远不易到，幽事仅足那求余。

我来佳处得咫尺，崖谷更值晴烟初。

超然便觉尘境绝，脚底未怪鸣钟鱼。

法安寺

共约来春会，牙檀发画船。和风杨柳岸，微雨杏花天。

故园应携手，前途共着鞭。吴儿看环佩，珠树秀婵娟。

在南明山期间，叶梦得为丽水《南阳郡叶氏宗谱》写序，落款时间为"宋建炎四年仲夏吉书于南明山精舍"。处州各县南阳郡叶氏后世修谱，大都选载此序。

王十朋

王十朋（1112—1171），字龟龄，号梅溪，温州乐清人。绍兴二十七年（1157）状元，历官秘书郎、司封员外郎、国子司业、起居舍人、侍御史，知饶、夔、湖、泉诸州，以龙图阁学士致仕。南宋著名政治家、诗人，有《梅溪集》等。

游洞溪

段公不到溪岂好，李守已亡诗更奇。

偶向思贤亭上坐，爱溪兼爱昔人诗。

范成大

范成大（1126—1193），字至能，一字幼元，早年自号此山居士，晚号石湖居士。平江府吴县（今江苏苏州）人。绍兴二十四年（1154）进士。与杨万里、陆游、尤袤合称南宋"中兴四大诗人"。著有《石湖集》《揽辔录》《吴船录》《吴郡志》《桂海虞衡志》等。

乾道四年（1168）八月，范成大任处州知州。他在小栝苍山南园建莺花亭，《钦定四库全书·石湖诗集·卷一〇》记载了建莺花亭的原因：

秦少游"水边沙外"之词，盖在括苍监征时所作。予至郡，徐子礼提举按部来过，劝予作小亭，记少游旧事。又取词中语，名之曰"莺花"，赋诗六绝而去。明年亭成，次韵寄之。

徐子礼，即徐葳（？—1170），字子礼，吴县（今江苏苏州）人。乾道三年（1167）任浙东提举常平。徐葳提议建亭纪念秦观，取亭名"莺花"，并赋六绝诗一首。范成大于次年建成莺花亭，并次韵徐葳诗寄给他。

次韵徐子礼提举莺花亭

滩长石出水鸣堤，城郭西头旧小溪。

游子断魂招不得，秋来春草更萋萋。

愁边逢酒却成憎，衣带宽来不自胜。
烟水苍茫沙外路，东风何处挂枯藤。

垆下三年世路穷，蚁封盘马竟难工。
千山虽隔日边梦，犹到平阳池馆中。

文章光焰照金闺，岂是遭逢乏圣时。
纵有百身那可赎，琳琅空有万篇垂。

山碧丛丛四打围，烦将旧恨访黄鹂。
缬林霜后黄鹂少，须是愁红万点时。

古藤阴下醉中休，谁与低眉唱此愁。
团扇他年书好句，平生知己识儋州。

遂昌人范叔宝，字子珉。16 岁入为道士，宣和间随师赴京城，遇长髯道人授以画牛术，以画牛而名。范成大有诗《题范道士二牛图》：

西畴涤场静无尘，原头远牧秋草春。
一牛疾行离其群，一牛返顾如怒嗔。
目光炯炯狞而驯，点缀毫末俱逼真。
不颠不狂笔有神，妙哉吾宗散仙人。

北宋崇宁三年（1104），知州杨嘉言在小桔苍山州治旁建烟雨楼。范成大在 60 多年后重新为此楼题额，并作词。

鹧鸪天·席上作

楼观青红倚快晴，惊看陆地涌蓬瀛。南园花影笙歌地，东岭松风鼓角声。

山绕水，水萦城。柳边沙外古今情。座中更有挥毫客，一段风流画不成。

宋开禧二年（1206），范成大的忘年交姜夔来到丽水烟雨楼。姜夔（约1155—1221），字尧章，号白石道人，饶州鄱阳（今江西鄱阳）人。姜夔对诗词、散文、书法、音乐，无不精善，是继苏轼之后又一难得的艺术全才。

淳熙十四年（1187），姜夔经诗人杨万里介绍，以诗结识范成大。庆元二年（1196），姜夔定居杭州，一个偶然的机会，到了处州，来到了烟雨楼。睹物思人，姜夔想起了已经去世的范成大。《白石道人诗集》卷五记载：

括苍烟雨楼，石湖居士所造也。风景似越之蓬莱阁，而山势环绕，峰岭高秀过之，观居士题颜，且歌其所作《虞美人》。夔亦作一解。

姜夔看到范成大"烟雨楼"的题额，感慨万千，脑里回旋着范成大所作的《虞美人·烟雨楼》（此词已佚），和词一阕。

虞美人·阑干表立苍龙背

阑干表立苍龙背，三面巉天翠。东游才上小蓬莱。不见此楼烟雨未应回。

而今指点来时路，却是冥蒙处。老仙鹤驭几时归，未必山川城郭是耶非。

杨万里

杨万里（1127—1206），字廷秀，号诚斋，吉州吉水（今江西吉水）人。绍兴二十四年（1154）进士，历官赣州司户参军、国子监博、漳州知州、吏部员外郎、秘书少监等。杨万里的诗自成一家，独具风格，形成对后世影响颇大的诚斋体。与陆游、尤袤、范成大并称为"南宋中兴四大诗人"。

绍兴二十八年（1158），杨万里赣州司户参军任满，不久，获任永州零陵（今湖南零陵）县丞。隆兴元年（1163），零陵县教授、括苍人吴汤辅任满，杨万里以诗送行这位绍兴二十七年（1157）进士。

别吴教授景衡

道合从人笑，情亲觉别难。

得朋何恨晚，到老几相看。

世路今逾窄，吾徒却自宽。

此心各相勉，不但道加餐。

杨万里与丽水的王信交往密切。淳熙十二年（1185），王信出使金国，杨万里有诗相赠。

送王成之中书舍人使虏

帝遣唐朝第一人，玉门关外赐金银。

使星芒动梅花早，汉月光垂塞草春。

故国山河迎诏旨，中原父老识词臣。

十分宣慰华戎了，归为君王转大钧。

杨万里与喻良能交好。喻良能（1120—？），婺州义乌（今属浙江）人，字叔奇，号锦园。绍兴二十七年（1157）进士，历官广德县尉、鄱阳县丞、福州教授、国子监博士、越州（今绍兴）通判、兵部郎中兼太常丞、工部郎官。淳熙年间（1174—1189），喻良能出知处州，杨万里有诗赠：

送喻叔奇工部知处州

厌直含香与握兰，一麾江海溯冰滩。

括苍山水名天下，工部风烟入笔端。

新国小迟怀印绶，故园暂许理渔竿。

即看治行闻天听，紫诏征还集孔鸾。

叶适

叶适（1150—1223），字正则，号水心居士，永嘉（今浙江温州）人，官至兵部侍郎。叶适主张功利之学，反对空谈性命，为永嘉学派集大成者。著有《水心先生文集》《水心别集》《习学记言》等。

杨万里以诗赠送喻良能知处州时，叶适也在其中。

送喻太丞知处州

喻公策名自先朝，奉常冬官始见招。

何因敛退为泉石，可惜垂欲排云霄。

处州不城山作堵，百嶂千峰自翔舞。

孤高上头天一柱，中有秀句须公取。

叶适家住温州，前往都城临安时，经常在处州停留。除上文已载《冯公岭》外，还有其他有关丽水的诗。

题处州翔峰阁

九盘在州中，万山来四远。纳干床第近，寻丈未为褊。

日光既熙丽，风气亦清展。悠然不离席，所得甚宏阐。

隐峰招伏岫，腾跃俱赴眼。下视田中禾，稿粒犹可见。

临观要亲切，亦复贵眇缅。峡山丝线窄，岳极瀛海眩。

君看齐云上，往往无际限。何当蹑蓬莱，一泛五湖浅。

陆游

陆游（1125—1210），字务观，号放翁，越州山阴（今绍兴）人。祖父陆佃师从王安石，官至尚书右丞。绍兴六年（1136），陆游因祖父恩荫获授登仕郎。绍兴二十四年（1154），陆游参加礼部考试，被秦桧罢黜。绍兴二十八年（1158），秦桧病逝，陆游任福州宁德县主簿。次年，转任福建决曹。绍兴三十二年（1162），宋孝宗赵昚即位，陆游赐进士出身，任枢密院编修官，后历任镇江府通判、建康府通判、隆兴府通判、夔州通判、成都府路安抚司参议官、蜀州通判、嘉州通判、

陆游

荣州代理州事、严州知州、军器少监、礼部郎中兼实录院检讨官等，以宝章阁待制致仕。陆游是南宋著名的文学家、史学家、爱国诗人。

莺花亭

沙外春风柳十围，绿阴依旧着黄鹂。
故应留与行人恨，不见秦郎半醉时。

南园

晓莺催系柳边舟，巷陌东风拂面柔。
客里又惊春事晚，梦中重续栝苍游。
欢情饮量年年减，古寺名园处处留。
却羡少年轻岁月，角声如此不知愁。

南游云海叹茫茫，又泛归舟到栝苍。
城郭凄凉叹辽鹤，鬓毛萧飒点吴霜。
酴醾可把春无几，弦索初陈燕未央。

南园旧址

楼下清溪三百里，溪流不似客愁长。

安用移封向酒泉，醉乡只拟乞南园。
更添小阁临滩石，一洗人间歌吹喧。
春来归路阅三州，是处跚跙懒出游。
一到南园便忘返，亭边绿浸琵琶洲。

陆游的《剑南诗稿》卷一收入诗《自来福州，诗酒殆废。北归始稍稍复饮，至永嘉、栝苍，无日不醉，诗亦屡作。此事不可不记也》：

樽酒如江绿，春愁抵草长。但令闲一日，便拟醉千场。
柳弱风禁絮，花残雨渍香。客游还役役，心赏竟茫茫。

陆游曾于南宋绍兴三十年（1160）春自福州经温州、青田到过丽水，那时距离范成大到任处州还有8年。从上述《莺花亭》等诗歌可以看出，范成大建成莺花亭后，陆游又来过丽水。淳熙五年（1178），陆游曾任福州提举常平茶盐公事，或许此间来过丽水，此年陆游54岁，有诗《栝苍主簿陈伯予见过喜予强健戏作》：

　　　　寒无毡坐甑生尘，此老年来乃尔贫。
　　　　两颊如丹君会否，胸中原自有阳春。

陈伯予主簿，处州、丽水县旧志无记载，陆游与他交往不浅。

题陈伯予主簿所藏秦少游像
　　　　晚生常恨不从公，忽拜英姿绘画中。
　　　　妄欲步趋端有意，我名公字正相同。

寄题栝苍陈伯予主簿平楚亭
　　　　琵琶洲上暮山奇，五十余年役梦思。
　　　　与子定交虽可乐，念身垂老亦成悲。
　　　　远游倦似风枝鹊，愁思多于茧盎丝。
　　　　安得往寻平楚约，一樽相属醉题诗。

楼钥

楼钥（1137—1213），字大防，又字启伯，号攻瑰主人，明州鄞县（今浙江宁波）人。楼璩第三子。隆兴元年（1163）进士，历官温州教授、起居郎兼中书舍人、翰林学士、吏部尚书、端明殿学士、同知枢密院事、参知政事。南宋文学家，所著《攻瑰集》。

楼钥进士及第后的隆兴二年（1164），获得温州州学教授的职务，但须"待次"。乾道五年（1169），楼钥随出知处州的父亲楼璩来到丽水。楼璩，字叔韫，上任处州的次年即令州学教授纂修《括苍志》，并亲为之序：

余守括苍，得旧图经甚详，惜其猬酿讹舛，不足以传久。乃属郡博士与乡之老成，更加是正，而为之志，刊为七卷，庶来者有考焉。（明成化版《处州府志》）

楼钥在处州等待补缺，侍奉父亲，闲余在小栝苍山上的拟滁亭、烟雨楼、少微阁游玩。

晚自拟滁亭转烟雨楼听角

两寺疏钟夹岸闻，荒烟无数乱前村。

山衔落日云生彩，溪溜孤舟水不痕。

万象山烟雨楼

虫羽凄凄鸣绿暗，星晖隐隐照黄昏。
欲归重到层楼上，更为梅花一断魂。

括苍烟雨楼
莫为看山只凭栏，远怀犹恨两山间。
坐深却得无穷趣，只看平川一半山。

烟雨楼夜坐
暮霭横空黯未收，晚来凉动满怀秋。
淡云影里千山月，残角声中百尺楼。
参坐共为文字饮，高谈不见古今愁。
夜阑半醉意方适，径欲乘风汗漫游。

晚步少微阁
落日谢虚阁，横琴相对闲。
片云将急雨，一笑失前山。

乾道五年（1169）十月，楼钥从处州出发赴临安，以书状官的身份，参加他舅舅、假礼部尚书汪大猷任正使的贺金国正旦使团。乾道六年（1169）三月，楼钥回到处州。冬，随任满的父亲回乡。在处州待次期间，楼钥还有诗。

冯公岭
百级山田带雨耕，驱牛扶耒半空行。
不如身倚市门者，饱食丰衣过一生。

荆坑道中
古涧随山转，征人趁水行。悬崖当步险，空翠逼人清。

石路无寻直，沙田不亩平。千岩得一二，亦足慰平生。

乾道七年（1169），楼钥接替王信任温州州学教授，淳熙元年（1174），调任敕令所删定官。淳熙十四年（1187），楼钥知温州，淳熙十六年（1189）任满调任考功司郎中。回临安路过丽水，到囿山拜访奉祠在家的王信。

王成之给事囿山堂

烟雨望丽阳，前山罗紫翠。照水抱南明，不与巾子对。
褰来登囿山，一览万山会。莲城山固多，此地要为最。
主人意轩豁，物境供旷快。山椒涌华屋，迥立风埃外。
一物无遁形，所在见纤介。清霜肃天壤，佳树隔阛阓。
俯仰随取舍，左右从盼睐。门墙寻故步，杖屦许从迈。
恍然至绝顶，更觉宇宙大。樽酒屡劝酬，棋枰更胜败。
秋高月色皎，浮云了无碍。不俟攀仙掌，徒手吸溪濑。
兹堂极崇敞，意若欠深邃。先植易生木，徐待松柏兑。
望远仍可喜，意满聊自晦。无使山下人，或得窥外内。
但恐趣赐环，树艺或不逮。先生味斯言，一笑相领解。
吾将饬园丁，随处添翳荟。他时绕扶疏，吾庐益可爱。

方岳

方岳（1199—1262），字巨山，号秋崖，徽州祁门（今属安徽）人，一说台州宁海（今属浙江宁波）人。绍定五年（1232）进士，历官淮东安抚司干官、知南康军、邵武军。以诗名世，著有《深雪偶谈》《秋崖集》。

方岳曾应友人相约，到过丽水，并称处州为"苍州"。

三岩

山入苍州翠作层，何年凿此玉崚嶒。

瀑从峭壁飞将落，雪沍苍崖危欲崩。

寺老尚堪支古佛，地灵不肯着凡僧。

定应嫌客留名姓，云逼人寒一砚冰。

少微楼

不奈梅花尔许愁，天寒孤倚夕阳楼。

近城鸥鹭逢人惯，肯与渔蓑共钓舟。

少微山观橘

手斫苍烟竹径深，霜寒错落万黄金。

何年共话商山旧，分种归来欲满林。

少微山

紫虚观

小炷炉熏待瀹茶，瓦盆添水养蒲芽。

江南地暖得春早，开尽雪篱无数花。

离括日子安汤卿子贯同宿天宁

数月苍州住，山犹有故情。雨如知去日，诗亦了行程。

官柳因寒损，僧茶带雪清。怕无书信便，一夜语连明。

王琮

王琮（生卒年不详），字宗玉，一作中玉，钱塘（今浙江杭州）人。徽宗初登进士第，宣和中，任大宗正丞，提举永兴常平军路。靖康初，除左司郎中，历官两浙江东漕副，直龙图阁，以病奉祠。因宋高宗绍兴间，避地括苍（今浙江丽水）。著有《雅林小稿》。

三岩

闲携一壶酒，来对雪岩斟。秋老瀑飞瘦，石寒云宿深。

坐无僧共话，行有鹤随琴。北处尽不俗，令人生隐心。

秋夜有怀醉书十韵

秋风从何来，飒飒入窗牖。残灯耿不寐，照我客颜厚。

故园岂不佳，亦颇兴怀否。黄金桂百树，碧玉池十亩。

猿鹤响空山，亭台映疏柳。觥筹杂野蔌，笔砚得佳友。

愁无弹鹊句，隽有持螯手。人生行乐耳，功名有时有。

点检庋几两，土苴米五斗。浩然归去来，成事不如酒。

第二节　丽水诗人与诗词

祝颜

祝颜（生卒年不详），丽水官桥村人，大观三年（1109）进士。

三岩

谁测乾坤造化功，鼎分岩石乱云中。

石棱盘地卧伏席，泉势落天飞直虹。

海上仙人移绝境，人间大暑独清风。

我来佳兴不能尽，幽鸟一声林影空。

三岩全景

三岩，在城西北二里。宋皇祐（1049—1054）初，知州李尧俞将三岩命名，左为"晨曦"，右为"清虚"，有飞瀑泻落的中岩，为"白云"。有唐代李邕崖刻"雨崖"二字，字大径四尺。

朱琳

朱琳（生卒年不详），丽水县人。北宋元符三年（1100）进士。

延庆寺塔

只恐云霄有路通，层层登处接星宫。

洗花寒滴翠檐雨，惊梦夜摇金铎风。

僧老不离青嶂里，樵声多在白云中。

相逢尽说从天降，七宝休夸是鬼工。

延庆寺塔位于松阳县城西，始建于北宋咸平二年（999）。建炎三年（1129）夏，县人筹资修缮。朱琳为之作《延庆寺塔记》，并赋诗一首。

朱琳其人，丽水旧志除记载其科举年科外，余无片言只语。笔者查阅到宋代孙觌撰写的梁固墓志铭《宋故文林郎梁府君墓志铭》：

府君处州丽水梁氏，讳固，字达夫。曾大考健，大考纳，皇考佐，三世无爵位。而皇考以诗书教授乡里，为一时学者所宗。凡经讲授，文辞灿然，践巍科、登膴仕多为世显人。故相、太师、清源郡王何公，则尤显而名世者也。

府君少时已能传其父学，束书游四方。闻一善士，徒步千里从之。常试一礼部，不合。既而悔曰：吾岂不得已于此，而令达官贵人弄翰墨，以穷其所不知耶。遂不复有进取意。太师有女，颖悟过人，读书通训诂，知大义，字画有楷法。太师爱贤之，为择所从，曰：里中之贤，无逾府君者。遂归之。

太师执政，奏登仕郎，实大观元年（1107）也。授吏部架阁官，俄改惠民局。久之去，为汝州司法参军，以最升从事郎。调陈州节度推官，又以功次迁文林郎，监在京编估局。方待次，以政和四年（1114）三月十八日遇疾不起，年四十九。夫人嫠居十年，安贫守义，日夜课诸子以学。太师奏封晋安县君，再封令人。二男子，曰汝嘉，通直郎；曰汝谐，未仕。四女子，中奉大夫、直秘阁、知济南府朱琳；朝奉郎、通判潭州木鞔；从事郎、常州晋陵县丞宋瀚，其婿也。余一人在室。孙男三人。令人享年五十八，宣和六年（1124）八月三日卒于京师。明年（1125），汝嘉举文林之殡与令人之丧，行次常州，卜地于州之南武进县谆，龟视曰皆吉。遂以其年十一月十六日合葬于怀南乡梅庄里之原……（《钦定四库全书·鸿庆居士集·卷三五·墓志铭》）

按此铭记叙，朱琳是梁固的女婿，是梁汝嘉（1096—1155）的姐夫。宋周必大撰《通奉大夫、赠少师梁公神道碑》记载：

公讳汝嘉，字仲谟。幼敏悟，外王父清源郡王何丞相执中奇之，奏补登仕郎。初以迪功郎主管吏部官告院，三被赏，循儒林郎调中山府司兵曹事。减员，改仪曹。以用举者，改京秩，常辟燕山府路帅属，议论不诡，随帅不悦，公求还京师。俄丁母忧，营葬常州，因家焉。靖康初，服氏除，就选知武进县。己酉二月壬子，六飞苍黄南渡。甲寅，次常……

宣和七年（1125），梁固、何氏合葬常州时，朱琳为中奉大夫、直秘阁、知济南府，正四品官员。梁汝嘉为"通直郎"，从八品。宋代李心传的《建炎以来系年要录》卷二〇记载：

（建炎三年二月庚戌）金人以支军侵楚州，守臣直秘阁朱琳具款状，遣人迎降，开西北门纳金人，开东门纵居人自便，军民皆趋宝应县，欲自扬州渡江。金人觉之，悉邀回城中。

建炎三年（1129），朱琳已转任楚州（今江苏淮安）知州。金兵兵临城下，朱琳为保州民无虞，一边开东门放民出城，一边开西北门纳降。朱琳此举被人诟病，《宋史全文》卷一五记载：

（建炎三年六月）丁卯，右司谏袁植罢。初，植请再贬汪伯彦，而诛黄潜善及失守者权邦彦、朱琳等九人。上曰：渡江之役，朕方念咎责己，岂可尽归大臣？植乃朕亲擢，虽敢言，至导朕以杀人，此非美事。吕颐浩曰：圣朝弼臣罪虽大，止贬岭外。故盛德可以祈天永命。植发此念，已伤和气。滕康曰：如植言，伤陛下好生之德矣。乃下诏略曰：朕亲擢袁植，置之谏垣，意其补过拾遗，以救阙失。而植供职以来，忠厚之言未闻，杀戮之事宜戒。可出知池州。

言官袁植上书宋高宗，建议把朱琳等开门投降的官员杀头，没想到高宗把失守之责归于自身。袁植因言获罪，被外放池州。不过，死罪可免，并不意味着啥事没有。《建炎以来系年要录》卷三六记载：

（建炎四年八月）承议郎黄敦彦追一官勒停，坐前通判袁州日与守臣王仲嶷俱降敌也。时仲嶷已窜谪，于是朝请郎李积中坐投拜除名、编管。中奉大夫杨渊、朝议大夫王子献，坐洪吉州失守，并追二官勒停（日历并无此，今以绍兴二年二月壬午，敦彦乞复官状修入。渊、子献行遣，亦据检举状书之，不得其年月，且附敦彦追官之后，积中行遣检举，并不见绍兴元年三月六日后，省缴朱琳叙官状云，去岁守臣投拜者，如李积中等则除名勒停、编管，故因敦彦事遂书之，以详当时行遣次第）。

建炎三年（1129），金兵大举南下，户部尚书叶梦得都避乱处州南明山。朱琳开门纳降后，也弃官回丽水。回家不久，恰逢松阳延庆寺塔修缮完毕，修塔者请朱琳作记。朱琳欣然答应，他在《延庆寺塔记》里如此说：

……有比丘迥中，以修塔僧智俌之意，求铭于余。余栖心《内典》累年，于兹闻是殊胜，固以言语随喜，同作佛事。况复来请，实获我心。因采旧闻，具载巅末。

朱琳可能觉得自己是戴罪之身，所以在记里只署名字未署身份。而后世之人可能也因朱琳因楚州之事，后来被除名勒停，未追署其身份。不过，朱琳不会想到，他的这篇记会成为延庆寺塔的"身份证"；也不会想到，延庆寺塔会斜而不倒，屹立千年，成为今天丽水地区屈指可数的"国宝"。

何偁

何偁（1121—1178），字德扬，号玉雪。祖籍龙泉（今属浙江）人，定居丽水西山。绍兴二十七年（1157）进士。孝宗隆兴元年（1163）为太常博士。次年，权吏部郎中。乾道四年（1168），知兴化军。淳熙二年（1175）提举浙东常平茶盐事。淳熙四年（1177）提举福建常平茶盐事。著有《玉雪集》。系参知政事何澹的父亲。

挽紫虚观道士卢葆真

不见高人卢葆真，洞前松竹几经春。

白云中断无双鹤，仿佛悲鸣是古人。

少微山仙人岩

臞庵二首

多羡王居士，心闲事事幽。山从天末见，江近枕边流。
春圃千葩秀，霜林百果收。更能穷物理，濠上看鱼游。

柳外长虹卧，江边小市圆。水摇千嶂影，窗纳五湖天。
隔岸谁家圃，开帆何处船。非关台榭好，此地最堪怜。

籍桂堂

清溪一百曲，洗我心无尘。日影上汀渚，桂香袭衣巾。
露零芳更润，山沃叶长春。种德长如昔，他年更几人。

何偁知兴化军时，兴化一带大旱，何偁积极组织抗旱。时王十朋任知泉州，两地比邻，两人为同榜进士，隆兴元年（1163）又同朝为官，何偁为太学博士，王十朋为起居舍人。兴化久晴无雨，泉州也一样。王十朋有诗赠何偁。

次韵何兴化德扬闵雨

荧惑照南纪，千里生尘埃。守臣失其职，闵雨肠空摧。
奔走佞佛老，吁嗟祷风雷。烁石势愈炽，望霓心可哀。
民情有愁恨，天意那能回。缅怀端明公，岂薄德与才。
乞雨问山神，胡为亦迟徊。邻邦贤使君，道妙藏灵台。
不待雨催诗，却以诗篇催。仁听泻糟床，遥期衔贺杯。
政理阴阳和，诚加金石开。余波必及我，飘洒桐城隈。
两郡桐青青，年丰廪崔嵬。普天望作霖，公盍归乎来。

王信

王信（1137—1194），字诚（成）之，丽水县城人，绍兴三十年（1160）

进士（详见第五章）。

题石洞书院

不到兹山又十秋，欲题名字记重游。

转头前日梦相似，拭目诸公墨尚留。

俗里尘埃随酒却，淡中生活为诗愁。

晚来得趣无人解，一鸟不鸣山更幽。

飞瀑

闻道东阳水乐亭，一经坡句万年声。

我来石洞得飞瀑，谁赋新诗留美名。

平地有雷鸣不断，半天无雨势如倾。

欲知山水醉翁意，且请主人迟酒行。

题椿桂堂

乡与子直游胶庠，是时子明居侍旁。

友于学问相激昂，声华日驰翰墨场。

仲氏一第如探囊，伯氏随即凌云翔。

已快雁塔书雁行，君家余庆未易量。

二龙三凤同呈祥，一门竞爽如圭璋。

前后继踵名相望，夥为十佛经中光。

联翩不美金华堂，会稽何独夸诸黄。

世言燕山窦十郎，一枝椿老五桂芳。

君今取此名其堂，荐绅荣之富篇章。

几与窦氏争颉颃，吾家亦颇推吾乡。

自从仲父阁天荒，五登科第于太常。

枝分派别各一房，敢与君家相比方。

夫人更喜寿且康，岁时罗列称寿觞。

彩衣青紫交焜煌，人生至乐见未尝。

源深允矣流必长，孙枝更接秋风香。

何澹

何澹（1146—1219），字自然。祖籍处州龙泉，随父何俱定居处州丽水西山（详见第五章）。

和王成之同赵达明游西湖

只对西湖也自凉，雨余天更辟商羊。

水交秋色心田静，风入山花鼻观香。

别驾殷勤能高醴，五曹嬉戏且逢场。

凤凰池上今文伯，犹忆春闱夜卷长。

报慈山门

翠屏一匝梵王城，白练两条功德水。

百鸟争巢高树枝，似闻佛法心欢喜。

九日偕朱彦器伯仲游雁门山

神京浩不及，仙关次第开。

名山逢好友，九日共登台。

济胜聊为具，吟诗愧别才。

何年清海甸，结屋此中来。

游石门

十年三径寄岩阿，知有双崖未得过。

愧见名公寻古迹，肯将归棹舣沧波。

贤哲灵运游应蕉，好似子长奇最多。

怪石灵泉诗榜在，高名千载共峨峨。

鹧鸪天·好景良辰造物悭

好景良辰造物悭。一年灯火遽摧残。雨淋夹道星千点，雪阻游人路九盘。

停社舞，撤宾筵。漫烧银烛照金莲。不如我入香山社，一盏青灯说夜禅。

满江红·灯夕筵开

灯夕筵开，人物共、英词三绝。环座处、袖中珠玉，郢中春雪。红烛星繁销夜漏，紫霞香满催歌拍。算新年、何处不风光，三山别。

云表殿，千层结。花藉锦，添明月。更浮屠七塔，万枝争发。多谢一天驱宿霭，故教三日成佳节。更何须、海上觅蓬莱，真仙阙。

满江红·乐禁初开

乐禁初开，平地耸、海山清绝。千里内、欢声和气，可融霜雪。盛事总将椽笔记，新歌翻入梨园拍。道古来、南国做元宵，今宵别。

灯万碗，花千结。星斗上，天浮月。向玉绳低处，笙箫高发。人物尽夸长乐郡，儿童争庆烧灯节。疑此身、清梦到华胥，朝金阙。

桃源忆故人·拍堤芳草随人去

拍堤芳草随人去，洞口山无重数。翳朝露成树，争晚渔翁住。

今人忍听秦人语，只有花无今古。欲饮仙家寿醑，记取桥边路。

梁安世

梁安世（1136—1195），字次张，号远堂，丽水县梁村人。绍兴二十四年（1154）进士，与范成大、杨万里同榜。历官绍兴府会稽县尉、衡山知县、司农寺丞、权知韶州、大农丞、广南西路转运判官。

双溪

岸高平步远汀沙，落木梢头点乱鸦。

舞动双龙金锁甲，兰皋影外晚红斜。

春霖涨合两溪平，雪浪中浮桑柘青。

南市唤船撑未到，一番蓑笠满津亭。

桂林

列城二十五，去国一百舍。

西夷蚁穴通，南岛鲸波驾。

石芥

撷根山石贮瓶罂，柱后缄题见者赪。

风味莫嫌无酝藉，杯样亦解作聪明。

愿言则嚏传心事，搔首踟蹰散宿酲。

最是徂徕明道地，至今奸胆亦魂惊。

张相公祠

五湖烟浪渺难寻，有像区区欲铸金。

试问铁胎身后事，何如羽扇用叽心。

江涛

江涛（生卒年不详），丽水人。乾道二年（1166）进士。历官知福清县、福州大都督府长乐郡威武军通判。

和放翁题莺花亭

春雨溪头长柳园，游仙枕上赋黄鹂。

谁知醉卧古藤下，却是浮生梦里诗。

朱天民

朱天民（生卒年不详），字觉甫，丽水人。南宋景定三年（1262）进士。历官婺州东阳尉、知金华、义乌、东阳县、浙西安抚司金厅、平法府节度判官。

丽阳神灯

昔向长老说，北山有神灯。六月神初度，邑人竞高登。

夜深无消息，忽其见崚嶒。璀璨作奇葩，点缀横玉绳。

渐渐出阴壑，两两度松藤。乍明既倏晦，此没或彼兴。

光中若有人，前后相参承。久久乃散去，各自为侪朋。

神意会群望，欢尽车方升。我家枕朔冈，梦寐云气腾。

日暮启窗户，挥扇却炎蒸。跂于默一祝，祥光来相应。

丽阳山

体大赤杲日，中莹融明冰。此乃少为贵，群嘱当未曾。

再拜灯复出，照我心渊澄。

梁泰来

梁泰来（1238—？），字伯大，丽水县梁村人，高叔祖为梁安世。南宋咸淳十年（1274）进士。曾任宁海县尉，后隐居不仕，在周坦开馆授徒，吟诗作赋。

高叔祖远堂漕使与杨诚斋先生唱和敬用元韵

黄榜联名甲戌年，传衣直比祖师禅。

源源学道周程后，籍籍诗声魏晋前。

玉笋同班人暂别，雪梅得句字犹鲜。

江西一派清如许，千古遗芳沃砚泉。

过秦少游祠

溪回路转入幽林，云钥荒祠草木深。

流水斜阳鸦数点，不知谁卧古藤荫。

归田

野兴归田乐，官情行路难。身心无荣辱，梦寐自平安。

晚食何加匀，粗衣尽疗寒。幽居日无事，种菜当花看。

偶书

世事风中絮，时机局上棋。穷通皆分定，行止岂人为。

引睡书堪枕，驱愁酒替诗。塞翁虽失马，倒是得便宜。

章良能

章良能(？—1214)，字达之，丽水县城人。淳熙五年（1178）进士，历官著作佐郎、起居舍人、知泉州、江南东路转运判官、礼部侍郎、吏部侍郎、御史中丞兼侍读、同知枢密院事、参知政事。

题玲珑山

短锸长镵出万峰，鉴开混沌作玲珑。

市朝可是无嵚崟，更向山林巧用工。

小重山·柳暗花明春事深

柳暗花明春事深，小阑红芍药、已抽簪。雨余风软碎鸣禽，迟迟日，犹带一分阴。

往事莫沉吟，身闲时序好、且登临。旧游无处不堪寻，无寻处、惟有少年心。

第三节　丽水诗人姜特立

姜特立（1125—1203），字邦杰，世居处州丽水姜山。父亲姜绶（详见第五章）。父亲牺牲时，姜特立 2 岁，母亲陈氏年 23 岁，誓不再嫁。年幼的姜特立与母亲相依为命，依靠恩荫承信郎的微薄俸禄生活。

姜特立参加过几次科举考试，但都铩羽而归。成年后，进入军队，从武臣最低阶从九品开始，一级一级磨勘上升。至淳熙十年（1183）初，已升迁至福州兴化军都巡检使。这一年姜特立已经 59 岁，如果没有意外，他应该致

姜山读书图

仕回家颐养天年了。

但"意外"还是发生了。《宋史全文·宋孝宗》记载：

癸卯（淳熙十年，1183）……三月……己丑，福州奏："都巡检姜特立捉海贼九十四名：根勘二十八人招伏，余六十六名被虏在船，不曾行劫，并给据释放。"上曰："赵汝愚如此处置甚善。古者制刑，王者言宥而有司执法。若有司但务姑息，何以示惩？"

姜特立身先士卒，率部驾船勇擒海贼。福州军帅赵汝愚将姜特立的英勇事迹上奏朝廷。姜特立因此得到擢升，《宋会要辑稿·兵》记载：

淳熙十年（1183）五月二十五日诏：福州兴化军都巡检使姜特立特转两官，沿海制置使司水军统制林文特与遥郡上转行一官，水军副将董珍等一十一人各转资有差……

淳熙十年（1183）冬，姜特立从福州"退伍"，他自叙"癸卯冬解官三山归双溪"，三山是福州的雅称。双溪，代指婺州。姜特立47岁时寓居武义（今属金华）。60岁"退伍"回家，姜特立别有一番思绪，写了《出闽中四首》：

山行十日到吾家，腊尽归人惜岁华。
斗酒只鸡谁劳我，更须踏雪看梅花。

千里携家一秃翁，一樽倒尽百愁空。
野梅可是工迎客，排日开花到浙中。

飘蓬不归根，而我还故里。有食即可安，何必土风美。
岂非俗缘故，堕此胶漆底。艰关一月程，况复携老稚。
囊空畏途远，蓐食常夜起。人生贵适意，奔走殊未已。
倏有三迳资，吾生恐无几。

晚出仙霞岭，平原豁故关。石穷千里迳，云失万重山。

渐喜乡音似，遥知儿辈欢。不缘怀里社，倦翼未须还。

姜特立本以为就此可以安享晚年，没想到第二年，即淳熙十一年（1184），宋孝宗诏他赴京。此番召见，对宋孝宗来讲，应该是例行公事。而对于一位60岁的老人而言，得到皇帝召见，除了惊喜外，没有太多的想法。

姜特立在觐见皇帝时，"献所为诗百篇"。姜特立此举，出人意料，一个行伍之人会写诗？不但朝堂中的进士出身的文官不相信，孝宗心里也没底。第二天早上，让姜特立当场赋诗一首，以验明真伪。

甲辰岁进诗一编，孝宗许其清新。翌旦，宣谕宰执召试，再赋一首

午漏奏新诗，昕朝召节飞。

若非梁武帝，谁识谢玄晖。

姜特立对孝宗的心理非常清楚，他甚至腹诽皇帝多疑，也自嘲像刚出茅庐的小年轻。

甲辰春蒙恩召试时年六十

霜满颐间雪满簪，已甘萧散卧山林。

如何六十公孙子，尚作当年举子心。

君王初未识相如，谁与殷勤荐子虚。

莫笑粗官便无用，粗官也解试中书。

58岁的孝宗对姜特立的文武双全大加赞赏，任命他为阁门舍人。李心传《建炎以来朝野杂记》记载：

阁门，右列清选也。旧有知阁门事、同知阁门事。多以外戚勋贵为之，其下有阁门宣赞舍人，掌唱赞。书命阁门祗候，掌侍卫班列。乾道间，孝宗始仿儒臣馆阁之制，增置阁门舍人，以待武举之入官者，先召试而后命。供职满二年与边郡，遂为戎帅、部刺史之选。

阁门舍人是武官的跳板，以后可迁任一方主帅或州守。这对于已经准备终老林泉的姜特立来讲，简直是天上掉下了大馅饼。

甲辰岁以诗一编进，孝宗圣语且许其清新，骤蒙擢用。
暇日感孟襄阳事，聊赋数语

襄阳孟浩然，床下谒至尊。一语不合意，放还归里门。
我诗虽不工，骑马入帝阍。饱暖自兹始，永怀明主恩。

从福州返乡时，是"囊空畏途远"，任阁门舍人"饱暖自兹始"，姜特立非常感恩孝宗。数月后，孝宗又任命他"充太子宫左右春坊兼皇孙平阳王伴读"，即太子宫主管和太子的儿子的伴读。

余年六十始入侍禁庭，数月又直春宫

新年出小劫，今日真储宫。天道周必复，物情穷则通。
春丛无寒荣，秋畲得晚丰。勿悲夕阳句，犹胜吾家翁。

太子，就是后来即位的光宗；太子的儿子，就是后来即位的宁宗。姜特立负责太子行宫（东宫）的事务，经常守夜，也能见到皇帝驾临。

中秋寓直东宫是夕当月蚀云兴不见

中秋令节每多阴，况复清居鹤禁深。
幸免虾蟆矜毒吻，不妨蟋蟀伴孤吟。

连旬病腹难容酒，独夜清眠不愧衾。

二八孤光应未阙，小楼犹得共登临。

圣驾幸东宫

仙仗天临下五云，承华气象一时新。

薰风淡荡飘黄繖，瑞脑纷纭点翠裀。

彩服戏时天一笑，宝卮捧处日重轮。

从今家国同休庆，且寿双亲一万春。

孝宗非常欣赏姜特立的武功文采，也非常信任这位烈士的儿子，两次减了姜特立的"磨勘期"（即考核铨选年限）。

一次是淳熙十二年（1185），《宋会要辑稿·职官·卷七之四二》记载：

三月一日，皇太子宫小学言："皇孙英国公听读《周易》终篇，接续听读《礼记》。"从之。诏："教授何澹、罗点各特转一官，春坊谯熙载、姜特立各减三年磨勘……"

另一次是淳熙十五年（1188），《宋会要辑稿·职官·卷七之四三》记载：

十月十六日，诏："皇孙平阳郡王听读《礼记》终篇，教授莫叔光、邓驲各特转一官，谯熙载、姜特立、蓝师古、谯令雍、张帅贤、蒋巨卿、张克家各减三年磨勘……"

淳熙十四年（1187）十月，高宗去世后，朝廷要选正副使前往金国告哀。根据周必大《文忠集思陵上》记载，在挑选出使金国的人选时，丞相周必大、留正"欲用范仲艺，而林栗副之"，孝宗以为"仲艺人物不甚佳，不识林栗何如。令别择正使，副使差姜特立"。周必大、留正回来商量，留正对姜特立很感冒，两人"遂具韦璞、王渥二姓名"，孝宗划去王渥的名字，"上批差韦璞、姜特立"。《宋史·卷一二五·礼志》记载：

淳熙十四年十月，以将作监韦璞充金国告哀使，阁门舍人姜特立副之。

此次使北，姜特立有诗记行。

使北二首

万里持哀使北荒，偶能成礼报君王。

中原旧事成新恨，添得归来两鬓霜。

略无险阻蔽皇居，底事当时醉寐如。

若使贾生参国论，便应咽死更无书。

淳熙十六年（1189年）二月初二日，孝宗禅位给儿子赵惇，史称光宗。光宗即位后的第五天，就把姜特立给提拔了。《续资治通鉴长编》记载：

（淳熙十六年二月）丙寅，以阁门舍人谯熙载、姜特立并知阁门事，帝东宫旧臣也。

由阁门舍人充太子宫左右春坊擢升知阁门事，姜特立原先只是在太子宫活动，现在成了皇帝身边的人，在皇宫里供职了。宋代阁门司主管官员朝会、游幸、宴享赞相礼仪等事。知阁门事约为正六品官职，官阶不高，但在皇帝左右办事，经常出入宫禁沟通内外，职低权重。新皇早朝，姜特立要陪侍左右：

早朝

欹眠侧耳数寒更，欲起未起心不平。

何似山间浑睡足，卧看红日上窗明。

迷晓逆风飘漏远，惊秋堕叶响廊深。

五更又上篮舆去，忘却当年调笑吟。

但是三个月后，姜特立就被留正给劾罢了。参劾的理由是姜特立以"近幸"的身份，干预朝政，又拉帮结派。

先说干预朝政。姜特立有两件事被人诟病。《宋史全文》卷二八记载：

（淳熙十六年）正月己亥，周必大进左相，留正右相。丙午，皇太后迁慈福宫。春坊姜特立见必大，问曰："宫中人人知上元后举行典礼，今悄然，何也？"必大谢曰："此非外廷所敢与闻。"特立不悦而退。

这个典礼，指的是孝宗的禅位典礼，原定上元节（即元宵节）后举行，但天象有异，须拖延时日。张端义《贵耳集》记载：

孝庙将授于光庙，择正月使人离阙选日，讲行大典。孝庙与周益公云："二月一日日蚀，避正殿未满旬日，有此典故，恐非新君所宜，朕自当之。俟日蚀后别择日。"外廷俱不知之。

禅位是朝廷大事，由孝宗决定时间，丞相操办仪式。姜特立是太子身边的人，心情应该跟太子一样焦急。但以他的身份直接问丞相，显得有些唐突和不合适，哪怕他是替太子打探消息。

另一件事发生在同年五月，《宋史全文》卷二八记载：

上之受禅也，姜特立、谯熙载皆以春坊旧人得幸，颇用事。自周必大罢，左揆久虚，而亚参亦阙。时特立知阁门事，忽见右丞相留正，曰："上以丞相在位久，欲迁左揆，而叶、张二尚书中择一人执政。二书孰先？"正不答。明日，以特立之语于上前奏之，且论其招权纳贿之状。上大怒，罢特立阁职，提举江州太平兴国宫。

五月初，左相周必大被谏议大夫何澹论劾罢职，职位空缺。参知政事的职位也空缺。姜特立前去拜见留正，对他说："皇上想提拔你当左丞相。准备从叶（翥）、张（枸）两位尚书中选择一位任参知政事，你看一下，两位谁先任？"留正没回答，把姜特立敷衍了过去。第二天上朝，留正把姜特立的原话当众上奏，说他假传圣意，并劾论他平时耍弄权力，接受贿赂。

姜特立透露光宗想擢留正为左相，有邀功和巴结的意思。留正为左相基本已成定局，在谁任参知政事一事上，留正有很大的发言权。姜特立本意应该是让留正提议叶翥上任，因为时任户部尚书叶翥是他的处州老乡，更是少年同窗。没想到留正一点面子都不给姜特立，紧接着，殿中侍御史刘光祖弹劾户部尚书叶翥、中书舍人沈揆结近幸以图进取，叶翥因此被外放，出知镇江。

再说说拉帮结派。宋高宗朝的甘昪，宋孝宗朝的曾觌、龙大渊，都是皇帝当太子时的"近幸"，因恃宠而骄，招权纳贿而招致大臣们的奏劾而被逐离朝廷。也因此，只要太子即位，潜邸时身边人得到重用，不管德行如何，即被打上"标签"。

刘光祖是何澹馆阁时的同事，关系还不错。何澹弹劾周必大后，刘光祖到访过何澹家。何澹说自己弹劾左丞相可谓"犯不韪"，刘光祖说："周丞相并不是没有可劾论的地方。不过我有个建议，近年只要一位丞相下台，他引荐的人都被逐去。周相门下多佳士，最好不好波及他人。"然后又劝何澹，远离皇帝身边的近幸。《宋史全文》卷二八记载：

> 光祖屏人语澹曰："曾、龙之事不可再也。"澹曰："得非姜、谯之谓乎？"光祖曰："然。"既而澹引光祖入便阁，有数客在焉。光祖顾视，则皆姜、谯之徒，始悔前言之轻发也。

刘光祖以曾觌、龙大渊来类比姜特立、谯熙载，又论劾叶翥等人结"近幸"。这位从四川制置司参议官任上进京的蜀人，不知道何澹府上的"姜、谯之徒"是什么人。叶翥（1128—1208），字叔羽，绍兴二十四年（1154）进士，与蒋继周同榜，两人同为处州青田人。蒋继周（1134—1194），字世修。淳熙十二年（1185）八月，蒋继周由右正言迁右谏议大夫。淳熙十三年（1186）九月，迁御史中丞。王信（1137—1194），字成（诚）之，丽水县城人，绍兴三十年（1160）

进士。淳熙十三年（1186）冬，任给事中。

姜特立、叶翥、蒋继周、王信、何澹，除了处州同乡这一层关系外，姜和叶是少年同窗；蒋继周是梁汝嘉的孙女婿，与何澹是姑表亲；何澹的女儿嫁给了王信的儿子，两人是亲家。而早在淳熙十二年（1185），姜特立兼任皇孙平阳郡王府伴读，何澹兼任教授，一同课读未来的宁宗。处州山高地僻，五个人能在京都朝堂会合，殊为不易。闲时聚在一起，叙叙乡情，聊聊工作，实在是合乎常理不过。

淳熙十六年（1189），姜特立被罢免知阁门事，提举江州太平兴国宫。姜特立过婺州，登八咏楼，再回武义，有诗：

八咏楼

旧八咏楼因子城为基，其地隘甚，初无楼观之实。隐侯在郡，当齐建武甲戌，距今淳熙己酉，盖六百九十五年矣，参政李公始筑其址而增新之。于是华榱杰栋，凭虚望远，缥缈烟云间矣。

隐侯故事许谁传，领略江山付谪仙。

虹抱子城增面势，翚飞杰栋跨风烟。

旧题压倒三千首，壮观追还七百年。

我老登临无好语，倚栏终日愧前贤。

归故园二首

向来叨趁内朝班，宫漏鸡声晓梦间。

今日身闲无一事，五年睡债一时还。

桃李归来已半空，不堪春事去匆匆。

落红犹自留连客，故向尊前舞晚风。

姜特立的心态很平和，对于一位 65 岁的老人而言，一切都看得很淡了。但这种平静并未持续多久，绍熙二年（1191），光宗没忘记这位跟父亲孝宗年龄相仿的身边人，任命姜特立为浙东马步军副总管。浙东马步军总管府在婺州（今金华），赴任时，姜特立有诗。

之官婺州

一夕霜风扫翠微，宦情何似客情悲。

留连祖帐临分日，徙倚家园欲去时。

三载奉祠心似水，一番絜累鬓成丝。

高飞深泳惭鱼鸟，临水看云有所思。

和答巩提干见贺浙东总戎

黜陟何尝到耳边，旋栽花木学平泉。

二年窃食祠官冷，一日颁恩宝篆鲜。

闻寄暂居油幕副，朋从遥忆竹林贤。

诗筒从此长来往，应有人编唱和篇。

绍熙四年（1193），光宗又想念起姜特立，想把他召回到身边。五年前赶走姜特立的丞相留正不肯了，《宋史全文》卷二八记载：

正引唐宪宗召吐突承璀事，乞罢相。不许。正复言："臣与特立势难两立。"帝答曰："成命已班，朕无反汗。卿宜自处。"正待罪国门外。

留正引经据典说："当年唐宪宗要用李绛为相，先把吐突承璀外放淮南监军。后来要召回吐突承璀，先罢李绛相。本朝范祖禹编《唐鉴》时写二人不可并立于朝。这本书皇上看过多次了。现在要召用姜特立，臣应该罢相。"

给事中谢深甫驳回姜特立的诏令，光宗批示说：

朕悯其旧臣，无辜而去，特与书行。

同知枢密院事赵汝愚是姜特立的老领导和举荐者，这回也反对召回姜特立。

光宗均不理睬。留正撂下丞相的挑子，交出所有的任命文件，"净身出户"到城外六和塔驿馆等光宗回心转意。著作郎沈有开、著作佐郎李唐卿、秘书郎范黼、彭龟年、校书郎王爽、正字蔡幼学、颜棫、吴猎、项安世等纷纷上疏，请光宗罢免召命。

留正又上书光宗："臣与特立不能一起同朝。请早点颁旨处理。"光宗批复："皇命已经下达，怎么能反悔？你自己看着办。"直到十一月，留正请求归田退隐，又请求停止俸禄，并到范村佛寺待罪，光宗才答应不再召见，留正回朝，姜特立仍然任浙东马步军副总管。

绍熙五年（1194）六月，孝宗去世，光宗不理不睬，最后是高宗的妻子太皇太后出面办了孝宗葬礼。七月，留正弃官而逃，赵汝愚、韩侂胄两人联手，通过太皇太后使光宗禅位于皇子赵扩，即宁宗。《两朝纲目备要》卷二记载：

宁宗登极，迁和州防御使。庆元元年（1195）冬，复引疾奉祠。嘉泰元年（1201）春，拜宁远军节度使，时年七十七矣。特立有诗数千篇，杨廷秀序之，号《梅山集》。

上文惜墨如金，却可看出宁宗对姜特立的感情，即位伊始，擢升姜特立为和州防御使。不过，防御使只是寄禄官，无职掌，无须驻本州，从五品。嘉泰元年，又擢宁远军节度使。节度使虽为虚职，但为武臣最高衔。姜特立十分感念当年自己伴读的平阳郡王、如今的皇帝：

赐节
潜藩伴读六年余，赐钺君王念老儒。

禄厚养成闲意思，日长添得睡工夫。

得节二首

年登八秩少三春，鼻祖功名事不伦。
红旆碧油非本意，绿蓑青笠是前身。

风云际会少人同，玉殿宣麻出禁中。
圣主念亲催赐钺，老臣扪泪痛遗弓。

姜特立得到孝宗、光宗、宁宗祖孙三代皇帝的恩宠，60岁后从福州一个小小的武官擢升至武臣极品，确实有些匪夷所思。《建炎杂记·甲集·卷二二》"恩旧节度使"条记载：

哲庙以前，节度使未有以恩泽除者。若王显、张冕辈，虽以旧恩而贵，

三岩之白云摩崖

然皆以尝任省府得之。而崇宁后始除郭天信、朱勔二人。绍兴中，曹勋、韩公懿。乾道中，曾觌。嘉泰中，姜特立、谯金雍皆以攀附恩泽，乃参官节度使。

"以攀附"得到"恩泽"，这是宋人对姜特立的官至节度使的表述。这个表述是有问题的。姜特立在太子宫任春坊兼皇孙伴读，时间长达 6 年，而光宗即位后知阁门事仅 3 个多月 100 余天。《宋史》卷四七〇记载：

姜特立，字邦杰，丽水人……太子即位，除知阁门事，与谯熙载皆以春坊旧人用事，恃恩无所忌惮，时人谓曾、龙再出。

姜特立因询问禅让时间、叶翥任参知政事以及与几位处州老乡交往，被《宋史》列入"佞幸"。编史的人忽略了一个事实，淳熙十六年（1189），姜特立被罢免知阁门事后，未再踏入朝堂。绍熙五年（1194），宁宗即位后，擢升为和州防御使；嘉泰元年（1201），又擢宁远军节度使。宁宗为什么会对姜特立念念不忘？一再擢升这位跟自己爷爷年龄相仿的老人？

姜特立寓居武义，但姜氏家族仍居丽水，他的诗稿中提及的族弟就有邦

重建的烟雨楼

佐、邦操、邦达、邦直、邦节等人。乡情浓厚，乡愁萦怀，姜特立留下了大量有关丽水的诗词。

过冯公岭

盘峤中间十里湾，绕山如蹑翠连环。
两歧尽处忽回首，只在寻常一望间。

赋莲城堂

此是吾邦别洞天，楼台高下白云边。
禽声人语相酬答，山色溪光共接连。
便欲弃家来学道，不须航海去求仙。
愧无冰雪清新句，且读离骚点易编。

游三岩

一见便非凡世界，恍然兜率化成宫。
未分混沌天无巧，已凿谽谺鬼有功。
百尺飞泉晴亦雨，四时阴穴夜吹风。
莫将俗驾污仙境，明日红尘在眼中。

归括苍和杨嗣之吏部烟雨楼韵四首

谁发天悭得胜游，佳名收拾更无留。
郑虔祁岳今谁是，为扫阴沉万壑秋。

几重绿树暗罗纨，多少空蒙远近山。
物色联翩吟不断，使君佳句玉连环。

绝唱从前恨未多，骚人墨客浪经过。
直须吏部杨夫子，始奈楼中烟雨何。

宴坐帘旌卷翠微，朝昏万峦发新姿。
锦囊莫怕岚霏湿，带取风光入凤池。

归括苍如山堂挈家出宅

今日如山堂，携家如逆旅。
为谁十日留，南山看烟雨。

且唱还乡曲，初非衣锦衣。
不须华表望，丁令此时归。

赋括苍郡斋

括苍云水窟，刺史神仙宅。窈窕九折通，仿佛三山隔。
千峰郁崔嵬，一派绕清激。境净不可唾，崖倾谁敢迫。
崇桃炫春红，积李缟夜白。樵唱递往来，渔舠时出没。
闲招鸾凤侣，间访烟霞客。替玉肌花貌，有水光山色。
使君玩世士，爱奇忘寝食。不忧橐无金，自喜足有力。
欲具航海舟，从公登山屐。早晚归去来，飘然谢朝帻。

岩泉别诸弟

久矣忘乡井，归人问故蹊。
无金随力散，有柱把诗题。
初见心增喜，临分意转迷。
人生重恩意，去住两含凄。

和叶枢密（叶翥）同游南明

出郭眼增明，遐观酒共倾。

好风吹暑气，快雨送雷声。

僧磬清敲寂，莺簧巧弄晴。

论交方缱绻，奈此别时情。

和叶枢密题谢清音道人扇面

纷纷朝市利名忙，唯有山林与寄长。

枢相好奇聊玩物，道人弄笔欲专房。

方嫌小景鲛绡窄，忽辱新诗茧纸香。

潭府炎范无着处，聊将三伏助清凉。

别枢相

未冠鸡窗友，于今鹤发翁。

功名各自致，齿发略相同。

欲去情怀恶，临分礼意隆。

百年才一瞬，无惜寄诗筒。

第八章 特色建筑

建筑物指人类因生活、生产需要而构建的物体。在传统的乡土社会里，生活类的建筑物，除了居住的房屋外，包括宗祠寺观、亭台楼阁等与人们生活息息相关的公共建筑。生产类的建筑物，以农耕为主体，包括堰坝水渠、山塘水池等农业设施。

第一节　通济堰水利灌溉系统

东汉建安四年（199），置松阳县，辖今丽水市及温州、台州等部分地域。东晋（317—420）偏安江南，松古盆地、碧湖平原得到开发。南朝宋（420—479）重视发展生产，轻徭薄赋；南朝齐（479—502）奖励农桑，提倡节俭。碧湖平原得到进一步拓垦，并成为北人南迁的"洼地"。

南朝梁天监元年（502），萧衍在建康（今南京）称帝，改国号为梁。萧衍重视发展经济，大力兴修水利，促进农耕进步。

梁天监元年（502），负责松阳县一带农田税赋征管的詹司马巡视东乡，见碧湖平原广袤坦荡，水源却非常有限，一年四季靠天下雨，雨多则涝，久晴则旱。松阳溪水和大溪水在平原南面、东面哗哗流淌，近水却解不了近渴。于是民众上书朝廷，请求建堰。萧衍非常重视，派了南司马过来共治其事。

自南朝梁天监四年（505）始建，历隋、唐至北宋初期，通济堰灌溉体系拱形大坝、渠道（主渠、干渠、支渠、毛渠）、大小概闸、湖塘等已较为完备。

宋代，是通济堰灌溉体系脱胎换骨的时代。

增设叶穴。宋元祐七年（1092），知州关景晖在巡视通济堰渠，在保定村外临大溪段，看到堰渠与溪并行，担心渠水携泥沙暴涨，会冲溃堰渠，就命丽水县尉姚希建叶穴，渠水暴涨时开闸放水，即泄洪，又清淤沙。故又称淘沙门、拔沙门。

建石函。详见本书第五章"王禔建石函"。

立堰规。乾道五年（1169），范成大修通济堰，立堰规二十条，以管理通济堰灌溉体系：

一、堰首

集上中下三源田户，保举上中下源十五工以上，有材力公当者充。二年一替，与免本户工。如见（现）充堰首，当差保正长即与权免，州县不得执差。候堰首满日，不妨差役。曾充堰首，后因析户工少，应甲头脚次与权免。

通济堰全景

其堰首有过，田户告官追究，断罪改替。所有堰堤、斗门、石函、叶穴，仰堰首寅夕巡察。如有疏漏倒塌处，即时修治。如过时以致旱损，许田户陈告，罚钱三十贯入堰公用。

二、田户

旧例十五工以上为上田户，充监当。遇有工役，与堰首同共分局管干。每集众依公，于三源差三名，二年一替。仍每月轮一名，同堰首收支钱物、人工。或有疏虞不公，致田户陈告，即与堰首同罪。或有大工役，其合充监当人，亦仰前来分定窠座管干。或充外役，亦不蠲免，并不许老弱人祇应。内有恃强不到者，许堰首具名申官追治，仍倍罚一年堰工。

三、甲头

旧例分九甲，近缘堰田，多系附郭上田户典卖所有，堰工起催不行，今添立附郭一甲。所差甲头，于三工以上至十四工者充当。全免本户堰工，一年一替。委堰首集众，上田户以秧把多寡，次第流行，依公定差。如见（现）充别役，即差下次人俟。别役满日，依旧脚次，仍各置催工，历一道经官印押收执。遇催到工数抄上，取堰首金人。堰首差募不公，致令陈诉，点对得实，堰首罚钱二十贯入堰公用。

四、堰匠

差募六名，常切看守堰堤。或有疏漏，即时报堰首修治。遇兴工，日支食钱一百二十文足。所有船缺，遇舟船上下不得取受，情幸容纵，私拆堰堤。如疏漏，申官决替。

五、堰工

每秧五百把数一工，如过五百把有零者，亦数一工。下户每二十把至一百把，出钱四十文足；一百把以上至二百把，出钱八十文足，如有低昂，二百把以上数一工。乡村并以三分为率，二分数工，一分数线。城郭止有三工以下者并数钱，其三工以上者即依乡村例，亦以三分为率，每工一百文足，随时申官增减。官给赤历二道，二道一年一历。内一道充收工，一道充收钱粮。并仰堰首同轮月上田户，逐时抄上，不得容情增减作弊，不许泛滥支使。如违，许田户陈告官司，勘磨得实，其管掌人轻重断罪。外或偷隐一文以上，即倍罚入堰公用。至岁终结算有余钱，桩管在堰。其堰工每年并作三限催发，谓如田户管六十工，每限发二十工。设使不足，又量分数催发，田户不得执定限。如遇兴大工役，量事势轻重敷工使用。值年分堰堤不损，用工微少，堰首不得多敷工数，掠钱入己。如违，即依隐漏工钱例责罚。田户不如期发工纳钱，仰堰首举申勾追，倍罚一年工数。

六、船缺（出行船处，即石堤稍低处是也）

在堰大渠口，通船往来，轮差堰匠二名看管。如遇轻船，即监稍工那过。若船重大，虽载官物，亦令出卸空船拔过，不得擅自倒拆堰堤。若当灌溉之时，虽是官员船并轻船，并合自沙洲牵过，不得开堰泄漏水利。如违，将犯人申解使府，重作施行。仍仰堰首以时检举，申使府出榜约束。

七、堰概

自开拓概至城塘概，并系大概，各有阔狭丈尺。开拓概中枝，阔二丈八尺八寸；南枝，阔一丈一尺；北枝，阔一丈二尺八寸。凤台两概，南枝阔一丈七尺五寸；北枝阔一丈七尺二寸。石刺概，阔一丈八尺。城塘概，阔一丈八尺。陈章塘概中枝，阔一丈七尺五寸半；东枝，阔一丈八寸二分；西枝，阔八尺五寸半。内开拓概遇亢旱时，揭中枝一概，以三昼夜为限。至第四日，即行封印，却揭南北概荫注三昼夜讫，依前轮揭。如不依次序及至限落概，概首申官施行。其凤台两概不许揭起外，石刺、陈章塘等概，并依放开拓概次第揭吊。或大旱，恐人户纷争，许申县那官监揭。如田户辄敢聚众持杖，恃强占夺水利，仰概头申堰首，或直申官，追犯人究治断罪，号令罚钱二十贯入堰公用。如概头纵容不即申举，一例坐罪。其相（开）拓、凤台、城塘、陈章塘、石刺概，皆系利害去处，各差概头一名，并免甲头差使。其余小概头与湖塘堰头，每年与免本户三工。如违误事，本年堰工不免，仍断决。

八、堰夫

遇兴工役，并仰以卯时上工，酉时放工。或入山斫，每工限二十束，每束长一丈、围七尺。至晚，差田户交收。一日两次点工，不到即不理工数。

九、渠堰

诸处大小渠堰，如遇淤塞，即请众田户。众田户分定窠座丈尺，集工开淘，各依古额。其两岸，并不许种植竹木。如违，依使府榜文施行。

十、请官

如遇大堰倒损，兴工浩大，及亢旱时工役难办，许田户即时申县，委官前来监督。请所委官常加钤束随行人吏，不得骚扰，仍不得将上田户非理凌辱，以致田户惮于请官修治及时旱损。如违，许人户经县陈诉，依法施行。

十一、石函斗门

石函或遇沙石淤塞，许破堰工开淘。斗门遇洪水及暴雨，即时挑闸，免致沙石入渠。才晴水落，即开闸放水入堰渠，轮差堰匠以时启闭。如违，致有妨害，许田户告官，将堰匠断罪。如堰首不察觉，一例坐罪。

十二、湖堰塘

务在潴蓄水利或有浅狭去处，湖堰首即合报堰首及承利人户，率工开淘。不许纵人连捺为塘及围作私田，侵占种植妨众人水利。塘湖堰首如不察觉，即同侵占人断罪，追赏（罚）钱一十贯入堰公用，许田户陈告。

十三、堰庙

堰上龙王庙、叶穴龙女庙并重新修造，非祭祀及修堰，不得擅开，容闲杂人作践。仰堰首锁闭看管，洒扫崇奉，爱护碑刻，并约束板榜。堰首遇替交割或损漏，即众议依公破工钱修葺。一岁之间，四季合用祭祀。并将三分工钱支破，每季不得过一百五十工。

十四、水淫

一处在地名宝（保）定大堰路边，通（松）荫（阴）边田使留外。有私创处并使填塞，其争占人许被害田户申官追断。

十五、逆归

诸湖塘堰边，有仰天及承坑塘，不系承堰出工，即不得逆归堰内水利，田户亦不得容纵偷递。其承堰田各有堰水，不得偷归别堰水利，及不许用板木作捺障水入田。有妨下源灌溉。亦仰人户陈首重断，追罚钱一十贯入堰公用。

十六、开淘

自大堰至开拓概，虽约束以时开闭，斗门叶穴切虑积累沙石淤塞，或渠岸倒塌阻遏水利。今于十甲内，逐年每甲各桩留五十工。每年堰首将满，于农隙之际，申官差三源上田户，将二年所留工数，并力开淘，取令深阔，然后交下次堰首。

十七、叶穴头

叶穴系是一堰要害去处，切虑启闭失时，遂致冲损，兼捕鱼人向后作弊。今于比近上田户，专差一名充穴头，仰用心看管。如遇大雨，即时放开闸板；或当灌溉时，不得擅开。所差人两年一替，特免本户逐年堰工。如违误事，断罪倍罚本户工，仍看管龙女庙。

十八、堰司

于当年充甲头田户，议差能书写人一名充，三年一替。如大工役，一年一替。免充甲头一次，不支催工钱。或因缘骚扰及作弊，申官断替。

十九、堰簿

堰簿已行攒造都工簿一面，堰首收管。秋田等第簿一面，请公当上田户一名收管。三年一替，遇有关割，仰人户将副本自陈并砧基先经官推割，次执干照请管簿上田户对行并割。至岁终具过割数目，姓名，送堰首改正。都簿如无官司凭照，擅与人户关割，许经官陈告，追犯人赴官重断，罚钱三十贯文入堰分用。

二十、堰山

每年自春初起工筑堰，用木拦水，取材于山。

何澹修堰。包括建筑石坝、排沙门和开凿洪塘。何澹集何氏、王信、梁汝嘉家族之财力，改木筱坝为石坝，详见本书第五章"何澹建通济堰石坝"。

排沙门，又称小陡门。早先大坝没有排沙门，依靠人工疏浚。北宋政和年间（1111—1118），王禔在大坝上修陡门，"又修斗门，以走暴涨，陡潴派析，便无壅塞"。何澹修筑石坝意在一劳永逸，因此在大坝北侧进水口南面正式设置排沙门，用木叠概枋起闭。

洪塘。洪塘位于碧湖镇保定村北面，主要灌溉保定村、周巷村农田。有关洪塘来历，有几种说法：

清道光版《丽水县志》卷三记载：

洪塘，在县西五十里宝定庄。周九百八十二弓，计额三百三十四亩八分三厘四毫七丝二忽。

清光绪版《处州府志》卷四记载：

洪塘，宋开禧间，郡人参政何澹奉旨调本州兵疏浚通济堰，工竣，命凿此塘。

清雍正版《浙江通志》卷六一记载：

洪塘，在县西五十里。宋开禧间，郡人参政何澹调洪州兵开凿。

何澹聘请洪州石匠修筑通济堰，本文第五章已经作详述，"调洪州兵"属民间讹传，《浙江通志》误记。通济堰坝砌石坝是技术活，需要洪州石匠，

洪塘

洪塘在平地上，属于在泥地里挖水塘，让洪州石匠挖地，不啻于杀鸡用牛刀。真相如何呢？

今天的保定村，是吕氏聚居地，全村 1500 余人，吕氏 1000 余人。《东平郡吕氏宗谱》记载，吕氏始迁祖为吕明伦，于元大德年间（1305 年前后）自金华迁居保定。

吕氏迁入前，保定村已有陈、洪两姓。《东平郡吕氏宗谱》记载：

忠四公，字德言……先是住是里者有陈、洪二族，皆竞积金资。公尝语人曰，积金何如积德……

吕忠四是保定吕氏的第二代，出生于元至大辛亥年（1311），其时距离南宋王朝结束仅 40 年。古代称百家为族，陈、洪二姓聚居保定，结族成村落，时间应当在数代几百年以上。

也就是说，何澹开凿洪塘时，保定村由陈、洪两姓居住。陈姓先卜居，占据沿大溪一带土地，后来者占据村北山边土地。而开凿洪塘，一是雨时蓄积北边的山坑水，二是从通济堰渠抽水入塘，以备旱时之用。

水塘所在的田地，洪氏的田地。因为在洪氏的田地上挖凿水塘，所以称为"洪塘"。

至此，经关景晖、范成大、何澹三人接力，通济堰灌溉体系全面完善：拱形石坝，坝上设排沙门和行船缺；通济闸（进水闸）；石函（三洞桥、水上立交桥）；叶穴（淘沙门）；渠道，干渠自通济闸至下圳（堰）村，干渠分出支渠 48 派（条），支渠分出毛渠 321 条；大概闸 6 座，开拓概、凤台概、木樨花概、城塘概、金丝概、下概头概，以及 72 座小概闸；蓄水塘、湖，如洪塘、官塘、白湖、赤湖、何湖、李湖、吴湖、郑湖、汤湖等。

通济堰灌溉体系历经千年风雨，仍默默灌溉碧湖平原。

第二节　其他建筑

丽阳庙

丽阳庙位于城北丽阳山山麓。初名白塔庙，唐大中四年（850），州守徐戬改今名。庙内有宋郡守叶武子《奏免浮财物力碑》。明成化版《处州府志》刊载了唐代张蟠的《新移丽阳庙记》：

丽阳庙，即旧白塔庙。山顶古有浮图，云镇地脉，庙因取名焉。自往及今，多历年所，陋檐败塌，苦于暴露。虽至窨湫，其实有灵。郡或水旱疾疬，祷之响应。

丽阳殿前寝大门

大中四年 (850)，今齐州刺史徐公戡理处之日，时属亢旸，遍祈山川，罔有征验；躬酹此庙，雨乃随车。公以邑有丽溪，庙居其后，遂改为丽阳庙。方欲审像壮宇，以答神庥。旋诏归朝，事不克副。

八年冬 (854)，郡缺守，时录事参军、天水姜公肃处，纪纲之司明，纠察之务当。道观察使、御史大夫李公，仰其清廉，委知军州事。能德以化下，威以惩奸。丽水县令、荥阳郑公全察，五稔政绩有闻。二公相顾而言曰："郡邑无事，山庙可完。齐州肇谋，俾我继作，得不勉欤？"

荥阳公不避燥湿，骖骑亟来。凡所规模，出于目巧。春三月，乃请都虞侯兼押衙、乐安任汉藩，审地形、度山势，于旧庙之西而创殿焉。自州县僚属皆助输粟帛，同赉佣费。运斤告毕，曾未浃旬，正殿敞空，对霤悬月，飞檐偃风。观其塑容，俨然列坐如生。其正位丽阳王，盖北山之神；左则白塔王，斯土地之主；右则巨潭王，乃北沼之灵。三神名号，虽图籍罔载，冥搜可知。自开山导水，有土地、人民、社稷以来，神则挺生，咸闻知父老非敢孟浪。然神道正直，降鉴甚明。凡依于人，必俟永年。厚位之贤，以寓其迹。不然，何规画始齐州，终毕事于姜、郑二公，其不惑矣。西南冠其亭，备税驾驻骑之位。左右翼，其廊充庖羞食馔之事。栉植贞木，带绕流泉，月魄开而烟露销，风篁警而精灵集。四时品膳之美，八节鼓吹之娱，固护郊圻为人景，福是神之功也。夏五月十五日，郡邑官僚、乡里耆旧大集于庙，陈枨列筵以落之。磻奉命执笔，用识其由，是为庙记。

白塔庙始建年代不详，徐戡将其改名丽阳庙后，正准备修建，调离处州。委知军州事姜肃处、丽水县令郑全察将庙址西移，远离丽阳坑水，重新建造。

从唐至今，丽阳庙经历代修缮，仍屹立在丽阳山麓，默默俯视处州城。丽阳庙成为丽水屈指可数的唐代始建、至今犹存的人文建筑，历代诗咏不绝。

丽阳殿外貌

丽阳祠

（宋）俞德邻

峭壁出蒙笼，澄溪深潆潆。碧瓦映朱扉，雕甍灿金榜。

巫觋纷后先，苾芬盛肸蚃。云此丽阳祠，桂籍夙所掌。

当时逢掖士，祈禬何穰穰。欻然梦寐通，其应捷影响。

我学非时须，青紫绝妄想。及兹值艰虞，乾坤倦摇荡。

山行愁虎狼，川游畏夔罔。故乡隔三秋，烟尘极块莽。

神兮罔时怨，诃护迄来往。中夜若有闻，缥缈隘云仗。

及明泛逆溪，祥飙送双桨。

丽阳庙神灯

（宋）邹应龙

庙峙丽山阿，英威久不磨。虽云无姓系，盖已阅人多。

石阙双双并，神灯两两过。妙功元不宰，人自咏余波。

丽阳庙神灯

（宋）黄邦彦

非烟非雨试凭栏，无限星灯杳霭间。

昔者尝闻今始见，夜游知是丽阳山。

丽阳庙里，有南宋绍定二年（1229）知处州叶武子的《奏免浮财物力碑》。清光绪版《处州府志》卷一三记载：

叶武子，绍定初守栝。时民生凋敝，两税外，尚有浮财物力之征，民不胜困。下车即疏其敝，恳请豁除。内可其奏，民赖以苏。立碑于丽阳庙。

清道光版《丽水志稿》卷三刊载了叶武子的《请免浮财物力疏》：

八月初一丽阳殿祀典

臣一介草茅，遭遇明时，陛下不以臣为不肖，畀以郡符。陛辞之日，尝奏陈州县虐取之弊，亲承玉音，谓："今之守令，正是不恤民，所以多至虐取。"臣即奏："容臣到郡，为陛下牧养小民，不敢有负临遣。"

臣自入栝苍，适值极弊，民不聊生。臣一意抚摩，捐逋释刑，凡审□□□可专行者，次第而举。民心虽幸相安，然尚有为害而未去者。臣请为陛下言下：臣闻天下之事，有形者易察，无迹者难稽。栝苍为郡，地狭而瘠，民劳而贫。浙东七郡，栝最为下，经界久废，奸弊百出。惟负郡丽水一邑，前任知县奉议郎林棐，独能极力修举，今已迄事，夏税秋苗，整整有条。然犹有法穷而人无所容其智力者，苟不为之痛加革去，则民之受害犹未已也。

臣窃见本州七县，自两税之外复有和买，而和买所敷则起于物力。物力有二，有实业物力，有浮财物力。所谓实业物力者，其在丽水以一亩而论，极高者为钱五贯九百文，极下者为钱五百或四百文。绍兴间，每贯敷绢三寸八分九厘，积而成匹，则折价钱四贯六百八十文。履亩起敷，无异地征，故高下易见。所谓浮财物力者，不问田亩之有无，凡行商坐贾、负贩营生之家，视其财利之丰约，以为物力之多寡。计利起敷，颇类手实，故高下难明。绍兴间，统一县物力，除五等浮实并免敷外，所可敷者自一等至四等，实业物力八十六万八千五百余贯；浮财物力一十四万二千余贯。统浮实计之，总为一百一万一千余贯。比祖额之。

岁既久，奸弊日生，上四等户往往诡寄于五等，故物力日减。绍熙中，参政张岩作邑日，四等而上浮实总计不过八十五万千一百余贯，所戏已一十五万六千余贯。于是，每贯增作四寸六分起敷，始及绍兴一百一万一千余贯元额。自是而来，其弊复作，殆有甚于前日。今林棐修复经界，不敢过于绍熙四寸六分之数，意固美矣。然四等而上既少于绍熙之时，而起敷之数止及绍熙旧例，其仅可以足实业之数。而浮财之数，未有所归也。今欲再与推排，则此浮财久不推排，而今复推排，予夺高下，词讼纷纷，未有底止。今欲附带实物均敷，则经界已定。况绍熙四寸六分起敷，已是暗带入乡村浮财之数，难以再科矣。臣契勘此一十四万浮财物力，为绢凡一千一百四十余匹，折价钱计五千三百余贯。近者，州吏虞佐等盗用军资库官钱事发，臣已将各人断配，而簿录其田亩填还官钱。今不敢出卖，止欲稽留此田以岁收苗利，约计一千余贯，为民间代输上项浮财物力。尚欠四千余缗，本州多方撙节用度，自为抱认豁去县解之额，庶几他日污暴之吏不复肆，而民间永沾无穷之实惠。

如臣言可采，乞赐睿旨，行下本州，以凭遵守。谨具录奏闻，伏候敕旨。

《奏免浮财物力碑》阴，刊刻了叶武子上疏的来龙去脉，以及上疏后的经过：

宋受天命，二浙舆赋并归于职方。祖宗惠徕，征缮至薄。梏田下下，赖以无食□□□□异时多事，空和买之额，秉畀齐民，履亩衰征，数等夏剑，是名"实业物力"。甚则科检纳户之橐，秋毫析计，又名"浮财物力"。梏小而啬，共二弗堪。识者喟曰："上方宵旰，民瘼苟有复焉，从如环也。"绍定二年（1229）春，武子被命，承乏玉音，临遣凛然守令虐取之戒。武子祗服明训，是究是图。至之日，丽水令林棐□□□□阅实文书，则实业物力十得八九。独浮财物力散望底丽，推排附带役不可再，乃以簿录驵脊岁入代输。又省稽浮淫，自任奇羡，要使邑□□□□，永无此名。八月上闻，九月报可。君门九重，如响斯答。梏之耄髦，沐浴天波，欢声雷动。有以证识者之言，不诬于乎仁哉！三代君臣，饥溺由己不是过。邦祚灵长，断可卜矣。顾兹旷举，武子绵薄力于何有？惟貤舍大恩，宜登载坚珉，使梏民世世子孙知一饭所原，母□□□□□则太守事也。武子又闻：昔有河北使者欲再榷盐，托故入秦，□□□□□其意。盖尝刻记罢诏书于瘿木亭。至是觞使者亭上，使者见之心沮，迄不□□言。今武子谨摹朝命而私识其下，诚虑他日万一谈小利者，从臾如前，则梏□□复不夕食。故窃仿骑山故事，揭诸丽阳之祠，庶区区之心，质之神明而无愧。后之君子，其亦仰体朝廷子惠之仁，俾勿坏哉！绍定三年（1230）正月，承议郎权发遣处州军州兼管内劝农事借绯叶武子谨再拜稽首。

丽阳庙的这一块碑，记录了一位一心为民的知州。明宋濂的《宋学士文集》卷四九有一篇《叶氏先祠记》，记载了处州郡民立碑丽阳庙的原由：

昭武叶存恕诣予，再拜求记其先祠。予不得辞。记曰：惟叶氏世为著姓，自宋初则然。南渡后，有讳武子，字诚之者，是为息庵先生，受业于新安子朱子之门。淳熙中，擢进士第。历官至秘阁修撰、出知处州以终。在郡有异政，感召至和，一年嘉禾生，二年麦秀两岐，三年瑞芝产于庭。郡人士琢石纪德丽阳祠中……

清代李清馥的《闽中理学渊源考》卷二三里，有一篇《修撰叶成之先生武子》，详细记载了叶武子在处州的善政：

叶武子，字成之，邵武人。初游乡学，学周礼于永嘉徐元德。既与李方子友，同受学朱门，后补太学生。时议函韩侂胄首和金，武子曰：奸臣首固不足惜，如国体何？率同舍力争。嘉定中，擢甲科。注岳州教授，有贫而母老者，名在其下巫逊之。久之，授郴州，累升知处州。抚循民瘼，奏除苛取之弊。丽水盗发，郡发兵讨捕，而里正执雏民以归。武子问实，得三人，斩以徇，余释之。民大服，盗亦息。入为宗学博士，以福建保长催科害民陛对，论罢之。请老归。属召不起，寻落致仕籍。除直秘阁。嘉熙间，进直宝谟阁奉祠，仍乞致仕。淳祐三年（1243），以其雅志恬退、挂冠日久，赐诏褒美，特升直龙图阁。五年（1245），进秘阁修撰。六年（1246）卒。武子之学，所得于易为多。其言曰：易道莫大于时，时有二义，有在外之时，有在我之时。士君子出处，须先论在我之时。尝戒子弟，谓身后毋作行状，葬无铭志。唯刘克庄志吴炎墓，称炎与武子为古君子。

巾山塔

丽水城区有两座塔，一为厦河塔，一为巾山塔。

厦河塔建在丽水县东五里的佛头岩，又名碧云山，俗呼陈坛头。县志载其始建于明万历十三年（1585），二十二年（1594）建成。明文似韩撰有《佛头岩建塔记》。

巾山塔建在城南巾子山。清道光版《丽水志稿》卷一记载：

巾子山，在南明山东。其形如巾，山顶有塔。

清道光版《丽水县志》卷一记载：

巾子山，在南明山东南，以其形名之。顶有浮图，相轮已失。始建之年无考。道光二十五年（1845），知县张铣倡绅士重修，匝月合尖焉。

维修前巾山塔立面

相轮是五重塔屋根金属的总称，是塔刹的主要部分，从上到下依次是宝珠、龙车、水烟、九轮、受花、伏钵、露盘。贯通中间的棒叫做"擦"，也称为"刹管"。也就是说，巾子山山顶的塔，其相轮已经不见了，清道光二十五年（1845），丽水知县张铣号召县里的士绅出钱重修，整整一个月才恢复旧貌，露出塔刹尖顶。

有关巾山塔建造时间，旧志无明确记载。明宣德六年（1431），唐代叶法善后人叶素轩倡修丽水玄妙观。明正统三年（1438），领道教事三十五代天师、留郡张懋丞撰《重兴处州府玄妙观之碑》

括天下形胜，跨瓯闽，控江淮……治之东南，有观"玄妙"……晋为"老君祠"；唐开元中为"开元观"，越国公叶真人（即叶法善）实领观事；宋大中祥符，有敕以"开元"为"天庆"；元元贞年更赐今额，大建祠宇……洪武庚子，罹于回禄……故寮阳巽向巾子山，山有古塔……

玄妙观的前身是老君祠，清道光版《丽水县志》记载为"老君庙"，地址在枣山丽水县治东南一里。因为《重兴处州府玄妙观之碑》，巾山塔被认定为始建于明代前。文保、文化、文史、旅游等部门及广大文人在撰写文章时，都持此说。丽水市博物馆在介绍巾山塔时，如是说：

巾山塔坐落在丽水城南巾山之巅，隔江相望。始建年代不详，明正统三年（1438）张懋丞《元妙观碑》记载："观有寥阳殿，向巾子山，山有塔……"文中所指之塔即巾山塔，建造年代应在明正统三年之前。另据明万历七年（1579）刊本《栝苍汇纪》载："南明山东为巾子山，其形如巾。山顶有塔，尝（曾）为雷击，俗称天嗔塔。"现存塔上有"道光乙巳年（1845）冬丽水县知县张铣重修此塔"的题记。巾山塔于1980年重修，2005年进行落架大修。

巾山塔为楼阁式中空石塔，六面七层，高约13.23米，由塔基、塔身、塔刹三部分组成，整座塔采用巾山紫红色砾岩石材构筑。塔基两级，由工石砌成简单的须弥座式。塔身底层辟对应拱券门，沿内壁悬挑踏跺可旋转而上至五层。塔檐仿木建造，翼角微翘。塔刹五重相轮、六角形伞盖结顶。塔墙一至四层各开两个券门，第五、六层各开一个券门，第七层不设门。在塔的二层、四至七层外壁设券形壁龛，嵌碑石，刻建塔年号题记、监修和工匠姓氏及佛、道人物浮雕造像。其中浮雕造像有护塔四大天王、莲座观世音、三清、玉皇大帝、三官大帝等。从巾山塔人物造像说明，元明时期中国古塔已逐步跳出了宗教戒律的圈子，反映了佛道合一、多教供奉的民间宗教信仰真实面貌。

巾子山远眺

巾山塔稳重而不失灵巧，其形制在我省较为少见，对研究宗教文化和造像艺术有重要参考价值。塔建在巾山之巅，登塔可览丽水城风光，是一处优美古朴的人文景观。

丽水市博物馆在介绍塔的建筑时很专业，但在建造时间上还是小心翼翼。事实上，他们已经接触到了历史跳动的脉搏，只是忽略了。

《钦定古今图书集成·方舆汇编·职方典·卷一〇二七》记载：

巾子山，在府城东南十里。山形如巾，其顶有塔，尝为雷击，俗呼为天嗔塔。

明天顺五年（1461）《明一统志》卷四四记载：

天嗔塔，在府城南一十里。宋祝颜诗：山顶浮图压巨鳌，野僧平日谩心劳。时人欲识天公意，万事宁容险处高。

雍正十三年（1735）《浙江通志》卷一八二记载：

祝颜，（《括苍汇纪》）字景深，丽水人。大观中，举八行，贡入太学。三年（1109），以舍选登进士。尝试《孟轲勇于义赋》，脍炙人口。时号"祝孟轲"。终宣义郎。

祝颜是丽水官桥村人，生卒年不详。元代陈桱编撰的《通鉴续编》卷一一记载：

大观元年三月，立八行取士科。八行者，孝、友、睦、姻、任、恤、忠、和也。凡有此八行者，即免试补太学上舍。

祝颜因"八行"免试入太学上舍，大观三年（1109）登进士。祝颜生活在北宋时期，在他的眼里，巾子山山顶的塔，因被雷击，塔顶的相轮早已不翼而飞了。

祝颜身具"八行"品德，推崇孟子的"仁义"思想，只官至从七品下的宣义郎。但他一首有感而发的《天嗔塔》诗，无心插柳为我们解开了长达千年的历史悬疑——巾山塔建造于北宋，或者更早。

应星楼

应星桥在县城东南，城内南流水在此入大溪。处州应处士星在野而名，桥因此名"应星"。

北宋时期，州治在小栝苍山，县治在荥山，民居和市廛却以荥山为中心，朝东南呈扇形分布。

南宋庆元三年（1197），知州赵善坚导丽阳后溪水入城，其中西南流水渠，至张公桥，绕濠头街，又东历梨园巷市后，过广运桥东南，抵应星桥下出城入大溪。

至南宋中期，西起今栝苍门（小水门），沿濠头街，过南明门（大水门），

应星楼遗址

254

经应星桥至行春门（下河门），形成商贾云集的街道，应星桥成为此街交通要津。

早在北宋嘉祐年间（1056—1063），处州知州崔愈在应星桥西面筑堤，防御洪水冲击，并在桥上作桥屋，供行人避雨。

南宋开禧三年（1207）七月，知处州王庭芝拆除城东应星桥上的旧屋，在桥东侧建应星楼。楼建成后，王庭芝在桥边竖碑，请叶宗鲁撰碑记，何澹书碑。

叶宗鲁（1146—1218），字东父，处州丽水县人，淳熙二年（1175）进士。历官吉州庐陵尉、信州录参、宰建昌军南城县、太常簿、太府丞、大宗正丞、太常丞兼刑部郎官、淮东提举。开禧元年（1205）十二月，叶宗鲁淮东提举任满，奉祠回丽水。何澹也于开禧元年（1205）九月始奉祠在家。

古栝士风彬彬，著闻东浙。尝观今昔，韦布之彦，缙绅之贤，舒翘扬英，砥节厉操，载之文章，措诸事业。大者光明隽伟，轨辙相望；小亦代不乏才，搜厥所元，维见可考。盖天之生贤，必有钟赋。非山岳之炳灵，则星精之毓粹。仰观乾象，少微四星在太微西，士大夫之位也。一曰"处士"，明大而

易址重建的应星楼

255

黄，则贤士举。在昔有隋，"处士"星见，因置处州。然则，吾州素号多士，衣冠文物之盛，得非星分之应耶？

州治东南三百余步，有应星桥，会城郭之水，尾闾其下，归于大溪。桥之西隅，居民屋壤，每遇溪流暴涨，必为冲浸。嘉祐间，郡守崔公愈始作石堤，以捍水患，就桥立屋。时迁岁久，雨剥风颓，庳陋不耸，无以壮水口之势，士民佥以为言。岁在丁卯七月初吉，郡守寺丞王公庭芝，撤旧图新，敞以高楼，载揭扁榜，因以名之。栋宇翚飞，四顾轩豁。山光水色，儒宫道观，通衢列肆，鳞差栉比，总寓目前。四序之间，良晨清夜，万籁已收，一尘不到。高睨远眺，相羊其上，如乘风驭，如泛灵槎，如据巨鳌之前，如运大鹏之翼，神舒意畅，飘飘然有凌云气；星辰可摘，足以助胸中之磊块者，岂但侈土木之丽、面势之雄也哉！

《易》曰："天垂象，见吉凶。"凡璇玑之运动，分野之照临，得之一身则为一身之应，得之一方则为一方之应。传说之箕尾，萧何之昴宿，李白之长庚，德星聚于颍川，使星向于益部，岁星福于吴越，各有其验，殆若桴鼓。乃知是楼鼎创，宜其上挹景纬之精，下为誉髦之应也。

公昔为成均名士，辍从鸾缀来守处士之邦，自足友一邦之善士。凡所建立，又能振起士气，其加惠于此，固不浅矣。为士者曷亦激昂自奋，览辉昭代，掇魏科，跻仕，使声名赫奕，勋业显著，增光少微，不负贤侯作新之意可也。方时羽檄交驰，在他人供亿军需有不暇给，公才力敏强，遇事辄办，独能成此奇事，非特巍然一楼。至如葺荒别蠹，填漏支倾，靡废不举。又知节用爱人，蠲诸邑之遗负，代下户之供输，驭军弭盗，邦人类能诵之。并书于末，以传不朽云。

应星楼所在的位置，是处州城的"水口"。嘉祐年间崔愈置桥屋，意在遮蔽水口，"关锁内气"。至开禧年间，随着城内高楼轩宇的竖起，桥屋"雨剥风颓，庳陋不耸，无以壮水口之势"。王庭芝选址桥东，建高三层的楼阁，顶楼塑魁星。既锁闭水口，又振文气。

碧湖宋塔

王庭芝，字文瑞，柯山人。到任处州后，"友一邦之善士"，善士指乡居官员、士人或富豪。代表人物非何澹莫属，此前的开禧元年（1205），刚刚完成浩大的通济堰修建工程。何澹与丽水县城的王信、梁汝嘉家族是姻亲，与叶宗鲁也是亲戚。

叶宗鲁娶青田郑汝谐的女儿为妻。郑汝谐，青田人，宋绍兴二十七年（1157）进士，官至吏部侍郎、徽猷阁待制。郑汝谐娶何澹伯父何志修的女儿为妻，郑汝谐的儿子郑如冈娶何偁的女儿、何澹的妹妹为妻。

由叶宗鲁撰文、何澹书丹的《应星楼记碑》碑已不存，拓本尚在。应星楼经历代维修，一直矗立到民国时期，1944年被侵犯丽水的日军烧毁。

2009年，易址江滨重建应星楼，楼高45.9米，共有9层，面积达2480平方米，成为丽水标志性建筑。

碧湖宋塔

宋塔位于碧湖镇，通济古道进碧湖的入口处。

有关宋塔，碧湖坊间一直流传着这样的说法，碧湖镇区像一条船，停泊在大溪畔。宋塔就像插篙，将碧湖这条船永远固定在大溪畔，任凭大溪水涨水落，屹立不动。自宋塔建成后，碧湖镇区士农工商各业齐头并进，逐渐发展成为西乡的重镇。

传说并非空穴来风，历史的发展印证了这一点。自南朝萧梁天监年间（502—519）通济堰坝建成及堰渠开通，隋开皇九年（589）设处州置括苍县，西乡的农耕得到了长足的发展，但中心点却不在碧湖镇。

据北宋元丰三年（1080）编纂的《元丰九域志》记载，丽水县有

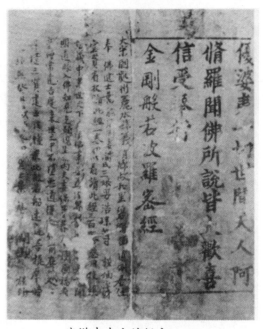

宋塔中出土的经文

九龙一镇。所谓镇，古代指州、郡屯兵之地。唐代以后，虽远离州、郡之城，但民居聚集地也称镇。西乡的中心在资福、上阁、九龙一带。

南宋后期至元代，西乡中心逐渐向碧湖镇区迁移。叶姓、汤姓、梅姓等姓氏陆续迁至镇区，人口集聚，加上便捷的陆路和水路交通，催生了碧湖集市商贸的兴盛。至清中后期，碧湖镇区成为丽水、宣平、松阳、云和、青田边境一带的贸易中心，通济古道人影憧憧，瓯江码头船舶往来如织，镇内南北货、酱染坊、丝绸、钱庄等店铺林立，竹木、牲畜、粮食等市场人流摩肩接踵，成为"邑西一都会"。

可惜的是，因规划瓯江水库工程，加之砖塔年久失修，1960年春，经浙江省人民委员会批准，由碧湖人民公社管理委员会与浙江省文物管理委员会联系拆除。拆除工作于当年6月11日开始。拆除过程中，在塔基地宫、塔身砖缝和塔刹发现刻经、写经、铜镜、铜造像、碑刻、琉璃珠、钱币、牙齿等一批珍贵文物。1961年，这些文物运送到浙江省文物管理委员会。

1960 年拆塔时，打开了塔基下的地宫，出土了"建塔发愿文"碑刻和卷尾墨书愿文的《金刚般若波罗蜜经》《佛顶心陀罗尼经》等经文。历经几百年淤土侵蚀，碑面剥落较多，112 个字，有 20 个字漫漶不可辨，但建塔发愿人的落款却清晰可辨："皇宋绍熙癸丑季冬甲子纪邹卿等谨。"

相比之下，《金刚般若波罗蜜经》《佛顶心陀罗尼经》后的墨书愿文，

碧湖宋塔远眺

则保存完好。前者全文 162 个字，只 5 个字漫漶不可辨。书愿人的落款清楚无比："时宋绍熙癸丑岁仲冬月进士叶能定开题。谨愿。"后者十七页，"乾道八年壬辰二月奉佛弟子叶岳"。

从上述碑刻和愿文看出，纪邹卿是主要建塔者，叶能定、叶岳是参与者，建塔时间是南宋绍熙四年（1193）。

纪邹卿其人，《丽水县志·卷三·水利》记载：

清明桥，在碧湖广福寺后。宋绍熙间，进士纪邹卿以清明扫墓病涉，造桥墓前，遂以为名。

但府、县旧志"选举志·进士"却没有纪邹卿其人，也没有叶能定其人。查阅碧湖上阁和九龙村《高阳郡纪氏宗谱》，晋太康元年（280），司马炎灭吴，

纪亨倜"见栝之山水清秀，灵地毓人"，于是从金陵卜居丽水义靖乡宝合里。至第十七世纪中昭，于后晋天福五年（940）迁居碧湖。

纪中昭为碧湖纪氏始迁祖，第四世纪规中娶白氏，生二子，庆滨、庆池。纪庆滨娶白氏，生一子邹卿；纪庆池娶叶氏，生一子邹辅。纪邹卿娶叶氏，生二子，愈贤、愈德。纪邹辅娶熊氏，生二子愈孝、愈和。纪愈孝娶金氏，生三子，百敬、百钦、百爱。纪邹卿的长子纪愈贤娶梁氏，无出，过继百钦为嗣；次子纪愈德娶何氏，无出，过继百爱为嗣。

纪规中为碧湖纪氏第四世。碧湖九龙村《高阳郡纪氏宗谱》记载：

纪规中，字公烈。于宋绍兴二十二年（1152）任江西南康府推官，绍兴三十年（1160）任满给由（候升或候选）。至鄱阳湖，遇水寇劫杀，长子庆滨尸无所归，次子庆池收丧归里，于隆兴二年（1164）十二月二十二日同宜人白氏合葬碧湖广福寺后，用石结砌。滨妻唐氏，卒绍熙五年（1194），择葬城塘之西。

纪邹卿其人，九龙村《高阳郡纪氏宗谱》记载：

纪公讳邹卿，字世宰。宋朝绍熙五年登进士第。生二男，乏孙。不愿荣显，崇修善事。于庆元四年（1198）造碧湖浮屠七级，建塔院，布白桥、张桥二处津梁。乐助雾岭根寿山堂、河坑头福山堂、本里广善堂、善应堂、坑头埠义渡等处。

纪邹卿虽然中了进士，却"不愿荣显"。在传统乡土社会里，"贫贱"总是和"富贵"连在一起。贫困就没有社会地位，由贫及富，集几代人的胼手胝足、集腋成裘，或许有十之二三的概率。而富者不一定就贵，也就是有社会地位。由富及贵，必须经由科举入仕。也因此，诸多富裕人家延师课读子孙，黄卷青灯，悬梁刺股，以期青云直上，由富而贵。祖父纪规中贵为江西南康府推官，任满即将擢升，途中父子惨遭不测，父亲纪庆滨更是尸骨无踪。祖父和父亲的不幸遭遇，给纪邹卿心理投下了巨大的阴影。所以，虽然中了进士，纪邹卿也不愿入仕为宦。

绍熙四年（1193）开始，纪邹卿除了建造碧湖宋塔外，还在塔下造了塔院，供奉胡则，民间称"胡公大帝"。民国版《丽水县志》卷五记载：

> 胡公庙，在县西四十里碧湖下堡，祀宋永康胡则。庙有古浮屠，故亦名塔院。

塔在庙院中，应该是塔建好后，再建庙院，整个建造工程从绍熙四年（1193）开始，至庆元四年（1198）结束。

此外，纪邹卿还造桥、资渡、建堂。其中白桥位于县西12.5千米，1986年版《丽水市地名志》记载：

> 白桥村，地处碧湖平原，村东老樟树下有座古筑石板桥，条石色白如玉，俗呼玉桥，村以桥得名。

纪邹卿可谓广施善行。后人议论纪邹卿做一应善举，是因为"生二男，乏孙"的原因。

果真如此吗？

我们先看一下地宫出土的两卷经书后的愿文。上文说过，纪邹卿是主要建塔人，但参与其中的，有叶能定、叶岳等人。他们将自己收藏的经卷书写上愿文，置入地宫中。

其一：

处州丽水县奉三宝弟

塔下寺

子叶岳，同妻王氏十五娘，昨为日前虽有男女类皆夭丧，窃恐前生造诸恶业，有此事难。谨发诚心，印造《佛顶心陀罗尼经》一卷，遍施受持，早遂愿心，及乞追荐亡男竹僧托生净土，伏乞。印知乾道八年壬辰二月。奉佛弟子叶岳。

叶岳和妻子生的儿子、女儿，皆不幸夭折。因此捐经于宋塔地宫，祈愿再生儿女健康成长。

其二：

大宋国处州丽水县义靖乡政和里碧湖街道侧居住、奉佛进士叶能定，同妻潘氏三娘、男浩孙等，谨抽净财壹贯，省收赎此经一卷，仍以看读此经三百卷，揔用投镇塔藏中。万世之下，永作佛事，普为法界，躬身开明道眼，入佛知见。乞愿现生之内，夫妻保守，眷属团圆，福寿重增，常逢吉庆。来世之中，不

灵应庙

堕恶道，得前在在处处，兴隆三宝，建立法幢，乘此般若船，速达菩提岸。时宋绍熙癸丑岁仲冬月，进士叶能定开题，谨愿。

叶能定和妻子、儿子捐经宋塔，是祈愿夫妻白头相守，家庭和睦，诸事吉利。

我们再来看一下

常乐寺（昭烈侯庙）

纪邹卿的建塔发愿文（☆为字迹脱落）：

一愿：佛教流通，法门精进。僧徒道长，永☆☆☆。

二愿：两☆圣寿，☆☆无疆。家国康宁，永☆☆皇。

三愿：风调雨顺，时和岁丰。一切有☆，永☆极乐。

四愿：☆☆☆☆，形势☆宜。☆☆相资，永兴斯土。

五愿：士☆日进，挂籍联名。☆冠仕路，永光同里。

六愿：灾☆不作，疫疬潜消。水火无虞，永臻安靖。

七愿：岁岁逢休，时时协吉。福禄日来，永膺昌盛。

叶岳祈愿儿女健康成长，叶能定是为家庭祈愿。而纪邹卿呢，从耕者风调雨顺，到读者青云得路；从社会祥和，到国家安宁。他是为整个丽水县、处州和国家祈福。

附录：清道光版《丽水县志》载三国至唐、宋时期的古建筑

三皇庙：在圭山西麓。《黄文献集·三皇庙记》："唐天宝间，三皇始有庙，

天下邑咸得通祀。"丽邑之庙，不知所自始，今俗呼为药皇庙。

詹南二司马庙：在城西五十里。祀梁开通济渠二司马，今俗改为白龙庙，以二司马祔。

惠应庙：在城北二十里甘泉淤。神姓金，佚其名。有宋嘉定八年（1215）赐额敕牒碑。敕牒碑阴记："金瑞公庙，父老相传唐末山贼劫掠，为国勤兵，至丽水县二十五都武婆岭，没于王事，累显神迹。"

灵应庙：在城北三十里浯溪。神姓叶，佚其名。有元至正六年（1346）碑。林似祖《灵应庙记》："叶侯生唐僖宗朝，旅力绝伦。里有毒蛇荐食畜产且伤人，侯帅其二子磔杀之。既卒，贼兵过，或见侯率众击贼，贼辟去，乡井赖完。宋淳祐二年（1242），进士潘桧始创庙宇。"

彭城庙：在城南十里下刘。神姓刘，佚其名。有元大德元年（1297）碑。郑桂高碑记："咸淳十年（1274），处州状彭城三神，伯父二侄以次发灵，

福林寺（白云寺）

264

民蒙惠利。"

普慈寺：在城北六十里。吴赤乌元年（238）建。

天宁万寿寺：在城东七里。唐景云二年（711）建。

文殊寺：旧在城东五里。唐开元初建。

能仁寺：在小栝苍山。唐天宝元年（742）建。

悟空寺遗址

护法寺：在天王山。唐天宝元年（742）建。有云林阁。

胜因寺：在城西南十五里。唐大和九年（835）建。

大明寺：在城南二十里大梁山下。唐大中元年（847）建。

仁和寺：在城西十里芦湾。唐大中二年（848）建。旧名"灵隐"，宋大中祥符二年（1009）改今名。

延福寺：在城北四十里。唐咸通中建。有宋建隆三年（962）碑。

仁寿寺

寿宁寺：在城北二十里寿元山下。唐咸通十三年（872）建。

梵安寺：在城北二十里。唐咸通中建。

崇梵寺：在城西南十五里。唐咸通十三年（872）建。

延昌寺：在城西南六十里北部（步）。唐乾

265

符元年（874）建。有宋绍定、宝祐二碑。

大安寺：在南明山。《名胜志》：唐中和（881—885）间，三平和尚所建。

法海寺：在囿山。唐光化二年（899）建，名"报恩"。宋大中祥符元年（1008），改名"法海"。政和七年（1117），改为"神霄玉清万寿宫"。旋，改"真身寺"。建炎元年（1127），复今名。

惠明寺：在城北四十里。唐天祐元年（905）建。

福林寺：在白云山。唐雪峰和尚四世孙福林澄禅师卓锡于此。

禅智寺：在城西七十里岑峰。吴越宝正元年（926）建。

妙善寺：在城西四十里。吴越宝正元年（926）建。

宝胜寺：在城西南二十五里。吴越宝正元年（926）建。

大云寺：在城北四十里。后梁乾化二年（912）建。

多福寺：在城东二十二里。后唐长兴二年（931）建。

常乐寺：在城北六十里。后晋天福元年（936）建。

妙智寺：在城西二十六里。后晋天福二年（937）建。

悟空寺：在城西南五十五里。后晋天福二年（937）赐名，有宋宝祐三年（1254）、咸淳五年（1269）二碑。

化城寺：在城西四十五里。后晋天福三年（938）赐名。

资圣寺·在城西四十五里。后晋天福五年（940）建。

净居寺：一在城西南五十里，后汉乾祐元年（948）建。一在城北二十里，宋嘉熙三年

碧湖广福寺

化成寺

老君庙旧址上建的关帝庙

（1239）建。

法兴寺：一在城南十里，五代后汉乾祐二年（949）建。一在城北半里北郭桥西，亦五代时建。

瑞相寺：在石僧山。五代后汉乾祐二年（949）建。有广照亭。

崇法寺：在城西南三十里。五代后汉乾祐二年（949）赐名。

普信寺：在城东十里。后周广顺二年（952）建。

定慧寺：在城北四十五里。五代后周显德二年（955）建。

妙胜寺：在城西南三十五里。宋建隆元年（960）赐名。

法喜寺：在城南五十里。宋建隆元年（960）建。有元致和元年（1328）孤峰禅师碑。

清心寺：在城北五里。宋乾德元年（963）建。

佛日仁寿寺：在南明山。宋乾德三年（965）建。汤思退请为功德院，赐名佛日报严寺。改名"仁寿"，未知何岁。

戒光寺：在城西五十里。宋太平兴国二年（977）建。

圣寿寺：在城北六十里。宋大中祥符元年（1008）建。

法安寺：在城西南一里。宋大中祥符初建。绍圣间（1094—1098），秦观谪监酒税，青田昙法师于此结庵居之。

广圣寺：在城东洞溪，即唐郡守李敬仲燕（宴）憩之所。宋皇祐元年（1049）赐今名。

定光寺：在城西五十里。宋治平二年（1065）建。

山门寺：在城西七十里均溪。宋崇宁元年（1102）建。

广福寺：一在城西三岩，旧名"寿圣"。宋靖康（1126—1127）中，士民为知县江安止祈福所造。隆兴元年（1163），改今名。一在城西四十里碧湖，亦称碧湖寺。唐天宝三年（744）建。

停云庵：在城东二十里。宋乾道元年（1165）建。

灵鹫寺：在城东二十里灵鹫山。始建之年无考，有元至元二十六年（1289）重刊宋淳熙四年（1177）碑。前列四塔，有嘉定九年（1216）及十一年（1218）款识。

老君庙：在县治东南一里。晋建。唐开元中，改开元观。宋大中祥符元年（1008），改天庆观，米芾书额。

黄灵观：在县治西黄灵桥上。唐刺史李邕撰《叶慧明碑》及梦中书《叶有道碑》，相传皆于此观也。

妙成观：在少微山。唐建，名"龙兴"。宋治平（1064—1067）间，改今名。

紫虚观：在少微山。昔传葛洪炼丹于此，丹井在焉。唐道士杜光庭修真其地。天宝二年（743）建紫极宫，寻改真圣观。宋治平二年（1065），改今名。有真人堂，塑钟、吕二像。

崇道观：在城西四十里。祀唐道士叶法善。旧名"高溪"，宋大中祥符中改今名。

五贤祠：在府学东。初祀宋孙沔、黄葆光、吴戭，后增王之望、王信为五贤。

忠节祠：在山儒学南。宋建炎初敕建，祀太原府盂县主簿祝公明、忠翊郎姜绶、义士章云就、知雍州詹友四人，并靖康、建炎间死难者也。绍定中，郡守高似孙修之。

清风祠：在县治南。宋嘉熙间，郡守马光祖建。祀敷文阁待制闾邱昕。青田洪师中有记。

灵佑庙：在县治东南一里。宋乾道二年（1166）赐额，今俗呼"厚田庙"。

协济庙：在县治西南花楼井。宋淳熙中，市不戒于火，祷之即灭，郡守李处全请赐庙额。

好道庙：在城东十里。宋大中祥符间，封济渡侯。

通惠庙：在城西三十五里。宋政和三年（1113）赐额，绍兴四年（1130）封普应侯。

协应庙：在风门山巅。淳熙十二年（1185）赐额。庆元二年（1196），郡守赵善坚祷雨屡应，奏加二神显惠公、灵祐公。

福顺庙：始在县东五里。宋淳熙三年（1176）知县吴津迁于延和门内，后迁岩泉门外。今在县治西驿前铺。

显佑庙：在县西白峰。祷雨有应，宋咸淳八年（1272）赐额。

南　园：在旧州治南（今万象山南）。据《名胜志》，则唐时已有。

莲城堂：在南园。郡守范成大建。

点易亭：在南园。通判司马伋建。

莺花亭：在南园。郡守范成大建。

酒税署：在姜山前（今莲都区政府），即宋秦观谪监酒税处。

溪雨亭：在县东二十里灵鹫山。宋郡守刘泾建。

思贤亭：在洞溪（今古城岛）。唐郡守李敬仲尝燕憩于此，后人就其地建亭焉。

山　堂：在囷山。宋王信别业。

洞天楼：在南园之南。登万象山者，率取道于此。

第九章　风情民俗

《汉书·郦食其传》："王者以民为天，而民以食为大。"在传统的乡土社会里，粮食更是国之根本。对于九山半水半分田的处州来说，食以粮为主，粮以水为本。唐、宋时期，形成了围绕着粮食的求雨、驱蝗等民间风俗。

第一节　求　雨

自隋开皇九年（589）设处州置括苍县，历代州、县主官似乎与"雨"较上了劲。

唐大中九年（855），段成式出任处州刺史，第二年就遇到了大旱。段成式是个无神论者，就如他在《好道庙记》里说的：

……予学儒外，游心释老，每远神订鬼，初无所信。常希命不付于管辂，性不劳于郭璞。至于夷坚异说，阴阳怪书，一览辄弃……

管辂，是三国时期曹魏术士，卜卦观相行业祖师；郭璞，是两晋时著名的方术士，擅长诸多奇异的方术。段成式是"儒"者，不相信这些。段成式是山西人，对民间求雨的事情早就熟悉。他的志怪小说集《酉阳杂俎》就有求雨的记叙：

太原郡东有崖山。天旱，土人常烧此山以求雨。俗传崖山神娶河伯女，故河伯见火，必降雨救之。

这则故事饶有趣味，有点围魏救赵的意思。段成式也是以戏谑的口吻来记录的。不过，事情落到自己身上，则又是另一番思量了。作为一州长官，久晴无雨，丽水西乡有通济堰灌溉，还可以将就。城东几百亩稻田，靠天下雨，早已稻禾枯槁，他这个刺史无奈只能入乡随俗：

……州人所向，不得不为百姓降志枉尺，非矫举以媚神也……

一方神灵保一方平安，段成式前往城东的好道庙去求雨。他把这一经过写在《好道庙记》里，收入《全唐文》卷七八七：

……缙云郡之东南十五里，抵古祠曰好道。询于旧云：置自后周，莫详年月。好溪本曰恶溪，时有陈氏子失名，尝任永嘉长史。秩满北归，卒于溪阴。意乎骨青独勇，目紫方视。负垂冠之一敌，耻结绶于千石。贲志就木，竟不呼医。岂泰山伍伯，敦道而行；昊天藏吏，请告而返。何魂不敛于秋柏，气不散于焄蒿。若伯有见怪，据传巫语，是时陆擅蛇虎，水制蛟螭。道莽路绝，一境相恐。吏民始为建庙。木人长史，徒俨衣冠。桐郎诸侯，未加印绶。州内眆定，畏涂坦夷，安流涟漪。遂名溪曰好溪，路曰好道。里人因以署庙焉。计其岁月，逾六甲子矣。

庙据水之阳，有堂一区。连甍四注，庭幅甚偏。图像偶像，观怪多骇。缯罩旋风，楮钱流苏。马窃衔而欲蹀，犬摇镈而欲喉。神状凭怒，愤而褰衣。誉伏寇厉，政在阿堵。其匡床古媛，盖南帝女郎也。萱支纺绩，狎十巫之语言；甘罗伯求，遵五路以巡逻。阖境毕事，咸若户到。致敬不渎，徼福有征。岂同度朔地衰，蒋山灵歇。

予大中九年（855）到郡，越月方谒。至十年（856）夏旱，悬祭沈祀。毒泉叠石，初无一应。始斋沐诣神。以诚附筶，一掷而吉。其日远峰殷雷，犯电欻云。半夜连震，大雨如瀑。自一更至二更，中如散丝，迟明稍止。沟塍涌泛，斥卤沉淖，信宿又作。梓潼之祠纳著，王门之庙输（石簪）。事岂虚传欤。以后涉旬不雨，田无荫者。复惧，再命大将郑达一杯直祝，来日雨一时，阴一夕，田苗斗长，其长隐隐。稻巨葆，禾长稠，菽多旋，麻疏节。农夫大庆，乃撰日而祭焉。标二牲首，胥列方丈。参乎舍稌捐黍，彻犬以鱼。干松阳之盏，映石亭之盏。蟹螯劅额，备海错之珍；三菁七菹，殚陆毛之品。酹泥九酝，沥溜十浆。伐鼓交符，笙竽狂会。巫忽嚏云，神大喜，因效神轩渠焉。手又为迎神曲，著辞七章，俾优巫踏之……

段成式在好道庙求雨成功，"大雨如瀑"。后来又令人求一次，雨也如期而至。这让不信神的段成式也感到奇怪，在乡民庆丰收时，段成式也参加了好道庙的祭祀仪式。在氤氲的香火里，段成式下定了决心，于是就有了好溪堰灌溉水利的出现。

宋咸平元年（998），杨亿以左正言出知处州。此时丽水知县是至道初年（995）上任的甄旦。

北宋咸平二年（999）春天，雨水正常，杨亿写了一首《中春喜雨》诗：

> 土膏初脉起，东作向农时。隐辚雷车转，霏微雨足垂。
> 龙蛇争奋跃，桃李渐离披。流润先从叶，余波更及私。
> 讴谣耕父喜，渗漉稻畦滋。连夜空阶滴，愁吟水部诗。

但到了夏天，丽水出现了旱灾。这次大旱非常严重，久晴无雨，溪水干涸，通济堰、好溪堰也解决不了西乡、东乡的旱情。

杨亿、甄旦走访民间，遍寻求雨良策。两人先到天堂山、太子山、大连云山等地祈雨。这些地方是民间大旱祷雨地，清道光版《丽水县志》卷三记载：

太子山，在县北三十里。层崖峭举，高达云霄。天旱祷雨辄应，村人集资立庙。相传神为乌衣太子，享祀于此。

西堂山，在县北六十五里金竹村西。山下有西堂庙，吴赤乌间，有术士橛龙于百丈潭，龙奔化为猫，入于大溪下河水潭，后称猫儿潭。西堂庙供奉橛龙术士。

天堂山，在县东三十五里，亦名玉峰山。高数百丈，山上为天堂坪，有葑泥数亩，践之则陷。山下为蛰龙洞，洞左有穴，风自洞中出。洞右有田驮古庙，祷雨辄应。

大梁山，在县南二十里，又名南屏山。其南为青田界，大梁之水出焉。山径屈曲逶迤，幽胜相引。山半有亭，下临清泉，上荫秀木，行旅所经，徘徊忘返。左右五峰交峙，迢递相望。中峰有南、北二龙洞，北洞有龙井，渊素澄亭，祷雨辄应。其傍岩壁陡立如削，顶衔五色石，望之斑斓眩目。

大连云山，在县南四十里。沙溪之水出焉，故又名沙溪尖。孤标秀出，霞合烟开，四冈五阜环络周带。山腰灌木寿藤丛生交合，二石嶙峋笋崎如迓。西南为绿岩洞，悬流削壁，飞练飘珠，凡数十丈，曰"陈潨"，祷雨辄应。

这些地方原先"祷雨辄应"，但这回却不灵了。无奈，杨亿、甄旦将目光转向丽水县西北的宣阳观。宣阳观和唐代道士叶法善有关。唐景云四年（713）八月，唐玄宗授叶法善为金紫光禄大夫、鸿胪卿越国公兼景龙观主。《唐叶真人传》记载：

真人辞不获免，请回赠先君，并舍括苍山门故居，奏请置宣阳观一所，凡道场供养珍奇宝物并是锡赐，尽归山门（宣阳观属丽水县宣慈乡，今改为冲真观）。

杨亿派甄旦前往宣阳观求雨，并亲撰《宣阳观祈雨文》《宣阳观赛雨文》，这两篇文章收入杨亿的《武夷新集》卷二〇。

宣阳观祈雨文

咸平二年（999）□月□日，知军州事杨某，谨遣丽水县尉侯，俨以香黍酒纸之奠，致祷于宣阳观叶天师之神：

卉物具腓，骄阳为患。倬彼云汉，昭回于天。畏景载炎，膏泽靡降。川源将竭，稼穑卒痒。比屋嗷嗷，大命近止。去岁小歉，斯民荐饥。贫者不厌于糟糠，富室亦空于担石。羹藜啜菽，力耕数耘。期乎有秋，以续其命。而朱夏将半，溽暑方隆。肥蟥兴妖，旱魃为虐。人亦劳止，天其忍诸。唯神佐佑化工，惠绥兹土，庙貌载肃，阴骘孔昭，乃眷含生，讵可无意。人者，神之主；食者，民之天。民失其天，遂至于死；神乏其主，复将畴依。神其鉴兹，下诚请于上，帝使龙起，沮泽蛟跃曾波，电鞭一挥，雨足散洒，沟塍流溢，溪谷沸腾，稿然善苗，如揠而长，年谷大稔，厉鬼不行，家获仓箱之储，人免涂炭之患，当洁祀典以答神，休若分野缠灾，阴阳作沴，凡有狭咎，宜加守土者之身，百姓无辜庶可以免。

宣阳观赛雨文

近以愆伏之气沴于阴阳，旱暵之灾延于稼穑。某忝守兹土，不敢遑宁。虽天灾流行，厥有冥数，而神道正直，享于至诚。惟天师敷佑一方，历祀浸远，功济万汇。化驰九幽，惨舒天吏之权，陟降上帝之右。肇建真宇，聿为殊庭。尸祝具陈，若亢仓之居崆垒，祭祀不绝。犹朱邑之在桐乡，灵贶孔昭。斯民攸赖。是用备菲薄之奠，陈危苦之辞，愿以一介之躯，少赎百姓之命。精意恳祷，冥感玄通，山川出云，天地交泰，祁祁甘泽濡涸，辙而有余，莓莓原田，取嘉谷而可。冀明神无乏祀之愧农，夫慰望岁之心，夫如是神之降祥至矣。民之受赐深矣。当与周弃播种百谷，勾龙平易水土功德相若。社而稷之，虽胕蚃无方，

重修宣阳宫大殿记

高明不宰。然豺獭有祭，亦出于自然。黍稷非馨，岂资于备物。爰洁祀典以答神休，适因昭报之辰，更露虔祈之恳，以畏日流毒多稼向荣，水泉枯干，山田硗确，民非稻不食，稻非雨不滋。秋孟已来，浸润恐竭。岂昔也，如响之斯答，而今也为惠之，不终一篑之功。傥或中辍一溉之益，亦必后枯。神其鉴兹，下诚终乃前，烈殒越颠沛，罔敢自安，洗心沥肝，仰冀冥助。

宣阳观求雨似乎效果不佳，处州仍赤日炎炎。杨亿、甄旦已经走遍了能求雨的地方，几乎无计可施了。一天，杨亿坐在署衙里，苦思冥想，突然想起在朝中供职时，御史中丞魏庠遇到的求雨方法，有别于处州的求雨方式。第二天，杨亿和甄旦一同前往城北求雨。这次求雨过程被杨亿写成《求雨状》上奏朝廷，全文收入《武夷新集》卷一五，也收入明代杨士奇的《历代名臣奏议·卷二四三·荒政》：

臣本州自去年已来，秋稼薄熟，时物虽至腾踊，人户免于流离。爰自今春雨水调适，粟麦倍稔，蚕绩颇登，糇粮渐充，菜色稍减。

然以山越之俗，陆种甚微，所仰者水田，所食者粳稻。矧又地势斗绝，涂潦不停，仍岁亢旱，泉源罄竭。傥旬浃不雨，即沟渎扬尘，稻畦焦枯，善苗立死，非三数日一降，膏泽无以望于秋成。伏日夏至后，绝少时雨，烈日流烁，炎风数兴。高仰之田，殆至枯槁；卑湿之地，如沸如羹。比户嗷嗷，大命近止。

臣遂率军州僚吏，精意祈求阃境之名山及大川、近郭之玄宫梵刹庙猊之列祀典者，罔不遍走湫潭之庇水族者，亦用致祠，造龙于坛，聿遵古法，徙市于野。克体前经而云汉，昭回蕴隆弥甚。寻于前月十六日，相次降雨不及寸余，清尘有余，沃焦无益。臣夙夜忧悸，罔敢遑宁，编列之民，殆于殒获。比至今月将半，旱气益加，一郡之中，靡神不祷，精诚备尽，灵贶蔑然。

臣忽记忆往年在院供职日，适值岁旱，学士承旨宋白为臣言，今御史中丞魏庠，三十年前尝薄游关辅，寓居佛舍，会天久不雨，村民数十辈诣寺祈祷。僧有善胡法者，捕蜥蝎十数枚，置一瓮中，渍之以水，蒙之以杂树叶，取童男数人衣青衣，青涂面及手足。人持柳枝，沾水散洒，且祝曰：蜥蝎蜥蝎，兴云吐雾，雨今霶淹，汝今归去。如是者无昼夜婴绕而言。明日，大雨远近告足。臣潜疏于牍背，至是检阅得焉。

即以十二日初旭，与知丽水县事、殿中丞甄旦诣城北集福院，如其法请祷。少顷，臣与甄旦出自北门，各遵归路。忽有微云自东北起，良久弥漫。至午未间，暴雨及寸余。由是阴结未解，至十三日，大雨连昼夜，约及三四尺，溪谷涨满，沟塍流溢，禾黍之槁然者芃芃而发，秀草树之瘁然者欣欣而向荣。村民荷台笠以讴，耕夫奋被襆而舞，万室之安堵如故。百姓之邪心不生，民之幸也，陛下之赐也。

臣忝备守土，获遇有年，庆抃之诚万万常品。臣又念鸣吠之伎前哲不遗，刍荛之言上圣，斯采所陈祈请之术，亲获感应之征理，近怪神事不经见，颇为猥鄙有黩高明，盖小道之可观，表事君之无隐。昔东方朔有言，曰：谓之为龙又无角，谓之蛇又有足，趺趺脉脉善缘壁，是非守宫即蜥蝎。雄亦云：执螳螂而嘲龟龙。又故刑部侍郎张洎尝谓臣言：昔使高丽泛海忽阴晦，舟人哗言龙见，洎亟起视之，见垂尾于云间，正如螳螂之状。良久雨大作，即知蜥蝎者，亦龙之类也。臣既获嘉应，敢不上言，干冒宸严，伏增战越。

一场大雨对于大旱之年的农民来讲，是一场甘露。对于以民为本的杨亿、甄旦而言，是莫大的欣慰。杨亿有诗《己亥年郡中夏旱，遍祷，群望喜有甘泽之应》：

> 旱魃偏为虐，阳乌益以骄。何曾柱础润，惟恐土山焦。
> 请祷弥增洁，阴灵亦孔昭。云兴不待族，风细欲鸣条。
> 隐辚雷车转，霏微雨足飘。层阴低匝野，鸿霈近连宵。
> 庭树含佳色，村田长善苗。藓痕缘屋壁，泉脉吐山椒。
> 辙鲋那忧涸，园蔬岂待浇。官渠逗水急，客路袁尘销。

掾吏阶前贺，耕夫垄上谣。秋成知有幸，岁欲近玄枵。

城北集福院，州、县旧志无记载，按杨亿所叙，应该是在丽阳庙里。这篇奏言为我们留下了宋代丽水求雨习俗的珍贵史料。当然，以此方式就能求得下雨，在今天看来颇不可信。久晴必雨，是自然规律。但通过此文，我们能感受到杨亿、甄旦关心民瘼的拳拳之心。

宋咸平六年（1003）八月，丽水县先旱后雨，加之天气偏暖，稻谷收割后，稻茬发芽、抽穗和结谷，再收一季。杨亿视为祥瑞，上表朝廷，《贺再熟稻表》收入《武夷新集》卷一二：

臣某言。据本州丽水等县状申，今年人户所种早稻，自秋初刈后，为雨水调适，元根再发青苗，结实成熟，共得两收。已具州司别状闻奏者。多稼并熟，所谓有年嘉谷再登，斯为上瑞。臣某中谢。臣闻昔者后稷之功既著，一稃二米显其祥。成周之道方隆，异亩同颖，昭其应贡。交阯者曾闻于再熟，取甫田者，爰及于十千。盖以玄德升闻，至诚昭格天地，欣合百嘉。由是而生风雨，弗迷三时，以之无害允钟，上圣克协灵符。窃以山越之乡，多乏膏腴之产，火耕水耨，获地利以甚微。食稻与鱼，习土风而惟旧。去岁因雁于小歉，今春遂至于荐饥，力穑虽勤，糇粮殆绝。参以五种之利，救其二釜之艰。俯及秋成，仅无菜色。皇帝陛下乃眷东顾阴，鸾下民临，遣使臣循行县道，虑赋舆之不集，尽赐田租，念饥馑之可哀，大发仓粟，城邑聚人之地为设潭糜。山川血食之神必祈膏泽，道路之冠毙者贷其枯木之毙，沟隍之填委者推以掩骼之仁。明诏诞敷，和气斯应。如臣所领之郡，近接海隅，一千里之封陲，三万家之生聚。自蚕事载饬，厥筐之获颇多。及麦秋俯临两歧之谣，斯洽菽粟流衍，黍稷丰穰，绝无螟螣之灾。率有钟釜之蓄，刈早稻既获，陈根尚存，大雨时行，土膏脉起，芃芃发秀，蕤蕤垂芒，同枯杨之再生，异靡草之先死，结实栖亩，敛穧盈车。至于晚田又收数倍，遗秉滞穗既寡妇之是资千仓万箱，顾老农而何幸。臣忝膺郡寄，获睹年丰，亲逢五谷之祥，同赖一人之庆，周

277

原腬腬，犹咏曾孙之诗，尧民熙熙，敢迷上帝之力。休征斯在，纯锡昭然。伏望宣付史官，书之简策，干冒宸宸，弥切兢惶。

杨亿此表说明，宋初浙东处州的丽水等地已有再生双季稻。不过，宋初的"稻再稔"，不是今天再插秧双季稻。

宋宝庆元年（1225）九月，高似孙出知处州。高似孙（1158—1231），字续古，号疏寮，庆元府鄞县人（今浙江宁波）。淳熙十一年（1183）卫泾榜进士出身，治诗赋。历任秘书郎、校书郎、著作佐郎、通判徽州等。

宋绍定元年（1228），丽水又逢旱灾。高似孙率众官员到丽阳庙求雨，遇到了一件玄幻之事。清道光版《丽水县志》卷五记载：

宋绍定戊子（1228）六月二日，郡守高似孙持香丽阳祠。至第二殿，有龙见扇上，初如飞萤熠熠，俄成金色长出扇外，顷又化五色，晶采异常，群目惊悚。

之所以说玄幻，是龙现眼前，匪夷所思。可能是一众官员因旱情夜不能寐，焦思竭虑，加之天气燠热，大家拥挤在庙宇里，香烟氤氲，烛火摇曳，令人目眩眼花，产生了幻觉。

自隋唐以来，丽阳庙历为州、县主官祷雨之所。就像如今，非到万不得已才实行人工降雨，州县官员祈雨，也是久晴之后，稻田龟裂，秧禾枯萎。而久晴辄雨，这也是丽水山区的自然规律。官员们都是进士出身，除经书外，对天文、地理也都有涉猎。求雨祈丰年，是官员和百姓们共同的心愿。高似孙丽阳庙求雨后，写了一首《丽阳庙纪异》诗：

晓拜丽阳峰，轻烟锁乱松。

一香通有象，五色化成龙。

但只飞灵雨，须教慰老农。

平生知已处，神独最于侬。

粮食丰收，百姓稳定，官员心安。根据丽水耄老相传，每逢大旱，州、县官员要"步祷拜雨"，即平时在署衙要穿蒲鞋，斋沐步行。如出外赴庙宇求雨，官员脚穿蒲鞋，不戴官帽，以步代车前往。

以上是唐、宋时期州、县官员求雨的情况。事实上，"春江水暖鸭先知"，旱情露出端倪，最先感受到的往往是躬耕田亩的农民。当溪、渠、塘、沟的水不能满足浇灌时，最先开展求雨的是日夜忧心的他们。

民间求雨是一种自发的行为，但仪式感一点也不亚于官员求雨。1995年版的《丽水风俗》对唐、宋以来丽水县民间求雨形式进行过梳理，大致如下：

每逢天旱，旱区群众要虔请师公（地方道士）祷雨。祷雨日，师公头缚神额，手执龙角，脚穿草鞋到神庙或到碧潭、泉壑处祷雨。参加祷雨的民众脚穿草鞋、腰系布带，手拿蒲扇跟随师公前往。其中，有两人用轿杠抬着一张方桌，桌上摆有枯禾，上盖有高篷，俗称"雨篷"，以天旱庄稼枯萎示神。祷雨队伍，每到桥头、渡口、神庙时，都要停留，由师公鸣龙角唤神祷雨。祷雨忌戴箬帽，忌撑雨伞。如有人戴箬帽、撑雨伞，任何人都可以将箬帽、雨伞撕碎、远抛。祷雨队伍到达县衙前，县官要出衙上香拜雨，直到师公呼神求雨完毕，县官方能入衙。祷雨队伍到达神庙或被称为龙窟的泉壑处，摆香案，燃香烛，供祭礼神，由师公祷雨。祷雨仪式结束，祷雨民众齐声吆喝，沿路紧锣密鼓，奔跑而回，似乎大雨将至。俗以为这样做，龙雨就会随祷雨民众降下，如队伍跑得慢了，龙雨就要落在半路上。

大旱时祷雨，丽水县还有禁屠的习俗，全县不杀一猪一羊一牛，含有群众因旱情严重而吃斋，表示心诚求神施雨之意。

取龙：如遇旱情严重，民众祷雨不得，就要到俗称为"龙潭""龙窟"的地方取龙。其中尤以到丽水北郊白云山附近的水帘洞取龙最盛。取龙时，师公头缚神额，手持龙角，脚穿草鞋。全村民众腰系布带，脚穿草鞋，手拿麦秆扇，跟随师公前往。除抬着雨篷外，还有二人肩背"龙船叉"，龙船叉是连着桠叉的长竹竿，供师公"翻龙船"用。取龙队伍紧敲锣鼓，沿途大声呼喝，每到渡口、桥头、神庙，队伍都要停留，师公要"翻龙船"呼神祷雨。"翻龙船"时，两根"龙船叉"紧靠在一起，由数人握定，师公由地面翻上"龙船叉"顶端，脚踏竹叉，口吹龙角，祷神施雨。取龙群众跪在地上，随着师公喊声，应和祷雨。师公呼神祷雨毕，将红绳缚住的两个告杯在"龙船叉"顶端抛下，观其阴阳，以决定是否顺利。如不顺利，就要重新呼神祷雨，重抛告杯，一直要到告杯表示顺利，方能离开。取龙队伍达县衙前，师公也要"翻龙船"祷雨。此时县官脚穿蒲鞋出衙行香拜雨，全体取龙民众与县官都要跪在地上，至师公呼神祷雨毕，方能起来。接着，队伍到"龙窟"处取龙。取龙时，紧锣密鼓，延续不停，民众吆喝助威。师公做完法事，亲往泉穴处，将泥鳅或其他水生动物捕住，称为"龙"，并放入"龙罐"，称为"取龙"。接着队伍返村，沿途锣鼓声不绝，呼喝夺路奔回村庄，并将所取的"龙"放入水塘，取龙告毕。

分雨：当求雨取龙的队伍经过，也有路旁的村庄要求分雨。分雨要由分雨村庄预先与求雨村联系。取龙日，要求分雨的村庄要摆香案迎龙，供祭三牲祭品，点燃香烛，并烧"龙粥"（一般米粥，供取龙队伍食用）。祷雨队伍到达后，师公在香案前"翻龙船"，民众跪在香案前迎雨，神龙会将雨分施给这个村庄。

分龙禁忌：丽水俗以龙为神，分龙日（夏至后的第一个辰日）雨龙在太空盘旋，这一天不能在田间撒灰。如有人撒灰，神龙过此，龙眼就要被灰撒瞎，再不能施雨。同时也不能在田间挑粪种庄稼和露天晾裤子、倒马桶，认为粪便和裤子为脏物，神龙会受厌（方言，亵渎之意）不灵，当年要受旱。

第二节　太平庙会

太平殿是惠应庙的俗称，位于今莲都区太平乡太平村。"太平"一名的由来，清道光版《丽水县志》卷三记载：

惠应庙志

> 景寨，在县北四十里长濑村后，迤逦十余里。唐世，乡人避乱筑垒于此，巨石犹累累焉。

唐代，因武事而世乱，只有一次，唐中和元年（881）十一月，遂昌人卢约攻占处州。景寨成为乡人避难的"诺亚方舟"，1986年版的《丽水市地名志》记载：

太平，在市区北偏西十点二公里，位于小安溪东岸，属半山区。唐世，乡人曾筑垒避乱于迤逦十余里的景寨山。因乡人饱受颠沛流离之苦，为盼望过安居乐业的太平日子，故以"太平"为村名。

惠应庙供祀金端公和他的十个儿子，民间称"十相公"。自宋以来，惠应庙每年都要举行纪念金端公的系列民俗活动，俗称为太平庙会。2012年6月，太平庙会被列入第四批浙江省非物质文化遗产名录。

有关金端公的身世，有两个传说。

传说一：汉室为忠臣，唐宋为神灵。

金端公，名庄，字方太，号守楷，谥惠应。为西汉人。幼习诗书闻六经。曾任广州刺史，后擢为光禄大夫。王莽乱世贬为括州刺史。金端公娶赵、李、俞三氏，生九子，即日彰、日华、日高、日明、日升、日海、日广、日东、日焕。

又收钱塘人为义子，取名日全。金端公任职括州期间，曾率十子赴温州平寇安民，又除蝗虫赈饥民，并救济杭州受焚灾民，仁勇显赫，深受民众颂扬。金端公自温州平阳驱赶蝗虫至太平岭头佛堂下，力竭而死，葬于此地。墓地至今尚存。后人建庙纪念，为金端公和他的十个儿子塑像，奉为神灵，护佑一方。

传说二：唐末策马为国捐躯，宋初化神护佑太平。

根据父老传说，唐末，黄巢率领义军攻占京城长安，建立了农民政权，国号大齐。遂昌人卢约响应黄巢起义，起兵攻克遂昌、松阳、处州、青田等地。卢约自领处州刺史，割据一方。处州刺史施史君率兵屯寨缙云黄龙山，招募义勇，伺机讨伐卢约。唐哀帝天祐四年（907），施史君率军，与吴越王钱镠的部队分别从缙云和青田两面夹击处州。金端公率军为前锋，与卢约部队在括州武婆岭相遇，金端公身先士卒，大呼酣战，力竭而死。

后人在武婆岭建庙，纪念金端公。北宋宣和二年（1120）十月，方腊率领农民起义。缙云县霍成富、陈箍桶等，纷纷领导当地农民，响应方腊。战

太平殿

火波及丽水太平一带，乡人为避兵燹，纷纷逃离家园。一日，官兵与义军在太平岭相遇，乡人躲进金端公庙，默默祈祷。不一会儿，电闪雷鸣，阴云蔽天，云端中只见一个人金鍪银甲，赫赫如金端公飞骑而来，挥戈击杀。官兵趁机奋击，义军溃败。后来，米河、陈村、武村、何处等地，晚稻被蝗虫咬噬，乡人祈祷于金端公庙，当夜或风雨大作，或天寒水冻，蝗虫无一幸免。

民间相传，金端公庙建造于五代初期，即后梁年间（907—923）。起初只是一间规模狭窄的小庙。至北宋宣和二年（1120），金端公显灵助官兵击溃义军，已有二百多年历史，庙宇破旧，当时曾有人倡议重建庙宇，但正值兵燹过后，百废待兴，议而无果。至南宋淳熙九年（1182），乡里有位叫虞兴的年高德劭的老人，认为金端公屡显神灵，凡遇旱灾蝗害、疾病水火之厄，至金端公庙祈祷，无不应验，首先捐金，倡议修建金端公庙，得到全县百姓响应。于是，"恢拓旧址，高其殿檩（屋梁）、增构廊庑，至是则规模闳敞矣"。庙建成后的淳熙十一年（1184）、开禧三年（1207），金端公两次显灵，帮助乡民灭蝗除灾。

丽水县官员将此事向处州府呈报，处州府又向上呈报，最后到了朝廷。南宋嘉定八年（1215），朝廷勅赠惠应王并赐庙额，右丞相郑正签书勅牒。有关惠应庙，清道光版《丽水县志》卷三记载：

惠应庙，在城北二十里甘泉淤。神姓金，佚其名。有宋嘉定八年（1215）赐额敕牒碑。

宋嘉定八年（1215），金端公庙赐额为惠应庙。敕牒碑阴文字，因石碑在元、明期间流落荒野，清嘉庆二十五年（1820）从草莽中发现时，碑文已剥落十之五六。

□□□□□□□处州府呈报丽水县申准□□□□□请给金端公大王庙额，县□□□□□申，即行下部保勘，会据保甲勘明□□□□金端公神庙在地名甘泉，系北十五里古庙□□□□□今欲为立祠，方鸠工，忽一夕溪涨，树木漂流□□□□本州栝苍志录分明□□□东西两乡人民咸崇，奉香火，凡有祈祷，无不感应□□□□廿三都米河、陈村等处，晚禾被虫伤损，保延祈祷，神佑物化。继夜风雨抑撼其虫，禾稻无灾。从此人户每年□□□□又众证，淳熙十一年（1184），有四十七都武村何□□处地方，晚禾被虫伤损，人户祈祷。其夜天寒水冻，虫死□存。自后，每年春、秋拜祭，保至三年禾稻甚无损伤。众都保延祈禳，公私盗贼应无虑征商。客旅至庙诣香，过海海道有风次，祈祷感应。淳熙九年（1182），有乡老虞兴等，见前□□□□都受神之赐不浅，同众户出己财，增广规模，鼎新建置，装塑神像，兴造庙宇。迹□□□□禾稻丰登。开禧三年（1207）六月初二日，蝗虫蔽野，屡伤禾稼，众户□□□□其虫无存，禾稻即无伤损。当年秋□□□□□□□□□□□□□□□□□□□□□□□□□金端公庙系自父老相传，原是唐末因巢贼劫掠，为国勒兵至丽水县二十五都，地名武婆岭，没于王事，□迹尚存。累显神迹，乡民欲于彼都地名□□立祠，方鸠工，□□一夕暴雨溪涨，漂流树木□□□乡民于庙潭边侧立祠奉享，人户祈祷保护，感应□□□乡七都人户崇奉香火，凡有□□□□二都地名何岩、何村等处□□□□何岩等处□□□骤雨□寒□□初二日，和乐乡□□□都人户□□□□雨暴风肆□□□□即能感应□□□五谷丰登，居民安堵□□□九都与□□□丽水县虚实得金端公□□□□□□处州里，元系□□□人，称之曰端公，如杜诗有一无二□□□方腊蹂践，尽为煨烬□□□传记显然□□□□□志，系是本州知□□□□金端公显迹事，因保民，诣□道施行□□□州具，金公庙请给朝廷奉司先牒，台州府宁海县承□务□□□□衢州委常山县主簿、迪功郎蒋维覆实，行委有前□□□□□□谒申报尚书省本部□□□□□准官拜指挥部□□□□□□今后神祠祈祷应验□□□□□□路□运司依条差官体究虚实□□□□□年正月六日，并淳熙十四年（1187）六月□□□□乞伏省部备申朝廷□□□□□□□□□□□

皇宋嘉定捌年（1215）肆月初八日尚书省牒　右丞相　郑正　书

太平殿庙会翻龙泉

太平殿庙会跳马灯

太平殿庙会编织打蝗虫

惠应庙坐落的太平村，拥有小安溪最大的溪谷田畈，据《丽水市地名志》记载，供祀惠应庙的太平、竹舟、溪头、下墺四个村有近2000亩耕地，17000多亩山地，以种植水稻、番薯为主，兼种油茶、板栗、毛竹等。

在传统的乡土社会里，太平乡的人们傍田而耕，逐水而居，蝗虫是旱灾、水灾外的第三大"天灾"。人们渴盼社会安定，风调雨顺。而金端公和十相公平寇驱蝗、赈灾济民，正是给他们带来福祉的人。

惠应庙自南宋淳熙九年（1182）扩建，嘉定八年（1215）赐额，至今已逾八百多年，其间改朝换代，沧海桑田，庙宇多少次经历坎坷、磨难和损毁，一代又一代乡贤的桑梓之情，使得惠应庙穿越八百年的历史时空，多少次被风雨摧毁，或

太平殿庙会舞龙

太平殿庙会诗会

太平殿庙会祝寿

兵燹焚毁，又都神奇地矗立起来。

自宋以来，惠应庙庙会都在农历八月十七日举办。太平、下墺、竹舟、溪头四村的村民齐心协力，他们认定金端公是四村村民共同的祖宗，四村的徐、冯、潘、周、吴、赵、熊、苏、谢、李、傅、何、胡、章、蒋、诸葛、程、施、王、赖、方、楼、叶、樊、曾、陈等各姓氏村民把金端公的十个儿子中的一个相公认定为自己的祖宗，把惠应庙改称惠应祖庙。同宗共祖，血脉相连，心气相通，促进了村民睦邻友好，礼义相处。社会安定，合境协和，呈现出"太平无事不太平"的和谐景象。清乾隆末期，丽水县令张士楹有感于下墺村（原名松溪）和谐安乐，褒榜曰"无讼村"。

八月举办庙会，这个时节，正是稻谷灌浆，趋于成熟之时，如遇蝗灾，一年的辛苦就会毁于一旦，庙会上会举行"打蝗虫"仪式。此外,《惠应庙志》还刊有《惠应祖庙祈保牛灾表》一文,祈求金端公保佑耕牛平安,无病无灾。"打蝗虫""祛牛灾"是农耕文化的一个缩影,它折射出了太平乡人们对生活的向往和追求。

事实上,惠应庙因地处小安溪流域最中心位置,一年四季都有民俗活动。如元旦瞻拜祖宗、元宵灯会、清明扫墓和"送花船"、六月求雨"翻龙泉"、八月中秋开祝寿乡会诗会,抬祖宗出殿巡游、归殿演戏等。这其中,当属八月十七日的庙会活动最为重要。

八月十七日是金端公的寿诞日。这一日,惠应庙张灯结彩,锣鼓齐鸣,人群涌动,举行金端公庆寿、抬祖宗出殿巡游和为四村七十岁以上老人祝寿,颁寿桃、馒头,邀请县里、乡里儒学方家出席,撰写祝寿诗词。

尊祖敬老,是八月十七日惠应庙会的主题。《惠应庙志》里,《岁时礼仪考》《惠应庙规》都对祝寿乡会的时间、顺序、人数、菜单、礼节、轮值办法做了具体的规定:八月初八日净麦,十四日上殿整备应用食货器皿,十四日具帖十会并乐助田地人家,十五日、十六日吃斋,十六日申刻绅耄及会长诸董,同整衣冠,神前祝寿,七十以上者,各给寿桃一双,等等。

唐风宋韵传千年,惠应庙是丽水县屈指可数的始建于五代,宋代获朝廷赐额,元、明、清及至今历代修缮,保存完好的庙宇。2012年6月,太平庙会被列入第四批浙江省非物质文化遗产名录。太平庙会活动以惠应庙为中心,分布在太平港流域的两岸山村,以太平乡的太平、下墺、竹舟三个行政村为主,包括枫柴、吾古、木后、小溪、长濑、西溪、金周等部分村庄以及丽水城内的灯塔、丽光等城中村。太平庙会的主要活动有:

一、春节瞻拜祖宗:春节期间,从除夕到初十,太平殿祖宗案桌前摆满了祭品,瞻拜祖先的人络绎不绝,炮声震天。

二、元宵节灯会:正月十五,家家户户张灯结彩,村村举行灯会,太平殿内挂着各种花灯、琉璃灯,灯火通明。

三、清明节扫墓和"送花船":春天万象更新,各种瘟疫最容易流行。清明节前几天清早,村民上山采来杜鹃花等鲜花,在家里拜祭后纸扎插门,等候惠应庙延门逐疫。道士带领送花船队伍，挨家挨户去收鲜花纸扎后，送到村口，放入溪水中，让水冲走，企望瘟疫随同花船一同流入大海。

四、六月求雨"翻龙泉"：由于久晴无雨，只好"翻龙泉"，祈求龙王下雨。

五、八月十七是金端公生日，这天，开祝寿乡会，还要赛诗，开诗会，除了给金端公庆寿外，还要给村里老人贺寿、发寿桃。

六、九月中旬祖宗出殿巡游：这是太平乡最热闹的日子，这一天，村民们手举各种各样的兵器、彩旗，敲锣打鼓，抬着祖宗神像到三个村巡游，在三个村的六个固定地点，要进行戏班八仙表演，祖宗回殿时，金端公、十相公一坐定，八仙立即开锣演戏。

七、近年来，太平庙会继承传统外，积极创新探索，除给寿星挂彩带、拍照留念外，还特别重视挖掘抢救本地的手工技艺"编织打蝗虫"，在本地妇女儿童中推广。近几年举办小学生编织打蝗虫培训班，2018年在太平乡小学挂牌成立省级非遗太平庙会传承基地。

太平殿庙会巡游

第三节　求　梦

　　求梦的习俗，在丽水由来已久。不过，求梦属于比较私密的行为，旧志较少记载，但地方文献草灰蛇线，还是留下了痕迹。

　　丽水城北的丽阳庙、北乡的惠应庙是丽水人求梦的地方。求梦是指睡在庙宇中，希望神灵在梦中对自己所求之事予以指点。求梦的人形形色色，所求也五花八门。有求官运的，有求功名的，有求财运的，有求迁徙的，有求婚姻的，甚至有求赌运的。

　　求梦的方式大致分两种。讲究的，比如官员和有钱的士子，会预约庙宇房间，到殿后，燃烛上香、焚烧纸锭，向神灵塑像祷告，诉说祈求。有的事先写好祷词，在神灵塑像前宣读。然后到房间过夜，希望梦中得到指点。不讲究的，三教九流、贩夫走卒，点香燃烛，焚烧纸钱，向神灵塑像祷告所求，然后把草席铺在庙堂、后殿、两廊，即可睡觉，以期神灵托梦。

　　求梦时间，在农历白露节的前三天和后四天，夏秋之交，天气由燠热转凉爽。

　　《惠应庙志》里刊载了一篇县学生员的《惠应祖庙求梦表》，即求梦祷词：

　　圣德昭昭，一境咸依福主神功……出宰东瓯，殚勤劳于百里，赈饥北栝，敷惠泽于四民。所以和乐之乡蒙和乐，太平之里永享太平。（生）诚惶诚恐，稽首顿首上言：窃惟学耻全牛，实无补于吾道；才惭半豹，究有忝于斯文。未得显姓以扬名，安能光前裕后。同气者四，合爨在三。椿树固已见枯，无父何以为怙，萱花虽曰幸茂，有母尚可尸饔。子职多亏，人道未尽。叨入泮宫以往，功名无复寸成。蒙生化炉而来，年纪且云三十既往者。若此，将来者何如？岂竟中道忽更悠悠卒岁，半途而废碌碌终身。欲决所疑，不至心烦而虑乱。思凭其信庶，得固执以坚持，况乃阅世运之盛衰，神光万代察人间之善恶。天鉴一方，从未有聪明正直、无微不照、宽宏广大、有求即灵如今日者也。兹盖伏遇惠应王殿下，体合清宁，明同日月。经天纬地，流声共越水俱长，追古轶今。建业与苍山并固。凡世事之成败利钝，莫不先知，即人生之得失穷通，自能默兆。伏愿大显灵通，丕彰应验。《周礼》春官之卜于今时，《毛诗》太人之占形于此日。孰凶孰吉明示于寝，与何去何从显昭乎梦寐。（生）无任瞻神，仰圣激切，屏营之至。谨奉表恭进以闻。

此生员心中充满了郁闷、烦恼和犹疑。父亲已经去世，兄弟4人，1人分家独立门户，3人与母亲同灶。年过30岁，未取功名。继续读书，必须放弃稼穑，要靠兄弟养活，又不知何时能取功名入仕。放弃读书，又很不甘心。自己决断不了，只能让惠应庙里的金端王来拿主意。这或许是所有求梦的人的心态。

今太平乡小安村是何氏聚居地，系何澹后裔。何澹曾孙何莫自丽水县城西山迁至西乡岑溪，至何莫的孙子何基，宋、元更迭，祖上的荣光已不复存在，何基成了一个养鸭人。1989年版的《中国民间文学集成·丽水市卷》刊载了一条《小安故事》：

很久很久以前，碧湖有个叫何基的农民，在溪流间随波逐流，以养鸭子为生。

有一天，何基从碧湖沿大溪放鸭到了丽水城边的琵琶圩。鸭群在琵琶圩歇息，何基与溪边的渔民闲聊，得知白云山脚的丽阳殿很灵验，求雨得雨，求官得官。何基已经从岑溪搬到了碧湖镇边居住，但鸭群搅人清静，邻居都嫌弃他。何基想别迁他处，但不知去往哪里。

何基把鸭群安置在琵琶圩上，步行到丽阳殿求助。说来也奇怪，何基上完香，跪在蒲团上祷告时，不知是连日赶鸭劳累了，还是被殿里的香烛熏着了，居然打了盹。迷迷糊糊地，似乎有人在他耳边说，鸭子要到哪就到哪，鸭子要到哪就到哪。

何基将信将疑，让鸭子自由活动。鸭群下了琵琶圩，溯大溪而上，过路湾、敏河后，进入小安溪，一路北上，到了小安村（古称安溪），就不走了。这里溪流和缓，回湾众多，上游杂物淤积也多，鸭子找到了天然栖息之地。

何基在岸边搭寮居住，养了近一年鸭子，鸭蛋就近卖给村里的周姓等大户人家。年关将近，何基准备赶回碧湖过年，可是鸭子总是不肯走。周家叫何基留村过年，并有意招他当女婿。

何基留下鸭子，只身赶回家，与父母商量。父亲何鉴先是纳闷，天底下哪会有这种事，鸭子竟赖在一地不走？后是疑惑，周家会看上一个养鸭的穷小子？

第二天，何鉴即随何基前往小安。到了那里一看，何鉴马上吃惊地说："儿啊，这真是风水宝地，九龙捧珠呀，珠宝之地，鸭子哪会离开？"

何鉴决定举家搬到安溪。说干就干，年前就匆匆搬完了。年后一开春，全家开始造山种树。原来，小安前临溪水回旋，后有八条山脉。何鉴带领全家，要造一座山，以实现九龙捧珠的梦想。

何鉴带领何基真的造了一座山。如今，小安村口那就有一座假山，山上树也种了很多，其中一株樟树，

小安村何氏旧居

就有几百年的历史。

传说不是空穴来风，小安村《安溪何氏宗谱》记载：

（何）鉴，字湛如，生于咸淳庚午五月初八日申时，卒于元统甲戌十一月十三日……生三子，奎、基、堂……（何）基，字深远……始迁居碧湖，再迁居安溪，是为安溪始祖也。携三子而徙居焉。

又比如原丽水县水东乡风化村，其村名由来，1987年版《丽水市地名志》记载：

相传章氏太公从福建迁此，为取村名，去丽阳殿求梦，无梦。只在伞内带回一只蜂，测其意，取名风化，其含义是此地风水好，能逢凶化吉。

小安村假山古樟

第四节　其他风俗

　　风俗，是千百年社会发展中形成的风尚、礼节、习惯等，它渗透在人们生产、生活的方方面面。清道光版《丽水县志》对丽水县风俗进行了梳理，这些风俗肇始于隋、唐，形成于两宋时期，传承、沿袭至元、明、清。历经千年岁月淘沙，有些风俗流传至今，为生活在科技高度发达的今天的人们接受。

　　老寿考终者，谓之喜丧。吊客以酒食为先务，丧主以哭泣为具文，援礼进规，则反唇而讥，目为迂僻。

　　女待嫁，于双岁年自织大布，与母亲染茜红，择吉制被袄袡衣之属，戒孕妇及厘者见之。迎奁时，担草蓐插通草花于上，以殿仪从之未嫁时，渐以增华。二者犹循古也。

　　聘礼之奢者，侑以簪珥彩帛，复饰文绮为人物花卉、珍禽异兽，各数十事。舆从多人，导以鼓乐。嫁者因以加丰，或至耗其生产，里俗夸美，以为饰观。故谚云："千金嫁女心不足，百金教子如剔肉。"

　　亲丧即免经执伞，走告所亲曰"报丧"，否则以为不恭；延僧道诵经曰"开丧"；七日建设道场曰"超度"。先一夜，孝子执魂幡，率眷属尾僧道诣门外西向俯伏。僧道诵经毕，赞曰"哭"则大哭。执香焚纸锭以归，曰"接七"。

　　扫墓多以寒食节及孟冬朔日。至亲生卒之日，必祭于享堂，以望族而外，不尽立宗祠也。殆未协萃涣之义云。

　　地无珍产，商贾鲜通。每月，郡城以三、七日为市；碧湖以丑、辰日为市。所陈诸物，率鸡豚米粟之类。旸雨偶愆，则米价骤腾。质复滥恶，籴升斗者深以为病。旧志之言如此，今尚未革云。

　　土人循山开田，高低鳞次，或数级才能盈亩，惟赖山水灌注。县令方亨咸诗，所谓"田浇峰顶雨，山拥马头云"也。土多薄壤，不能蓄水。夏至后晴稍久，民间辄数十百人，相将入山取潭水中鳞介之属以回曰"取龙"，入城投牒官长，请行礼毕乃去。

唐时，祷雨于北山丽阳庙，有甘雨随车之应。今于城中立坛（或灵水宫，或天后宫），有司朝夕步祷。不应，则士民赴白云山祷大士；进水帘洞取龙，谓之"取官龙"。文武官咸迎于望京门，既至虔祷如初。再不应，则改祷于天堂洞焉。

俗尚巫鬼，病者延医不效，必召巫。巫鸣筊鼓，曼声唱俚语，谓之"高台招魂"。事毕，书符封门，阻客三日，往往医不及施。迨来，黠巫恐术败，倡为"医生不忌入，买药不忌出"之说，愚民凭其颠倒而不悟也。

妇女敬事夫人，即所称顺懿夫人、护国马夫人也。顺懿庙在太平坊鹤鸣井者，香火尤盛，凡求子者必赴庙虔祷；儿生，自洗儿及弥月、周岁，必设位于家供香花，招瞽者唱夫人遗事，曰"唱夫人"。每岁上元前二日，司事择妇人福寿者数人，为夫人沐浴更新衣。次日平明升座，各官行礼，士女焚香膜拜，络绎不绝。至夜，舁夫人像巡行街市，张灯结彩，鼓吹喧阗，小儿数百人，皆执花灯跨马列前队，观者塞路。至元夕，南园管痘夫人，出亦如之。

元旦肃衣冠礼神及祖，然后互相庆贺。或折柏枝联柿桔悬诸门，谓之"百事吉"，以方言"桔""吉"同音也。

立春日燃香烛，折樟树枝于庭，谓之"接春"；放爆竹，谓之"弹春"。

正月十三日巧制诸灯，毕集于市，谓之"灯市"。夜则庙中皆张灯火，民家亦悬灯竞胜，谓之"上灯夜"。

未惊蛰前闻雷必大风雪，谓之"雷雪风"，甚有四十九日始晴者。

春、秋二社前，具鸡黍当街设祭。祭毕宴饮，谓之"烧介福"。

社日田野祀谷神，是日播种谓之"社秧"。妇女出游，谓之"嬉社"。

三月三日赛圉山温元帅庙，舁其像巡街逐疫。所至皆设祭、演剧；鬼装前导者，黄金四目，诡状殊形。出行春门，至下河而回。

清明节煮蓬叶为汁，和米粉为粔籹，谓之"青蓬点心"，又名"寒食果"。必献其先，盖禁火遗意也。

立夏日煮笋豆和粳米作饭，谓之"立夏饭"。云是日食梅，则辟飞丝；食笋，则骱健。

端午门插蒲艾，妇女作茧虎，系长命缕，与他处同。向有龙舟之戏，因舟覆戒勿为。

夏至日，农家具酒肉祭田间，曰"做田福"。是日见禾颖先茁者，曰"挂榜"。取盂水曝日中，抹小儿面背，云不生痱子。是日闻雷多旱，谚云："夏至响雷公，塘里好栽葱。"

六月初一日雨，则禾有虫患，谓之"放稻虫"；初二日再雨，则无患，谓之"杀稻虫"。

六月初六日曝书晒衣，云可辟蠹。儿童浴狗于池，以为故事。

六月十九日多雨，谓之"观音飓"。二十八日，舁丽阳庙三神像出巡。是日多雨，谓之"丽阳飓"。

七月七日，妇女解端阳系臂彩缕，团饭抛屋上，谓资"乌鹊填桥"；夜则陈瓜果乞巧焉。

七月晦日，于门外燃烛焚香，或燔柴于路，谓之"点街灯"，云为地藏神庆生辰也。

腊之二十四夜祀灶，必设饴饧，谓"胶灶君牙齿"。除夕，悬先人遗像于堂，祭毕而饮，谓之"吃分岁"。少者礼长者，谓之"辞岁"。

早餐曰"吃天光"，午曰"吃日午"，晚曰"吃乌阴"。

第十章　工艺特产

丽水地处山区，陆路古道穿行万山间，陡峭峻险；水路航道蜿蜒山谷里，滩浅水急。特殊的地理环境，造就了人们自力更生的禀赋。南朝、隋、唐以来，人们就地取材，制造生产、生活的用具和消费品。

第一节　瓷　窑

吕埠坑窑

旧时，瓷器是除竹、木品外在生活中使用最广泛的用具，小的如杯、盏、碗、碟，大到壶、盆、钵、缸。

丽水县境内最早的瓷窑是吕埠坑窑。1986年版《丽水市志》记载：

吕埠坑，在市区西面二点七公里，东绕小坑，北濒大溪，原设船埠，吕氏始居，故名，亦名里步坑。六朝时，村西小山上建有瓷窑，村宅和小坑距窑三百步（古制一里），因名。又名李埠坑，因有李氏村民迁入。此地古窑址，列为县级文物保护单位。

根据文物部门的资料显示，窑址在山的东北坡、西北坡，紧临瓯江。1959年，因要建瓯江水库，村庄属于淹没区，对窑址进行了初步发掘。2001年，省考古所再次发掘，清理龙窑窑床两条。发掘资料证明，该窑烧造时间从六朝晚期开始，至晚唐停止烧制。

吕埠坑窑址地貌

产品以青釉瓷为主，也有酱釉瓷，器物有碗、盅、罐、砚、盘口壶、灯盏、钵、盘、执壶、缸等。胎灰色，有深有浅，胎质不致密。

发掘显示，吕埠坑窑经历了三个时期：

一期：南北朝晚期至盛唐。产品胎厚釉薄，以折腹平底碗居多，兼有瓷盅、敞口罐、足砚、盘口壶、灯盏等。明火叠烧，以垫饼间隔，有三至四个支烧痕。

二期：盛、中唐时期。出现撇口折腹碗、敞口斜腹碗、撇口弧腹碗、盅、罐、瓷砚、盘口壶，兼有灯盏、钵、盘、执壶等。器型多样，釉色青釉和酱釉。仍用明火叠烧技术，碗底支痕四至六个。

三期：中、晚唐时期。不见折腹碗，平底碗消失，见撇口或敞口斜腹假圈足碗，支烧痕 5 至 8 个。产大型器物，如缸、盆类。胎粗糙，用明火叠烧外，还有大小件器套烧。

从出土的瓷片可以看出，吕埠坑窑出产的瓷器大多是生活类的。从时间

吕埠坑灯盏　　　　　　　　　　　吕埠坑三足砚

这个维度看，南朝（420—589）晚期，恰好是通济堰灌溉水系建成（505—512）后，碧湖平原、今丽水城区逐渐形成人口集聚，吕埠坑所在的位置，恰好在两地中间，窑建在溪边，大溪水流和缓，水运便利。窑山旁是绵延的丘陵，树木茂密，瓷土丰厚。在此烧制瓷器，天时地利兼具。

吕埠坑窑是瓯江中上游已发现瓷窑中时代最早的一处。惜州、县旧志记载不详。

保定窑

保定窑址位于丽水城西五十里的碧湖保定村。1986 年版《丽水市志》记载：

保定村，位于大溪纳入松阴溪汇合处的西北部，凤凰山屹立于村西。村北有古窑址，被列为县级文物保护单位。相传村祖吕文穆任宋相时，以家乡有三十六处瓷窑，产品精美闻名，在朝夸说家乡是宝地，朝廷赞同他的述说。从此，古名宝溪改为宝定，后"宝""保"两字同音，因名保定。

有关保定村名由来，这条记载有误。吕文穆即吕蒙正（944—1011），河南洛阳人，北宋初年宰相。而保定村《东平郡吕氏宗谱》记载，保定吕氏源出吕好问一支。吕好问（1064—1131），定居婺州（今金华），以恩荫入仕，官至尚书中丞。八世孙吕明伦于元贞元年（1295）乡荐授松阳县尉。元大德四年（1300），吕明伦卜居通济里之宝溪，谱载"以此间田肥美，俗淳厚，为子孙久远计也"。

保定古窑址

在吕氏卜居保定前，已有多个姓氏居住。《东平郡保定吕氏宗谱·忠四公传》载：

> 忠四公，字德言……先是住是里者有陈、洪二族，皆竞积金资。公尝语人曰，积金何如积德。

吕忠四是保定吕氏的第二代，出生于元至大辛亥年（1311），其时距离南宋王朝结束仅40年。古代称百家为族，陈、洪二姓聚居保定，结族成村落，时间应当在数代几百年以上。

事实确实如此。保定村因处松阴溪和大溪汇合处，又是通济古道西路和南路的分叉点，具备得天独厚的地理优势。《宋会要辑稿·食货一六》记载宋康定元年（1040）的商税额：

> 处州，旧在城及青田、缙云、松阳、龙泉、遂昌县、保定场七场，岁一万二千八百五十二贯。

也就是说，在宋康定元年（1040）时，保定的商税可以和龙泉等县并列了。

时间再往前追溯，从唐后期、五代至北宋初、中期，碧湖平原和保定一带，广建寺庙道观，碧湖广福寺、胜因寺、大明寺、崇梵寺、妙善寺、宝胜寺、妙智寺、悟空寺、化城寺、资圣寺、净居寺、崇法寺、法善寺、戒光寺、定光寺、崇道观等。

寺观兴建，有两个背景，一是人口集聚，二是经济发展。而大兴土木，离不开筑窑烧制砖瓦及日用器具。

保定窑就是在这个背景上发展起来的。吕埠坑窑因泥土、树木等资源逐渐枯竭时，保定窑承接了其使命。

大溪自大港头以下，沿溪村庄都各自命名溪名，如九龙称龙溪，资福称资溪，上阁称郭溪，保定称宝溪。保定村《东平郡吕氏宗谱》收入一篇吕氏族人撰写的《宝溪华胜志》：

栝以西按都鄙而访，大家莫不以宝溪为首称矣。而揆厥所由，虽云乃祖培植之厚，实秉山川之胜为多观。夫明沙环抱，绿水长流，上通七闽，下达八州。前明置税司，设市，乃舟车往来，士商必由之径。相传古有二十四桥、三十六窑……

清同治版《丽水县志》引用明天顺五年（1461）的《明一统志》记载：

保定窑旧址

丽水产青瓷器，求之不得，惟西乡宝定村有废窑三十六所，云昔时一窑举火有白气，次第八他窑不蒸而燃。后察其异，相约同时举火，见白气腾空去。自是器遂苦窳不售，窑也渐圮。今时有破碗残盂出于沙砾，无复完美者。

这则记载说明，唐、宋时保定称宝溪，有窑三十六所。明代时称宝定，窑火已经熄灭，窑已倾圮。窑火之所以熄灭，一次察觉"有异"，于是同时烧火，从此再也烧不出好东西了。

保定窑瓷片

至今，村中口口相传有这么一则故事，大意是：保定村有窑三十六座，窑址分布在村西北的山脚，窑山边的泥土色白、细腻，有黏性，无杂质，烧出青瓷质地优良，处州的官员将花瓶、佛像、茶杯等作为朝觐的礼物，常得到皇帝的赏赐。这引来同朝为官的江西官员的嫉妒，他们派人到保定查探。保定三十六窑，原先定下的规矩是一窑一窑烧。江西人嘲讽窑工，有钱不知道赚。窑工们禁不住利诱，三十六门窑装好后，一起举火烧，结果把窑都烧塌了。后来重新筑好窑，烧出的都是歪瓜裂枣，保定窑从此破败了。

传说为保定窑增添了历史神秘感。2020 年 7 月，丽水市莲都区文保所联合复旦大学文物与博物馆学系组成调查组，对保定村 12 处窑址进行了考察调查，得出以下结论。

器物类型：以碗为主，另见盏、盘、高足杯、韩瓶、钵、盆、坛、罐、缸、壶、灯等。依据制作的相对精细程度，可大致分为精、粗两路产品。

器物纹样：内底心常见刻划、压印等技法成形的莲花、牡丹、葵花、菊花、梅花、鹿、双鱼、杂宝纹饰以及八思巴文等文字装饰，外壁则见多重弦纹、莲瓣纹等。此类器物以窄圈足碗、盘与高足杯为典型代表。

器物烧法：单件装烧或多件叠烧均有，前期一般使用泥饼填烧、泥点或泥饼间隔的装烧方式，后期逐渐转变为涩圈、涩饼山叠烧。

粗制器物：主要有粗圈足碗、盏、韩瓶、钵、盆、坛、缸、壶等，大多胎质粗疏；同一器形施青釉、黑釉均有，大多施釉不及底，碗、盘、盏常见多件青釉器与顶部一件黑釉器叠烧的现象，烧成温度低而多生烧现象；普遍不见纹样装饰，显见其低端生活用具的功能指向。

精制器物：主要为盘、高足杯。呈现出明显的龙泉窑风格，胎质较细，胎色浅灰；釉面匀净，呈青黄、青绿色泽。

根据此次考察，调查组得出结论：

保定窑的整体窑业上限可推至13世纪初，约始烧于南宋中晚期。最初的区域性窑业中心在村西北部的后窑山附近，临近西侧洪塘。

不过，此次只是调查考察，而不是深入挖掘考古，所作结论也仅以所采集的瓷器碎片为论据支撑。历史在进步，20世纪50年代文管部门曾作过调查，得出保定窑是元代窑的结论，此次调查推前至南宋中晚期。如果进行深层挖掘，说不定会有意外惊喜。

碧湖沙岸村的陶窑

第二节　酿　酒

丽水酿酒的历史源远流长，隋、唐时期州、县旧志无载。明代顾起元撰写的《说略》卷二五记载：

段成式有造醽醁法，为湘东美品。《琵琶记》云："银海琼洲泛醽醁。"是也。

段成式自己摸索了酿酒法，酒称湘东美品，名闻一时。李时珍《本草纲目·酒》记载：

按许氏《说文》云：酒，就也。所以就人之善恶也。一说"酒"字篆文，象酒在卣中之状。《饮膳标题》云："酒之清者曰酿，浊者曰盎，厚曰醇，薄曰醨，重酿曰酎，一宿曰醴，美曰醑，未榨曰醅，红曰醍，绿曰醽，白曰醝。"

也就是说，段成式酿造的是绿的酒。唐大中九年（855），段成式出任处州刺史时已53岁。段刺史不大可能千里迢迢把自酿的酒带到处州。根据《旧唐书》记载，唐代从建中三年（782）开始实行榷酒制度，各州、县只准官府酿酒。会昌六年（846）朝廷下旨，官府垄断造酒，设立官店卖酒。因此，公务之余，段成式应该指导过丽水官府的酿酒师，如何酿出自己喜爱喝的绿酒。

段成式除了官员身份，还有诗人、小说家的头衔。有《怯酒赠周繇》诗：

大白东西飞正狂，新刍石冻杂梅香。
诗中反语常回避，尤怯花前唤索郎。

周繇（841—912），字为宪，池州（今属安徽）人，晚唐诗人。"索郎"

是酒的别称，段成式好酒，但在小近40岁的周繇面前，就"怯场"了。喝酒之人常常酒不醉人人自醉，段成式有《醉中吟》诗：

> 只爱糟床滴滴声，长愁声绝又醒醒。
> 人间荣辱不常定，唯有南山依旧青。

糟床，是榨酒、沥酒的器具。段成式心中烦闷，借酒消愁愁更愁。若不是有亲身酿酒的经历，怎么会写出如此形象的诗？段成式的《酉阳杂俎》一书，专门辟有"酒食"一节，专门介绍下酒的美食。

宋咸平元年（998），杨亿出知处州。杨亿是建州浦城人（今属福建），与处州地缘相近。杨亿到处州时，丽水城市集已经非常热闹，这从他的诗歌里可以反映出来：

> 角罢重城掩，渔归别浦喧。
> ——《郡斋西亭夜坐》

> 潮平聚渔市，木落见人家。
> ——《到郡满岁自遣》

> 桃李成蹊春尽后，鱼盐为市日中时。
> 几处唱歌闻白苎，谁家酤酒见青旗。
> ——《郡斋西亭即事》

宋代实行榷酒制，市场上有专卖的酒店，酒旗飘扬。事实上，杨亿作为一位官员诗人，也是一位酒爱好者。

题诗到处寻红叶，置酒终朝看白云。
　　　　　——《郡斋即事书怀十二韵呈诸官》

兔园陈旨酒，金屋御重裘。
　　　　　——《己亥年十月十七日大雪》

开樽空爱客，函丈孰宗予。
　　　　　——《次韵和系郡斋书事之什》

　　因为爱酒，杨亿深知榷酒制的利弊。杨亿家在福建浦城，处州至浦城，经丽水、龙泉，杨亿熟悉两县酒坊情况。《武夷新集》卷一五收入杨亿的《论龙泉县三处酒坊乞减额状》：

　　臣获领郡符，合求民瘼。苟自图于缄默，是上负于忧勤，傥有救于疮痍，亦无辞于鼎镬。

　　臣窃见龙泉县松瞿、小梅、松源三处酒坊，一年共趁办额钱一千九贯八百一十九文足，并是勾当人自备曲米、本柄，酝造沽卖，收趁上件净利钱数纳官。自来州司枷项差勒人员军将，须管甘认。勾当并皆破卖家业，及身命偿官，并均摊干系人填纳。

　　臣自到任所，深访其由，盖是往年王师讨伐江南，龙泉乃其境上，钱俶多调发卒士防遏边陲，此时榷酤，甚获其利。县民张延熙，贪婪无识，遂入状添起虚额，买扑勾当。自江南平定，钱俶进纳土疆，书轨既同，幅员无外，所遣丁卒，皆已罢归，遂致酤卖不行，课利亏失。元买扑户，并尽底破家卖产，填纳不足，只有身命偿官。州司又不敢陷失旧额，须至差勒平民，以至籍入家财，通纳身命，蠹伤和气，流患生民。百姓亦尝诣阙披陈，诏下三司相度。虽行刺问，寻便供申。所司惟聚敛是图，陆沉无报，疮痍益甚，冤痛弥深。

　　又况龙泉县连接七闽，弥亘千里，山川险绝，闾舍稀疏。所是三处酒坊，并皆越在草莽，数间小屋，仅庇风霜。虽有榷酤之名，全无酝酿之具。盖是勾当人相承败阙，兴创不成，须至破卖田园，遭离刑辟。见今勾当人并系征欠司枷项征督，每三数日，一度就科。盖省司之益峻课程，官吏之惧于书罚，纵加决责，何以征填？挤沟壑而可期，扣阊阖而无路。臣备见此事，深究其由。自以受两朝之圣知，忝百城之忧寄，有所闻见，岂敢缄藏？虽获罪以犹言，庶期死而得请。

伏望皇帝陛下，念远民之涂炭，采微臣之刍荛，更询相府之吁谟，勿令计司之关决。傥谓狂瞽之有实，所侵功利以非多，旧额之中，减其大半，人乃受赐，天实听卑。苟事下于有司，必谨守于旧制。王泽既壅，民病愈滋，虽龚、黄临之，亦不能为理。

臣伏见陛下，践祚之始，尽放天下逋欠，寰海之内，歌舞太平，虽甚盛德，无以加此。又自守郡之后，寅奉诏书，莫不以优恤为先，未尝以课利为急。百姓既足，长府自然有余。一人向隅，满堂为之不乐。臣忝预谏列，获佩郡符，早受特达之知，敢辞进越之罪。祈天俟命，伏切愚衷。干犯宸严，无任战汗兢惶激切之至。

松瞿，今龙泉松衢村，距离龙泉县城14千米，曾设市、镇。小梅名称一直沿用至今。松源即今庆元县松源镇，南宋庆元二年（1196），分龙泉松源乡地置县。这三处酒坊在五代末期因吴越驻军，经营者增加虚额向政府申报，承包税款，又分摊给酿户，获利甚多。北宋建立后，驻军撤离，但税额未减，后继经营者几乎倾家荡产。

杨亿于咸平二年（999）五月二十日递呈奏状，九月二十三日敕差命官专监。杨亿上任之初就关心处州酒业，积极消除弊政，使得处州酒业趋于良性发展。

绍圣元年（1094），秦观到任处州监酒税。我们从秦观的诗里可以看出，这位税务官似乎有些闲散，看不出在工作中对待治下酒户的严苛。

市区收罢鱼豚税，来与弥陀共一龛。

        ——《处州水南庵》

醉卧古藤阴下，了不知南北。

        ——《好事近·梦中作》

清酒一杯甜似蜜，美人双鬓黑如鸦。

        ——《处州闲题》

正是杨亿以民为本的悲悯情怀，秦观的"无为而治"宽容施政，北宋一朝，丽水县的酒业兴旺发展。第二章提到的九龙镇酒业税收，与青田、龙泉县并列了。

在这个背景上，丽水出现了两种名酒——处州金盆（盘）露和栝滩清。

处州金盆（盘）露的记载，最早出现在北宋田锡所著的《曲本草》：

处州金盘露，清水入少姜汁造曲。以浮饮法造酒，醇美可尚，香色味俱劣于东阳，以其水不及也。

田锡（940—1004），字表圣，嘉州洪雅（今属四川眉山）人，宋太平兴国三年（978）进士，官至右谏议大夫。田锡性格耿介，不喜交游，每日闲暇之余即入书房著书立说，著有《咸平集》《曲本草》。

《曲本草》是最早收集本草制曲酿酒的书，书中记录了14种酒，10种为草药制曲酿酒。田锡在"金盘露"前加上"处州"，是因为当时金盘露酒种类繁多，唐乾宁元年（890）进士、福建莆田人徐寅在《草木》诗里，就提到过金盘露。

草木无情亦可嗟，重开明镜照无涯。

菊英空折罗含宅，榆荚不生原宪家。

天命岂凭医药石，世途还要辟虫沙。

仙翁乞取金盘露，洗却苍苍两鬓华。

到北宋时期，金盘露酿制已成平常，江西诗人韩驹（1080—1135）喝了金盘露酒后，觉得像喝了蜜一样：

庚子年（1060）还朝饮酒绝句

三年逐客卧江皋，自与田翁酌小槽。

饮惯茅柴谙苦硬，不知如蜜有香醪。

《钦定四库全书·竹屿山房·杂部·卷一·明·宋诩撰》记载了金盘露的酿造过程：

金盘露（此酒自然香甘，故名。韩子苍曰：饮惯茅柴谙苦硬，不知如蜜有香醪）：八月间取小麦细面，清水溲匀，布苴压实为曲，每斤成一饼，绵纸护封约绳，悬络风中庋之腊月。凡白糯米一石，释之使洁。内遗一斗煮饭。平置米上。计米一斗，水一斗，浸于器。十五日或连旬，饭浮则通沥起，储其潘澜于内器，外缠护通暖。始炊前米为饭，先一甀稍待其气微入于中，后一甀必用熟投，水温则宜冷，投皆以捣曲浮饭齐下。每米一石，曲二十斤为中制；欲酒性醇，曲十五斤止；欲酒性烈，二十五斤止。溲匀余曲升许，藏于饭底，覆暖发则渐彻，器外缠护。发甚则将把器通，一日六七次，二日三四次，三日一二次。酒酼成七日后，又炊米一斗或二斗或三斗投入匀和，待再发再通，其水预在煎，计投米一斗，水亦一斗，曲二斤。再七日后，又视前投入，如不加水酒亦浓厚，至月余酒熟。逾四十日醡清，煮之也。

处州金盘露以姜汁入曲，为一大创新，所以田锡将其收入《曲本草》。

北宋处州有丽水、松阳、遂昌、青田、龙泉、缙云六个县，田锡惜墨如金，未注明处州金盘露确切产地。

清雍正版《浙江通志·卷一百七·物产》记载：

金盘露，（《名酒记》：处州金盘露。《曲本草》：处州金盘露，清水入少姜汁造曲。以浮饮法造酒……《宣平县志》：酒名金盘露者，其色清，故得名。）初酿于曳岭大家，今其地竟无作者。

清光绪版《宣平县志·物产》记载：

酒，旧志云：金盘露者，其色青，初酿于曳岭大家。久无酿者，今中资之家，各自制曲药，酿黄酒。其山乡水性不堪，酿则售以白药制白酒，谓之竹叶青，味亦芳美。

曳岭大家，指的是丽水县曳岭脚村的蔡氏。蔡氏出现在老竹的最早记载，见《宣平县志·碑》里蔡伯尹撰的《重建章侯庙碑》：

公生于唐栝丽水，文而兼武，州里所推。乾符、中和间，黄巢首乱，群盗蜂起，所在雁毒。公声于众曰：寇至弗击，汝辈无噍类，曷不以死御？乃帅老稚，即乡之东岩筑战

八角井

垒……一方以全……尹（蔡伯尹自称）家世此邦……公讳承趣，妻吕氏，婿四人，曰丁鄂、王修、蔡裎、鲍尘。蔡姓系吾袒免祖也。俱以功列与祠。

唐中和二年（882）五月，遂昌人卢约率部攻占处州，掳掠乡里。老竹人

章承趣带领四个女婿组织乡勇，将老弱妇孺安置在东岩顶，构筑战垒抵御卢约队伍，保一乡平安。老竹人民建章侯庙祭祀章承趣夫妇和他的女婿。宋乾道元年（1165），章侯庙因濒临倒塌而重建，蔡伯尹应邀撰写碑记。

蔡伯尹是曳岭脚村人，绍兴七年（1137）生，自幼力学。乾道二年（1166）考中进士，历任新昌主簿、温州司理参军。蔡伯尹称章承趣的女婿蔡裡为"祖免祖"，即五服以外的祖先。五服也就是五代，高祖父、曾祖父、祖父、父亲、自身五代。

由此，我们可以得出这样的结论，蔡氏早在唐中和二年（882）以前，就已经定居曳岭脚了。而蔡伯尹的先祖蔡抱，于五代吴越时自福建建阳迁居处州城，其子蔡咸熙、蔡咸谑因慕东西岩名胜，迁至今莲都区老竹镇曳岭脚村等地。

曳岭古道穿曳岭脚村而过，蔡氏应该较早掌握了金盘露的酿造方法。曳岭脚村地处山麓，西坑水流绕村，湿气较重，以姜汁制曲入酒，当为祛湿。

不过，正如《曲本草》所说的，曳岭脚的水不如东阳。于是，蔡氏在村西北侧山麓凿了一口水井，俗称"八角井"。虽名为八角，实为六边形，井口用六块长近 1 米的条石围成，井壁也用条石块垒砌。

水井的开凿，让曳岭脚的金盆露补足了短板。元代宋伯仁所著《酒小史》，罗列了 106 种酒，金盆露排名第 11。元代戚辅之所著《佩楚轩客谈》中，举名酒 12 种，金盆露名列第 7。

到了明代，处州金盆露仍为人推崇。王世贞编撰的《弇州四部稿》卷四九记载：

金盘露出处州，佳在南品之上，亦以不甘为难耳

空传仙掌擘清霄，可似真珠写小槽。

白露白云都不要，温柔乡里探春醪。

王世贞（1526—1590），字元美，号凤洲，又号弇州山人，南直隶苏州府太仓州（今江苏太仓）人，明代文学家、史学家。他感觉处州金盘露在南方的酒中最佳，对金华的酒评价一般。

金华酒色如金，味甘而性纯，食之令人懑懑
即佳者，十杯后舌底津流旛旎不可耐。余尤恶之

欲沽春酿解春愁，烂漫华胥境里游。

无奈平原伴愁住，令人长自忆青州。

明代顾清在《傍秋亭杂记》中记载：

天下之酒，自内发外。若山东之秋露白、淮安之绿豆、括苍之金盘露、婺州之金华、建昌之麻姑、太平之采石、苏州之小瓶，皆有名。

由"处州金盆露"变成"括苍金盘露"，与"八角井"改变水质有关，更与曳岭脚蔡氏在科举之路高歌猛进有关。

开启蔡氏科举进士之路的是蔡景祐，"筑室东岩读书"，北宋仁宗皇祐五年（1053）进士，官至中书侍郎。蔡景祐之后，至南宋咸淳元年（1265）蔡梦龙考中进士，曳岭蔡氏在200余年间，蔡仲龙获状元，科举进士13人。有父子进士蔡伯尹、蔡潮，有兄弟进士蔡仲龙蔡梦龙，有叔侄进士蔡伯尹、蔡仲龙蔡梦龙。有的在京为官，如正议大夫蔡惟稽、大司农蔡戬、太常寺卿蔡士从；有的在地方就任，如崇德知州蔡潮、广州教授蔡源、无锡主簿蔡梦龙。

随着蔡氏科举入仕的身影，八角井泉水酿造的金盆露，也从曳岭脚这个小小的山村，走到京城，走向了全国。

事实上，宋代丽水除了金盘露，还有一种酒。清道光版《丽水县志》卷一四记载：

酿之得名最早者，曰"金盆露"。见宋田锡《曲本草》及元宋伯仁《酒小史》。其次曰"栝滩清"、曰"绿衣黄酿"。绿衣者，造米曲色如槐绿，名绿衣曲也。

今则以蓼汁和麦曲，复杂以红衣曲酿成，作殷红色，呼曰"蓼花红"。绿衣之制浸微矣。

古代文献资料里"盘""盆"混用。按旧志记载，金盘露比栝滩清早出名。这可能跟宋代官员诗人对金盘露多有歌咏有关。南宋"中兴四大诗人"之一的杨万里（1127—1206），家中有两种酒，"和者曰金盘露，劲者曰椒花雨"，还专门有诗描写两种酒《赋金盘露椒花雨》：

> 金盘夜贮云表露，椒花晓滴山间雨。
> 一涓不用鸭绿波，双清酿出鹅黄乳。
> 老妻知我憎官壶，还家小槽压真珠。
> 江西担取来西湖，遣我醉倒不要扶。
> 更携数尊往淮上，要夸亲旧尝家酿。
> 只堪独酌不堪分，老夫犹要入修门。

（《诚斋集》卷二九）

宋代诗人刘辰翁（1232—1297），有《丙子中秋泛月》词：

明月如冰，乱云飞下斜河去。旋呼艇子载箫声，风景还如故。袅袅予怀何许，听尊前、呜呜似诉。近年潮信，万里阴晴，和天无据。

有客秋风，去时留下金盘露。少年终夜奏胡笳，谁料无归路，同是江南倦旅。对婵娟，君歌我舞，醉中休问，明月明年，人在何处。

（《须溪集》卷八）

栝滩清的名称，最早可见宋代方岳（1199—1262）的诗。方岳曾"数月苍州住"，寄情丽水山山水水。

次韵叶宗丞约游栝苍

一诗不了苍州债，曾泊春沙问水程。

山自强如吾郡好，酒今闻有栝滩清。

文章未得半分力，故旧难忘少日情。

已斸莓苔新种竹，恐无辞与此君盟。

清道光版《丽水县志》卷一四记载：

船之大者曰"三板"，酒之美者曰"栝滩清"。邑人朱上杞《好溪棹歌》云："移来三板柳阴中，青竹篙儿白篾篷。知是上滩行不得，挂帆好待满溪风。绿蓑换酒叩柴扉，酌栝滩清尽醉归。醉起却歌山月小，鹭鹚白白夜惊飞。"

朱上杞是清代丽水人，他的这首《好溪棹歌》还有两首：

乘船如马晓烟中，半倚轻桡半倚篷。

风伯也知舟子醉，蒲帆添得满溪风。

前村沽酒叩柴扉，典得蓑衣买醉归。

对月欲歌江上曲，却愁沙雁夜惊飞。

按照诗中描述，朱上杞从丽水乘船经好溪前往缙云，溪水流急，等待起风挂帆。在等候的时候，到岸边人家买酒，这酒就是栝滩清。"绿蓑换酒叩柴扉"，用蓑衣换酒，虽然有些夸张，但说明此酒在民间百姓家即有。而这个时候，曾经风靡宋、元、明的金盆露，已"久无酿者"。

图书在版编目（CIP）数据

莲都宋韵 / 纪江明编著，丽水市莲都区政协文化文
史和学习委员会编 .-- 杭州：西泠印社出版社，2022.12

ISBN 978-7-5508-3967-0

Ⅰ.①莲… Ⅱ.①纪… ②丽… Ⅲ.①区 (城市)—地
方史—丽水Ⅳ.① K295.54

中国版本图书馆 CIP 数据核字（2022）第 243613 号

莲都宋韵

纪江明 编著　丽水市莲都区政协文化文史和学习委员会 编

出 品 人　江　吟

责任编辑　叶　涵

责任出版　冯斌强

责任校对　应俏婷

装帧设计　丽水明天出版印务有限公司

出版发行　西泠印社出版社

（杭州市西湖文化广场 32 号 5 楼 邮政编码：310014）

经　　销　全国新华书店

印　　刷　丽水明天出版印务有限公司

开　　本　787mm×1092mm　1/16

字　　数　250 千字

印　　张　20

印　　数　0001—1000

书　　号　978-7-5508-3967-0

版　　次　2022 年 12 月第 1 版 第 1 次印刷

定　　价　78.00 元

西泠印社出版社发行部联系方式：　（0571）87243079